U0430908

清华社科文库

共同进化的实用主义

中非经济合作的路径与影响

Coevolutionary Pragmatism

Approaches and Impacts of China-Africa Economic Cooperation

唐晓阳◎著　　潘　帅◎译

清華大學出版社
北　京

This is a simplified Chinese edition of the following title published by Cambridge University Press:
Coevolutionary Pragmatism: Approaches and Impacts of China-Africa Economic Cooperation The first edition Xiaoyang Tang ISBN 9781108415293

图书在版编目 (CIP) 数据
共同进化的实用主义：中非经济合作的路径与影响 / 唐晓阳著；潘帅译. -- 北京：清华大学出版社, 2024. 8. -- (清华社科文库). -- ISBN 978-7-302-66702-5
Ⅰ. F125.54
中国国家版本馆CIP数据核字第20244PZ210号

责任编辑： 商成果
封面设计： 北京汉风唐韵文化发展有限公司
责任校对： 欧　洋
责任印制： 曹婉颖

出版发行： 清华大学出版社
网　　址： https://www.tup.com.cn, https://www.wqxuetang.com
地　　址： 北京清华大学学研大厦A座　　**邮　　编：** 100084
社 总 机： 010-83470000　　**邮　　购：** 010-62786544
投稿与读者服务： 010-62776969, c-service@tup.tsinghua.edu.cn
质量反馈： 010-62772015, zhiliang@tup.tsinghua.edu.cn
印 装 者： 天津鑫丰华印务有限公司
经　　销： 全国新华书店
开　　本： 165mm × 235mm　　**印　　张：** 16.5　　**字　　数：** 237千字
版　　次： 2024年9月第1版　　**印　　次：** 2024年9月第1次印刷
定　　价： 89.00元

产品编号：098429-01

本书原版 *Coevolutionary Pragmatism: Approaches and Impacts of China-Africa Economic Cooperation* 获 2024 年教育部第九届高等学校科学研究优秀成果奖（人文社会科学）二等奖

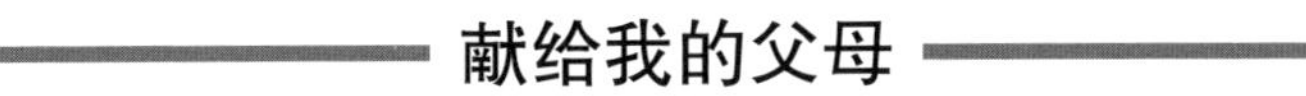

献给我的父母

序　言

黛博拉·布劳蒂加姆（Deborah Bräutigam）
约翰·霍普金斯大学高级国际问题研究院伯纳德·施瓦茨国际政治
经济学教授、中非研究计划主任

中国新近在非洲的活动在国际舆论上仍然存在争议，而且被严重误解。一方伙伴是人口稠密的大国，刚经历了前所未有的农业和工业快速发展。另一方有 54 个国家，从小到大不等，该地区大多数经济体仍旧依赖出口未经加工的原材料。不过在 20 世纪 80 年代初，当中国重新向世界打开大门，“文革”后第一批中国人来到非洲寻找商机时，这两个如今截然不同的地区并没有太大的差别。

1978 年后，现代中国的社会经济结构转型加速，当时的中国领导人磨练了一种“点金术”，将发展型国家、肯闯肯干的人民和市场力量混合在一起。然后他们开始仔细但坚定地进行试验，正如曾被多位领导人引用的那句名言——“摸着石头过河”。几十年来，中国领导人一直告诫非洲国家不应试图复制中国的发展经验，而应在自己的石头上摸索过自己的河流。中国的社会经济结构转型至多可以为非洲的探索提供机会和想法。

中国政府 1960 年起就为非洲的项目提供资金。1979 年，第一批中国建筑公司开始在非洲争揽承包合同。中国企业从 20 世纪 80 年代开始股权投资，当时我刚开始研究中国在非洲的援助和投资。在过去 20 多年里，金融、投资和研究都在加速发展。

在这本非凡而发人深省的书中，唐晓阳融合了商业管理和哲学领域的学术训练，以及十多年来在非洲和中国的实地研究。我第一次见到唐晓阳是 2007 年 4 月在华盛顿特区举行的中非会议上。他从纽约的新学院大学过来，当时正在那里攻读博士学位，此前则在弗莱堡大学学习过。他用略带德国口音的英语告诉我，他计划在安哥拉共和国和刚果民主共和国进行为期两个月的实地考察，研究中国公司。

当时中非研究的圈子很小，只有少数几位学者能运用中文在非洲进行实地研究。我们很快开始了研究方面的合作。在此后的 10 年中，我和唐晓阳前往中国和非洲进行了 8 次实地考察，并一起撰写了多篇论文。另外，他自己在田野调研中去了至少 15 个非洲国家，对许多国家还反复探访。我从他身上学到了很多，并日益相信他是一位才华横溢的研究者和朋友。他的研究既广泛又深入，沉浸其中，几乎像人类学研究。他知道在中国对非洲大陆的兴趣不断升温时，非洲人所面临的挑战和机遇。

本书涵盖了中国在贸易、基础设施、经济特区等多个领域的活动。书中列举了大量来自实地的例子，这些例子为分析提供了基础，并阐明了中国的发展路径在实践中如何运作。唐晓阳现居北京，是一位活跃的学者和顾问，对中国的政策制定以及中国企业在非洲面临的严峻考验有深入了解。

他的书突出了中国路径与西方大部分国家所采用的方法有怎样的不同。西方主流观点认为，善治（民主、透明）会带来可持续的经济增长，而且确实可能是一个必要的先决条件，但中国人则将发展视作以农业和工业现代化为基础的结构转型。西方为非洲应该如何改变制定了配方和规则，而中国人则倾向于承认非洲国家的现状，无论它们治理得好还是不太好，然后根据当地情况调整做法。中国在非洲的做法以灵活的实用主义为指导。

唐晓阳的书向我们展示了中国在非洲是一个怎样的学习过程，并没有确定的蓝图。在马拉维，中国外援农业示范中心将公司业务与援助相结合，尝试实现财务可持续性的途径。该公司培训农民，但也开发种子和种植蔬菜，为中心获取收入。一家应埃塞俄比亚总理邀请进行投资的制造企业反过来向东道国政府提出建议，指出需要改革哪些政策实践才能使工业投资实现盈利。一位加纳企业家从当地的一家中国工厂学习塑料回收，然后从他们那里购买机器，创办自己的塑料回收业务。

这些故事以及更多故事构成了唐晓阳论证的坚实基础。这本书注定是一部经典之作。它思考深入而透彻，并以十多年来积累的证据为基础。关于中国实践的真实情况，我们还有很多方面需要了解，但没有比唐晓阳更好的导引了。

目　录

图目录

表目录

引子

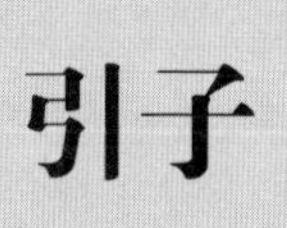

引子

本书不仅记录了中国和非洲的经济合作，也体现了对全球发展的动因机制的思考。这些思考与我个人的成长经历紧密相关。

2007 年，当我第一次来到非洲时，这片大陆让我想起了在上海的童年。我出生于 20 世纪 70 年代中叶，目睹了中国改革开放之初的艰难时期。我们一家三口挤在不足八平方米的小屋里。没有厕所，要去楼下上公厕；没有厨房，家家户户在街边点起烟雾缭绕的煤炉。到了炎热的夏天，我父母通宵轮流扇扇子，赶蚊子，只为能让我睡着。下起雨来，总有大片的街道被淹，学生们要把裤管卷到大腿根，蹚水去上学。街上跑的是几十年前生产的老式轿车和破旧的"面的"。每天上下班时，数以百计的人群聚在车站周围，焦急地等着公交车，可往往一个小时都未必会等来一班，而车上则必定塞得每个人都动弹不得。孩子们的衣服至少一个星期才换一次，没有玩具，大家只能踢着石子或围着沙堆玩……

这一切和今天的拉各斯[①]、内罗毕[②]或达累斯萨拉姆[③]何其相像！我经常想，在 20 世纪 80 年代初到中国的外国游客们是否会带着与我们现在看非洲时相似的眼光？贫苦的生活、落后的工业、脏乱的市容、官僚懒散的作风，与富庶的发达国家相比几乎是两个不同的星球，其间差距只怕短时间内难以赶上。正如英国著名的《经济学人》杂志曾在 21 世纪初将非洲称为"毫无希望"的大陆，几十年前，也有无数人，既有外国人也有中国人，曾认为中国没有任何希望。

这种对非洲的现在与中国的过去的比较，贯穿了我近年来对中非关系的研究。中国为什么以及如何能实现这一巨大的转变，而非洲经济却停滞了几十年？进而，中国的努力怎样能为非洲的增长作出贡献？这些是研究中非关系的学者常见的问题。为了回答这些问题，早在 2012 年，我还在

---

① 拉各斯，尼日利亚旧都和最大港市。
② 内罗毕，肯尼亚首都。
③ 达累斯萨拉姆，坦桑尼亚原首都。

华盛顿工作时，就开始用中文起草一本关于中国和非洲经济外交的书稿。不过，随着写作的推进，我认识到应该从更广阔的视角来研究这些问题。

首先，发展是一个综合性的社会文化议题，而不仅是一个经济问题。发展面临的最大挑战在于价值观和人生目标的分歧。非洲人不明白为什么中国人如此紧赶慢赶，执着于效率。流行的观点与一些研究者将此归因为文化差异。可是，我记得 20 世纪 80 年代和 90 年代时中国也有类似的文化主义观点，但对中国人的评价恰恰相反。当时，中国人被描绘成没有上进心、易于自我满足、擅搞裙带关系、保守、狭隘、无所事事、专注于意识形态。与此相对，西方人被认为是务实、高效、纪律严明和勤奋工作。中国国内无数的媒体文章和社会辩论反思了这种社会文化差异，并呼吁采取更多的实用主义。在中国市场改革的初期，伴随着经济发展，思想也发生了根本性的变化。遗憾的是，不着形迹的文化价值的转变很容易被物质收益的展示所掩盖。此外，新价值观在胜利后通常将传统观点视为错误或不合理，完全否定它们的价值并将其遗忘埋葬。不过，由于我本人亲历了这一过程，所以能清晰地记得中国社会经济转型中时代精神的快速变化，在当下的中非交往中也能发现类似的文化价值观念的碰撞。

其次，发展由普通人多姿多彩的实践和生活组成，而不仅仅是单一明确的政策制定。我见证了中国市场化改革的全程，记得那个变革时期的动荡与平凡。每一个决定都存在许多不确定性和争议，伴随着来自中国社会各界的支持和反对，来回反复的变化非常普遍。尽管面临许多分歧，但发展就是推动整个社会前行。尽管每一步都很小，但充满了汗水和思考。正是通过日常生活中的具体努力和沟通，积累而成为国家层面的重大转型。经历了这段历史的细节，我认为中国的发展故事并非奇迹，因为每一次活动和探索都是如此真实与具体。只有当人们忽略了生活中无数微小的变化时，他们才会对累积的成就感到惊讶，并称之为奇迹。日常活动与思考对于人们了解转型如何真正发生和运作至关重要，因此，我的研究精心挑选了案例，并描画了细节，以展现非洲转型和中非交往中的具体挑战和努力。

最后，现代经济发展和工业化的关键问题是可持续性，即持续的生产力增长、财政健康以及社会和环境平衡。可持续增长的效果必须在较长的时段，至少以几十年为尺度加以检验。因此，本书不谋求为这个问题提供结论性答案，而专注于阐明中国和非洲的利益相关者如何看待可持续发展议题，以及他们如何试图解决这些问题。在一段仍在进行的历史中，了解不同的人在考虑和做什么比急于对他们作出判断更有意义。研究人员、读者和实践者都是世界当下历史的一部分，面临着可持续发展的挑战，这也是我们这个时代最大的全球性挑战。我希望这本书不仅代表一种新的观点，而且能成为世界各区域相互理解的桥梁，以使他们的努力能够朝着共同的目标汇聚。

在此，我要感谢过去十年来接受我采访的中国和非洲数千名政府官员、企业家和专业人士。我的访谈对他们来说是额外的工作，但他们经常在忙碌日程中自愿提供帮助。有时，受访者一边处理日常业务，一边抽空回答我的问题。这样几个小时甚至几分钟的对话对我却有极大的启发，我能够从中了解他们的经验，并从他们多年乃至一生的实践中获得智慧。这些访谈让我大开眼界，对我的研究至关重要。可以说，这些实践者是我研究中非关系的真正老师。

此外，我要感谢黛博拉（Deborah Bräutigam）教授，她对中非关系的严谨研究和基于事实的发现为这一领域此后的研究奠定了坚实基础。和她一起做研究完全重塑了我的学术生涯，并进而重塑了我的生活。她的见解和方法帮助我从哲学博士转变为发展研究的学者。我也衷心感谢她愿意为本书撰写序言。

在本书写作过程中与其他同事的讨论也极有价值。我特别感谢本书草案和初稿的匿名审稿人。他们的建议和评论很大程度上帮助我完善了论证并改进了结构。我还要感谢剑桥大学出版社的 Chris Harrison 博士和 Joe Ng 博士支持和鼓励我完成本书。

本书有部分章节摘自我 2014 年在北京出版的《中非经济外交及其对全球产业链的启示》一书。美婷（Cheryl Mei-ting Schmitz）将这些章节从中文译成英文。孙媛、嘉妮（Janet Eom）、杨迪生、Victor Perez Garcia、邓书戈（Saeger Godson）、安天浩（Gloria Enrico）、胡曦文、贾泽彤、熊星翰、唐溪源、肖齐家和余瀚在本书写作过程中都曾协助我的相关研究工作，在此向他们一并表示感谢。

相关实地考察旅行的经费由德国Boell基金会、经济政策研究中心（CEPR）的低收入国家私营企业发展（PEDL）项目、英国DFID-ESRC增长研究计划（DEGRP）、中非联合研究计划和中国教育部提供。

第 1 章
没有模式的“模式”

1.1　中非合作背后的驱动力

21世纪以来，中国与非洲的合作令全球瞩目。2006年11月，48个非洲国家的代表，包括1 500多名商务人员和41位国家首脑出席了中非合作论坛北京峰会。这是中国首次展现在这片黑色大陆上惊人的政治影响力。

2009年，中国超过美国成为非洲最大的双边贸易伙伴。尽管在2014年达到2 100亿美元的峰值之后，中非贸易额在此后几年中有所下滑，但中国仍然牢牢占据对非贸易第一的位置。例如，2018年中非贸易额为2 041.9亿美元，超过非洲与美国、日本、法国和英国贸易的总和。[①] 中非贸易的强劲势头不是短期现象，而是长期趋势。2000—2014年，中非贸易增长了20倍。同期，中国在非洲的直接投资存量也从2003年微不足道的4.912亿美元飙升到2017年约433亿美元。[②] 而且这个数字还只是保守的估计，通过离岸金融中心中转的对外投资并没有计入，中资公司海外部门收购的非洲资产也未被统计。[③]

中国政府的支持推动了中国在非洲的经济活动。在2015年中非约翰内斯堡峰会和2018年北京峰会上，习近平主席宣布在2016—2021年提供总计1 200亿美元的资金以支持非洲发展。工程新闻记录（ENR）数据显示，2017年中国承包商在非洲整个建筑市场中占有高达59.8%的份额。[④] 从基础建设到贸易和投资，中国在非洲众多领域都扮演着重要的角色。

中非关系的迅猛增长使其他大国在非洲的影响力黯然失色。为了应对

① United Nations Comtrade Database, 商品贸易统计数据库 “Commodity Trade Statistics Database”, 2017, https://comtrade.un.org/db/ (访问日期：2019-10-28)。

② 国家统计局，年度数据，2017，http://data.stats.gov.cn/ (访问日期：2019-10-28)。

③ Mayer Brown, “Playing the Long Game: China’s Investment in Africa”, The Economist Intelligence Unit, 2014, p. 5. 例如，中国石油化工集团有限公司在2009年收购了瑞士Addax石油公司，并获得了其在非洲的资产。

④ Gary J. Tulacz and Peter Reina, “The Top 250 International Contractors”, *Engineering-News Record*, 2018, 20(27), p. 42.

不断加强的中非合作，美国国会于2011年和2012年举行了两次听证会，以评估非洲局势变化。参议员们对中国在该地区日益增强的经济和外交影响表示极为忧虑。在2013年的国务卿提名听证会上，约翰·克里（John Kerry）明确表达了美国担忧的根源："中国的势力已遍布非洲——我是认真的，遍布非洲。他们正在推进购买矿产的长期合同，和（其他活动）……"媒体也大肆渲染美国政府对中非关系的紧张情绪。2013年时任美国总统奥巴马访问非洲时，CNN的评论开场白就说："奥巴马总统的非洲之行只有一个潜台词：中国。"[①] 同样，2014年时任日本首相安倍晋三为期一周的非洲巡访中，一位日方高级官员也提及："无论安倍首相走到哪里，都会被问到他是否来这里与中国竞争。"[②] 特朗普政府于2018年12月发布的非洲战略根本没有提到尼日利亚、埃及、埃塞俄比亚或南非等主要非洲国家，却17次提到中国，视中国为美国在非洲的头号竞争对手。

许多非洲领导人对与中国的合作大加赞赏。例如，卢旺达时任总统保罗·卡加梅（Paul Kagame）指出了中方的独特优势。他认为，欧美的援助都不能带来持续性发展，而中国的援助则集中于贸易和投资促进，"为非洲的财富创造带来了更大的机会"。[③] 塞内加尔前总统阿卜杜拉耶·韦德（Abdoulaye Wade）如此描述中非合作：

> 我告诉我的西方朋友们，中国在满足非洲市场需求方面比西方资本家做的好得多。中国针对我们需求的方式比欧洲投资者、援助机构和非政府组织迟缓傲慢的后殖民主义方式更符合实际。事实上，中国经济快速发展的模式能给非洲很多启迪……中国人正以更快的

---

① http://edition.cnn.com/2013/06/26/opinion/bergen-obama-china-trip/.

② http://www.bbc.com/news/world-africa-25668503.

③ Paul Kagame, "Why Africa Welcomes the Chinese", November 2, 2009, www.theguardian.com/commentisfree/2009/nov/02/aid-trade-rwanda-china-west (accessed July 10, 2020).

速度和更低的成本承担这项任务。①

他的继任者麦基·萨尔（Macky Sall）总统也有类似的观点：“与中国的合作比我们与西方国家——美国、欧洲国家和其他双边援助国——的合作更直接快速。西方有很多关于治理的标准，这个、那个，还有很多程序。这是有效合作的障碍之一：程序太多……我并不是说中国做的一定更好，但至少它更快。”②

一些学者认为，非洲之所以欢迎中国成为合作伙伴，是因为它提供了一个西方模式的替代方案。沙伯力（Barry Sautman）和严海蓉写道：“对于许多非洲人来说，存在一种‘中国模式’，现在通常被称为‘北京共识’……这是一种发展型国家的图景，它没有全部遵照‘华盛顿共识’的规定，不会对非洲国家的政策强加各类条件，并且比西方更积极地促进全球南方的工业化。”③ 黛博拉·布劳蒂加姆也认为，中国正在将自身发展的成功经验应用于非洲，这种新方法帮助中国取得了与西方举措不同的效果。④

然而，研究者们对“中国模式”的确切内容有很大的分歧。中国发展模式通常也被称为“北京共识”，这是约书亚·库珀·拉莫（Joshua Cooper Ramo）在2004年创造的名词，意指一种能取代“华盛顿共识”的模式。“华盛顿共识”是经济学家约翰·威廉姆森（John Williamson）在1989年归纳的，他列举了华盛顿新自由主义决策者共同支持的十项经济发展政策改革，主要包括财政规范化，重新安排公共支出优先项，税制改革，私有化，以及放开对利率、汇率、贸易和外来投资的限制。“华盛顿共识”强调市场

① Financial Times, “Time for the West to Practise What It Preaches”, January 23, 2008, www.ft.com/intl/cms/s/0/5d347f88-c897-11dc-94a6-0000779fd2ac.html#axzz45pKxcciP (accessed July 10, 2020).

② Macky Sall, “Africa’s Turn”, *Foreign Affairs*, September/October 2013, www.foreignaffairs.com/discussions/interviews/africas-turn?page=show (accessed July 10, 2020).

③ Barry Sautman and Yan Hairong, “Friends and Interests: China’s Distinctive Links with Africa”, *African Studies Review*, 2007, 50, p. 81.

④ Deborah Bräutigam, *The Dragon’s Gift: The Real Story of China in Africa*, Oxford: Oxford University Press, 2009, pp. 311-312.

的作用，反对政府的干预，推行经济自由化。[①] 而与“华盛顿共识”倡导的市场—政府两分模式相反，中国政府在经济领域有更直接、更强的参与。

这两种社会政治体系已成为“华盛顿共识”和中国路径倡导者之间辩论的中心议题。美国政治学家伊恩·布雷默（Ian Bremmer）在他的著作《自由市场的终结》（*The End of the Free Market*）中将“中国式资本主义”描述为一种用来控制国家经济的威权工具。正如他的书名所暗示，布雷默认为中国政府支持的制度对自由市场经济构成威胁。

不少作者持类似观点。大卫·布鲁克斯（David Brooks）将西方的民主资本主义与新兴国家的“国家资本主义”进行了比较，认为前者在政治、社会和经济方面更优越，而后者只为统治阶级利益服务，任人唯亲。布鲁克斯表示，国家资本主义模式的存在只是因为其所在的社会缺乏高度的信任，也就是说，国家资本主义相较开放市场体系是一个不成熟的制度。[②] 西方民主资本主义则被描绘为具有自由、政治平等、多元民主、法治等优点。[③]

许多人因此批评“北京共识”及其对其他国家的社会政治影响。例如，丹尼斯·图尔（Denis Tull）在谈到中国支持非洲威权政府时写道，“中国的经济影响可能是‘双刃剑’，而其（对非洲的）政治影响更可能是负面的”[④]。人权观察组织同样声称，“中国的政策不仅扶持了非洲大陆一些最严重的人权侵犯者，也削弱了其他机构改进人权的手段”[⑤]。美国的外交关系

① John Williamson, “A Short History of the Washington Consensus”, *Law and Business Review of the Americas*, 2009, p. 6.

② David Brooks, “The Larger Struggle”, *New York Times* Op-Ed, June 15, 2010, A29. www.nytimes.com/2010/06/15/opinion/15brooks.html?_r=0 (accessed July 10, 2020).

③ Edward Younkins, “The Conceptual Foundations of Democratic Capitalism”, *The Social Critic*, Winter 1998, www.quebecoislibre.org/younkins16.htm (accessed July 10, 2020).

④ Denis Tull, “China’s Engagement in Africa: Scope, Significance and Consequences”, *Journal of Modern African Studies,* 2006, 44, p. 460.

⑤ Human Rights Watch, “China-Africa Summit: Focus on Human Rights, Not Just Trade”, November 2, 2006, www.hrw.org/news/2006/11/02/china-africa-summit-focus-human-rights-not-just-trade (accessed July 10, 2020). 人权观察组织（Human Right Watch）是1978 年在美国纽约成立的一个非政府国际组织，在 2014 年被外交部批为反华机构。

委员会则说，“对美国的政治目标的最大干扰是中国有意……保护非洲一些最恶劣的政权免受国际制裁”，而且“中国的援助和投资……之所以对非洲人有吸引力，正是因为它们没有附加治理、透明度等西方援助者关切的条件”。①

反过来，“中国模式”的支持者们指责“华盛顿共识”的实践者和支持者们的政治教条主义。约书亚·拉莫称“华盛顿共识”是“一种以开药方出名的经济理论，认为华盛顿懂得最好的方法，告诉其他国家如何管理自己”，称其为“历史终结论傲慢的标志”。② 世界银行前高级副行长兼首席经济学家林毅夫指出，“华盛顿共识”倡导的政策往往没有考虑到“发达国家和发展中国家之间的结构性差异”。③ 毛增余则批评“华盛顿共识”是“野蛮人式的私有化”，而推崇以渐进主义和地方知识为重点来促进市场经济的“北京共识”。④ 中国官员也持相同观点，认为附加政治条件会影响其他国家的经济发展。时任中国外交部副部长的周文重在访谈中阐明：“生意就是生意。[中国试图]将政治与商业分开……[而西方试图]强加……市场经济和多党民主给尚未准备好的国家。[中国]也反对制裁……你们(西方) 曾对我们实施制裁。”⑤

以上评论表明，“华盛顿共识”和“北京共识”支持者之间的对立与冷战时期的对抗方式大不相同。中国和西方对市场重要性的认识并不存在分歧。在某种程度上，今天的中国甚至比西方国家更重视商业和经济增长。

---

① Council on Foreign Relations, “More Than Humanitarianism: A Strategic U.S. Approach Toward Africa”, Washington, DC, January 2006.

② Joshua Ramo, *The Beijing Consensus*, London: Foreign Policy Centre, 2004, p. 4.

③ Justin Yifu Lin, *New Structural Economics: A Framework for Rethinking Development and Policy*, Washington, DC: World Bank, 2012, p. 38.

④ 毛增余，《斯蒂格利茨与转轨经济学：从“华盛顿共识”到“后华盛顿共识”再到“北京共识”》，北京：中国经济出版社，2006，第 242 页。

⑤ Howard W. French, “China in Africa: All Trade and No Political Baggage”, *New York Times*, August 8, 2004.

中国对增长和发展的渴求经常还被视为发展主义的典型。[1]因此，中国在发展市场经济的目标上与西方没有区别，不同的只是实现这一目标的路径。“华盛顿共识”和结构调整计划要求发展中国家对其社会政治制度进行重组。然而，各国多元而复杂的社会政治情况使任何给定的处方都无法直接实施。相比之下，中国能够通过促进市场经济和国际贸易来发展，同时保持与西方不同的社会政治制度，这也证明，市场经济的成长并不必须遵循华盛顿模式。

1.2 “北京共识”的缺失

对于“北京共识”或“中国模式”的具体内容有很多争论，即哪些不同的社会政治条件有利于市场经济的发展？约书亚·拉莫提出了三条原则来描述“北京共识”：①致力于创新和不断试验；②强调可持续性、平等性和危机管理；③财政和军事的自治。他认为，这些做法对厌倦了发达国家所传授模式的发展中国家很有吸引力。[2]可他过于乐观的描述被批评为理想化与片面的。阿里夫·迪里克（Arif Dirlik）称拉莫的“中国模式”概念是“一种‘硅谷发展模式’，与他自己想谈论的国家情况几无关联”[3]，中国的发展过程中离不开廉价劳动力、污染、社会不平等和外国投资，拉莫的原则更像是乌托邦式的构建，并不反映现实情况。

有些学者将“北京共识”或“中国模式”视为发展型国家的新变种，即由强势政府推动和领导的工业化模式。日本、韩国、新加坡、中国台湾地区的成功被归功于这种模式。由于后发国家的市场机制经常失灵，发展型国家向企业和公民提供公共产品，激励和保护某些产业与经济部门的增

---

① Arif Dirlik, “Developmentalism”, *Interventions-International Journal of Postcolonial Studies*, 2014, 16(1), p. 32.

② Joshua Ramo, *The Beijing Consensus*, pp. 11-12.

③ Arif Dirlik, *Beijing Consensus: Who Recognizes Whom and to What End?*, University of Oregon Position Paper, 2006, p. 2, http://www.chinaelections.org/uploadfile/200909/20090918025246335.pdf (accessed July 10, 2020).

长。[1] 中国政府无疑采用了周边国家和地区的一些政策。然而，无论是国与国（地区）之间还是中国内部不同地区都可以看到显著的政策差异。

斯科特·肯尼迪（Scott Kennedy）指出，中国最具竞争力的部门是沿海的民营企业，它们实际上是从更开放自由的市场机制中成长起来的，几乎没有政府的保护和干预。作为对比，中国政府努力打造大型集团或提供优惠政策的行业，如钢铁、电信、太阳能电池板等，要么仍然缺乏竞争力，要么存在产能过剩问题。总体说来，中国对外商投资和进口的开放程度高于日本和韩国。[2] 此外，在中国发展的不同阶段，政府的角色也在不断变化。在改革早期，中国官员多用非正式私人渠道与商人联系，缺乏有效监管经济的知识和能力。类似于东亚邻国的现代化行政机构直到 21 世纪的第二个十年才在中国各省份逐渐成形，而且也是在经济发达的地区先发展起来的。行政效能的改善更像是经济增长的结果，而不是经济增长的源泉。时至今日，中国一些相对落后地区的政府仍然难以有效管理市场活动和投资项目。

与对国家政治和社会领域强有力的控制不同，中国政府对经济部门的控制在地理上既不是同一的，在连贯性上也不是稳定的。同样，中非经济合作也既有政府主导的项目（如大型基础建设），又有单纯市场驱动的活动（如贸易和制造业投资）。在纯粹市场驱动的领域，中国政府在推动和管理企业方面往往鞭长莫及。发展型国家模式无法解释中国发展成功及与非洲联系日益增长的主要因素。

另一种观点认为“中国模式”的优势在于选择称职能干的技术官员来管理政府。贝淡宁（Daniel A. Bell）和李世默都赞许中国政府部门严格的评估选拔体系，尤其是对官员发展经济能力的重视，所以中国官员比西方民主国家的当选者能够更有效地领导国家实现繁荣。然而，越来越多的批

---

① 参见 Robert Wade, *Governing the Market: Economic Theory and the Role of Government in East Asian Industrialization*, Princeton NJ: Princeton University Press, 1990, pp. 30-32.

② Scott Kennedy, “The Myth of the Beijing Consensus”, *Journal of Contemporary China*, 2010, 19(65), p. 471.

评者，包括诺贝尔奖获得者保罗・克鲁格曼（Paul Krugman）在内，反驳说中国领导人近年来在应对经济下行和金融波动时显得能力不足。[①]洪源远进一步指出，在改革中，同样的人事制度在不同地区产生的效果并不一致，虽然一些沿海地区的官员发展经济卓有成效，但另一些地方的官员却乏善可陈，导致当地依然贫穷落后。[②]因此，单用官员体制很难解释中国的成功故事。

还有文献认为，中国发展是次优战略的成功。中国没有实施“华盛顿共识”所推崇的休克疗法，而是采用了渐进式改革策略。首先，中央鼓励农民面向市场进行生产。其次，又逐渐允许乡镇企业、私营企业和合资企业扩大其业务范围。在此期间，政府都保留了价格双轨制和混合产权制度，以避免剧烈的社会经济波动。[③]研究者认为，渐进式改革可以在初期利用“次优”制度刺激市场，最终按最优规范塑造成熟的市场。[④]

这种观点意味着渐进式改革只是向完全自由的市场机制进化的权宜之计。改革使中国大步迈向市场化。不仅私营部门发展迅速，而且中国还加入了世界贸易组织，并接受了许多国际标准和国际商业惯例。可是发展至今，尽管中国已成为世界第二大经济体，但在本国经济体系和与发展中国家交往方面，中国仍然与西方有着根本的不同。中国自 1978 年以来的渐

---

① Paul Krugman, “China’s naked emperors”, *New York Times*, July 31, 2015, http://www.nytimes.com/2015/07/31/opinion/paul-krugman-chinas-naked-emperors.html (accessed January 17, 2019); Minxin Pei, “Behind China’s woes, myth of competent autocrats”, *Nikkei Asian Review*, February 1, 2016, http://asia.nikkei.com/Viewpoints/Viewpoints/Behind-China-s-woes-myth-of-competent-autocrats (accessed January 15, 2019).

② Yuen Yuen Ang, *How China escaped the poverty trap*, Ithaca: Cornell University Press, 2016, p 7.

③ Ronald Coase and Wang Ning, *How China Became Capitalist*, Houndmills, Basingstoke: Palgrave Macmillan, 2012; Justin Yifu Lin, Fang Cai, and Zhou Li, *The China Miracle: Development Strategy and Economic Reform*, Rev. ed., Hong Kong: Chinese University Press, 2003; Jean Oi and Andrew Walder, *Property Rights and Economic Reform in China*, Stanford, CA: Stanford University Press, 1999.

④ Dani Rodrik, “Second-Best Institutions”, *American Economic Review*, 2008, 98, pp. 2, 100-104; Justin Yifu Lin, *New Structural Economics: A Framework for Rethinking Development and policy*, p. 78.

进式调整并不像是朝着"华盛顿共识"的过渡性措施，而更像是当今中国经济的常规模式。

为了解释不断变化和试验的必要性，威廉·伊斯特利（William Easterly）区分了两种发展方式：规划者和探索者。他认为支持"华盛顿共识"的机构主要使用了规划者的方式，设定高标准的目标，如消除贫困，然后设计援助机构，统筹步骤和财政资源。而与此完全相反，探索者寻找实际机会，而不是专注于脱离现实的目标。[①] 伊斯特利认为结构调整和休克疗法与共产主义国家的计划经济类似，是社会工程项目。而中国式循序渐进的改革方式按他的看法则是探索者模式的成功范例。然而现实中，中国坚持制订社会主义式的五年计划。政府主导的"走出去"和"一带一路"政策倡议深刻影响着中国企业的海外运营。虽然中国没有以附加条件的形式为非洲国家的政策"开处方"，但中国政府和国有企业在国内外活动中都有自己的规划。中国渐进灵活的改革与政府的谋划和指导并存。在中国路径中，规划者和探索者之间的区别并不明显，而是微妙地交织在一起。

近年来，林毅夫提出新结构经济学理论，以解释中国发展的成功及其在非洲的活动。他认为，中国按照比较优势原则正确推进了产业结构转型。[②] 根据大卫·李嘉图原本的理论，不同国家的比较优势应该通过自由市场决定。然而，林毅夫指出，在发展过程中存在"约束性障碍"，如信息稀缺、基础设施落后、外资对不成熟市场缺乏信心等。这些束缚因素削弱了发展中国家市场机制有效分配资源的能力。[③] 为在这些国家实现潜在的比较优势，必须由政府进行干预。日本、韩国和中国等东亚国家在不同时期都着力发展了各自在劳动密集型部门的比较优势，这一现象被称为"雁行模式"。林毅夫和王燕认为，中国对非洲的投资和商业贷款可以帮助非洲发展中国

---

① William Easterly, *The White Man's Burden: Why the West's Efforts to Aid the Rest Have Done So Much Ill and So Little Good*, New York: Penguin, 2006, pp. 11-12.

② 林毅夫、蔡昉、李周,《中国的奇迹：发展战略与经济改革》，上海：上海人民出版社，1999，第195-199页。

③ Justin Yifu Lin, *New Structural Economics: A Framework for Rethinking Development and policy*, pp. 20-30.

家克服结构转型中的约束性障碍，培育出新的“雁群”。[1] 中非合作延续中国自身的发展模式，加速非洲的结构转型。

新结构经济学为观察市场与国家之间的关系提供了一个新视角。即国家可以通过促进某些行业来“挑选赢家”，只是这些行业的选择应该基于对每个国家禀赋结构的经济分析。[2] 不过，这一理论有个逻辑矛盾：在呼吁每个国家遵循其比较优势时，它似乎强调了市场机制；但同时它又提倡用产业政策来克服市场面临的障碍，这就支持了政府违背市场机制去干预市场。丹尼·罗德里克（Dani Rodrik）因此说：“林（毅夫）想同时支持和反对比较优势。”[3] 为了解决这一悖论，林毅夫借用了动态比较优势的概念。他指出，中国政府倾向于将发展视为一个动态过程，而不是一个静态的框架。[4] 然而，静态和动态（或潜在）比较优势之间的区别仍然很模糊。罗德里克认为，静态和动态比较优势的差别只在于用当前价格还是用跨越时段的相对价格来计算，所谓动态比较优势只不过是较长期的市场估测。产业政策违背的是静态优势还是动态优势并不重要。罗德里克认为产业政策与市场机制根本上依然是对立的。[5] 尽管林毅夫试图从理论上解释政府干预和市场经济的共存，但因其概念不能自洽，论证思路存在缺陷。

值得注意的是，中国政府始终没有推广所谓的“中国模式”，这就更增加了定义“中国模式”的难度。早在 1985 年，邓小平同志就对当时的加纳国家元首杰里·罗林斯（Jerry Rawlings）说：“中国的经验不能照搬……

---

① Justin Yifu Lin and Wang Yan, *Going Beyond Aid: Development Cooperation for Structural Transformation*, Cambridge: Cambridge University Press, 2017, pp. 107-115.

② Justin Yifu Lin and Célestin Monga, *Growth Identification and Facilitation, The Role of the State in the Dynamics of Structural Change*, Policy Research Working Paper 5313, World Bank, May 2010.

③ Dani Rodrik, “Comments on ‘New Structural Economics’ by Justin Lin”, *The World Bank Research Observer*, 2011, 26(2), pp. 227-229, Oxford University Press on behalf of The World Bank.

④ Justin Yifu Lin and Wang Yan, *Going Beyond Aid: Development Cooperation for Structural Transformation*, p. 107.

⑤ Dani Rodrik, “Comments on ‘New Structural Economics’ by Justin Lin”, 2011.

如果说中国有什么适用的经验，恐怕就是按照自己国家的实际情况制定自己的政策和计划。”[①] 当关于“北京共识”的讨论在 21 世纪初升温时，中国领导人重申了中国没有普遍发展模式的观点，也不建议其他国家效仿任何模式。例如，温家宝总理在 2009 年中非合作论坛第四次会议上说：中国“支持非洲人民探索适合本国国情的发展道路。我们坚信，非洲完全有能力以非洲方式解决自己的问题”[②]。同样，习近平总书记多次强调，中国走出了一条富有自己特色的发展道路，而各国也应选择适合自己国情的发展道路。[③] 中国没有像“华盛顿共识”那样从发展实践中归纳普遍原则并向其他国家输出明确的模式，而只提供自身的经验作为参考。

由此可见，“中国模式”的内容界定与中国发展的实际效果之间存在鸿沟。中国经济惊人的增长和在非洲等发展中地区迅速扩大的影响力展示了令人瞩目的实践成就。可尽管研究者们都能清楚地看到西方和中国发展方式的差异，但在试图准确定义所谓的“北京共识”时仍然遇到巨大困难。以往讨论主要集中在中国的国内经验上，而我则希望通过研究中非合作以深入理解中国特色的发展方式及其作用。如前所述，中非之间的经济纽带日益增强，并对整个非洲大陆的发展进程产生了重大影响。因此，对这一关系的研究可以揭示中国发展方式中的有效因素。同时，此项研究不是限于中国本身，而是在更广阔的背景下观察中国特色的实践。研究的对象也因而超越了单个国家的具体经验和条件，着眼在阐释中国发展方式的普遍意义，以及对非洲和其他发展中国家的启示。

---

① 张维为，《感念邓小平：中国模式的意义》，中国共产党新闻网，2014-09-12，theory.people.com.cn/n/2014/0912/c389057-25651086.html（访问日期：2020-07-11）。

② Speech at the Opening Ceremony of the 4th Ministerial Conference of FOCAC, 2009-11-10, www.focac.org/eng/zywx_1/zyjh/t627391.htm (accessed January 18, 2019).

③《习近平在莫斯科国际关系学院的演讲》，新华网，2013-03-24，http://politics.people.com.cn/n/2013/0324/c1024-20892661.html（访问日期：2020-07-11）；《习近平出席中国共产党与世界政党高层对话会开幕式并发表主旨讲话》，新华社，2017-12-01，http://www.gov.cn/xinwen/2017-12/01/content_5243832.htm（访问日期：2020-07-11）。

1.3 中国与非洲务实合作的演进

近年来，国内外的研究者对飞速发展的中非合作的意义多有评析，但其中误解也不少。一种流行观点认为，中国主要对获取非洲的自然资源感兴趣。例如，丹尼斯·图尔评论道，“毫无疑问，自然资源是中国在非洲经济利益的核心”。他甚至声称获取资源可能是中国“在（非洲）大陆上的全部兴趣所在”。[①] 同样，克里斯·奥尔登（Chris Alden）、伊恩·泰勒（Ian Taylor）、萨努莎·奈杜（Sanusha Naidu）等也认为石油和其他自然资源是中非关系的重中之重。[②]

可是，这一观点并不能得到数据支持。例如，在 2011 年之前，美国从非洲进口的石油比中国更多，而 2012 年之后，中国和美国都减少了从非洲进口的原油。[③] 根据卡内基国际和平研究院的数据，2009 年，采掘业仅占中国对非洲直接投资的 29% 左右，而同年，美国对非洲的直接投资中约有 60% 流向了采矿业。[④] 中国不仅在非洲资源领域的投资少于其他大国，而且还在非洲经济的其他领域投入了相当多的资金。中国政府发布的《中国与非洲的经贸合作（2013）》白皮书展示了中国在非洲众多经济部门的广泛参与。截至 2011 年，金融、建筑、制造业、服务业、贸易、农业和房地产占中国对非直接投资的近 70%。此外，中国还为非洲基础设施、教育和医疗相关项目提供了大量商业贷款和官方援助。[⑤] 虽然自然资源也构

---

① Denis Tull, “China’s engagement in Africa: scope, significance and consequences”, *The Journal of Modern African Studies*, 2006, 44(3), pp. 459-479.

② Chris Alden, *China in Africa*, London: Zed Books, 2007, pp. 11-15; Sanusha Naidu and Daisy Mbazima, “China-African Relations: A New Impulse in a Changing Continental Landscape,” *Futures*, 2008, 40, pp. 8, 748-761; Ian Taylor, “China’s Oil Diplomacy in Africa,” *International Affairs*, 2006, 82, pp. 5, 937-959.

③ United Nations Comtrade Database, “International Trade Statistics Database”, 2017.

④ Keith Proctor, “China and Africa: What the U.S. Doesn’t Understand,” *Fortune*, July 2, 2013, fortune.com/2013/07/02/china-and-africa-what-the-u-s-doesnt-understand/ (accessed July 11, 2020).

⑤ 国务院新闻办公室，《中国与非洲的经贸合作（2023）》，2013-08-29。

成了中非经贸往来的一大领域，但将双方合作增长主要归因于获取资源则缺乏说服力。

另一种观点以纳兹宁·巴尔马（Naazneen Barma）和艾利·拉特纳（Ely Ratner）为代表，宣称中国引诱腐败和集权型的非洲国家“进入其势力范围”。“通过广泛的双边和多边安排，中国政府已经开始建立一个基于这些非自由主义原则的替代性国际体系。这一趋势在非洲尤为明显。”① 彼得·布鲁克斯（Peter Brookes）和郑智惠（Ji Hye Shin）更是大放厥词，指责“中国援助和教唆专制贫穷的非洲独裁政权，合法化他们的错误政策，并赞扬他们的发展模式适合其特殊国情”。他们还添油加醋地宣称：“中国用外交礼遇以及财政军事援助奖励其非洲伙伴，助长了苏丹和津巴布韦等问题国家大规模侵犯人权的行为，加剧了当地人口被迫流离失所的状况。”②

然而，这些攻讦在统计数据面前也站不住脚。中国在非洲的主要贸易伙伴和投资目的地有多样的社会政治制度。既有南非和加纳等采用多党选举制度的国家，也有埃塞俄比亚和阿尔及利亚等发展型国家，以及刚果民主共和国［简称刚果（金）］和津巴布韦等动荡不稳定的国家，这些国家在世界银行“经商便利”指数中的排名也差别很大（见表1.1和表1.2）。这一指数衡量各国的监管体系、商业环境以及行政效率。这些信息表明，中国与非洲国家的经贸联系是广泛全面的，与伙伴国的政治社会制度关联度不大，更不能用中国与少数政府的关系来以偏概全。

① Naazneen Barma and Ely Ratner, “China’s Illiberal Challenge”, *Democracy: A Journal of Ideas* 2, 2006, http://www.democracyjournal.org/2/6485.php?page=all (accessed January 8, 2020).

② Peter Brookes and Ji Hye Shin, “China’s Influence in Africa: Implications for the United States”, Washington, DC: Heritage Foundation, February 22, 2006, https://www.heritage.org/asia/report/chinas-influence-africa-implications-the-united-states (accessed July 11, 2020) .

表 1.1　中国在非洲的十大贸易伙伴[①]

国家	贸易额 2017 年（百万美元）	“经商便利”指数排名（2018 年）
南非	39 197.36	82
安哥拉	22 956.16	175
尼日利亚	13 777.21	145
埃及	10 827.58	128
阿尔及利亚	7 233.07	166
加纳	6 677.74	120
肯尼亚	5 201.47	80
刚果（布）	4 459.90	179
刚果（金）	4 259.97	182
赞比亚	3 832.22	85

表 1.2　中国在非洲的十大投资目的地

国家	对外投资存量 2017 年（百万美元）	“经商便利”指数排名（2018 年）
南非	7 472.77	82
刚果（金）	3 884.11	182
赞比亚	2 963.44	85
尼日利亚	2 861.53	145
安哥拉	2 260.16	175
埃塞俄比亚	1 975.56	161
阿尔及利亚	1 833.66	166
津巴布韦	1 748.34	159
加纳	1 575.36	120
肯尼亚	1 543.45	80

另外，即使是中非合作的支持者也没能很好解释双边关系为什么有如此强劲的增长。中国学者通常强调中国善意的政策建立了与非洲国家持久

① National Bureau of Statistics of China, “Annual Data”, 2017, Doing Business Report 2018, Washington: World Bank, 2018, p.4.

的友谊。例如，李安山指出“中非关系中最重要的因素”是“过去 50 年的交往发展都基于‘平等相待、尊重主权、共同发展’原则”。[①] 贺文萍也持类似观点，认为“中国对非政策始终基于……中国对非洲国家主权、领土完整和民族尊严的尊重”。[②] 不过，这些评论更像是声明，而不是批判性分析。尽管中国对非政策态度五十多年来保持相当连贯性，但双边合作的快速提升是近期才有的现象。以上所引观点无法解释为何这一悠久但并不显眼的友谊突然蜕变为充满活力的全面伙伴关系。

李安山将中非关系的发展分为三个阶段：平稳发展（1956—1978 年）、过渡时期（1978—1994 年）、快速增长（1995 年至今）。他认为，过去二十多年来双边关系的快速增长是由于中国不再突出意识形态，并且将合作从单纯的援助扩大到贸易、投资等互利活动。与此相似，克里斯·奥尔登也指出，在中国市场化改革后，对新市场的渴求驱动了中国企业在非洲的扩张。[③] 但政策的变化依然不足以说明中国在非洲活动的迅猛发展为何能胜过其他竞争者，尤其是那些与非洲有更久远经贸纽带的国家。作为世界第二大经济体，中国在非洲的贸易和建筑承包方面已经远远超过了所有其他国家。中国在非洲的投资和影响力不仅赶上了传统的西方列强，甚至在有些方面已把他们甩在身后。

故此我们需要进一步思考中非关系变化的关键所在，以揭示其独特的活力。1949 年中华人民共和国成立后不久，中国对非洲的外交政策侧重于支持反对帝国主义霸权的社会主义运动。周恩来总理在 1963—1964 年访问了十个非洲国家，宣布了指导中国同非洲和阿拉伯国家相互关系的五项原则，第一条就是“中国支持非洲和阿拉伯人民反对帝国主义和新老殖民主义，争取和维护民族独立的斗争”。基于反殖民主义的意识形态，在 20

① Li Anshan, “China and Africa: Policy and Challenges”, *China Security*, 2007, 3(3), pp. 69-93.

② He Wenping, “The Balancing Act of China’s Africa Policy”, *China Security*, 2007, 3(3), pp. 23-40.

③ Chris Alden, *China in Africa*, 2007, p. 37 ff.

世纪 70 年代之前，中国特别支持具有共产主义或社会主义倾向的非洲伙伴，如几内亚、加纳、马里、坦桑尼亚、赞比亚等。

1978 年中国国内开始市场化改革后，意识形态的热情逐渐为经济建设和发展所取代。在改革开放进行了四年后，1982 年年底到 1983 年年初，时任国务院总理赵紫阳访问了 11 个非洲国家。这次访问的一个标志性成果是宣布了新的双边合作指导方针，也即《经济技术合作的四项原则》。这些新原则并没有取代以前的原则，而是做了补充。此前的《对外经济技术援助的八项原则》和《中国同非洲和阿拉伯国家相互关系的五项原则》等文件继续为中国国际交往提供规范，例如坚持友好和不附加条件等立场，在 20 世纪 80 年代后中国也继续向非洲提供援助。新原则是在这些传统方式之上，增添了新的合作维度与途径。主要变化体现在以下原则中：

> 中国同非洲国家进行经济技术合作，方式可以多种多样，因地制宜，包括提供技术服务、培训技术和管理人员、进行科学技术交流、承建工程、合作生产、合资经营等等。[①]

此处列出的合作形式展示了中非间在政治援助以外所做的初步尝试。随后，中国又沿着以下四个方向逐步扩展与非洲大陆的经贸交往。第一，中国政府逐步从狭义的对外援助转向商业化合作。[②] 许多以往的外援项目通过商业化重组而被激活复兴。例如，原来中国援助马里建设的一家制药厂和一家皮革厂经营不善。1984 年马方再次求援，中国为此派遣了数十名专家进行管理合作和业务重组。但他们不是作为援助者，而是作为聘用人员提供专业服务，马方支付了他们的工资和费用。这种聘用模式能及时灵活地引进中国管理和技术人员。两家工厂在三年内都实现扭亏为盈，并为马里创造了不少外汇。时任马里总统穆萨·特拉奥雷（Moussa Traoré）将此案例称作“第二种援助”，视其为国有企业改革的成功范本。[③]

---

① 《经济技术合作的四项原则》，1983，第三条。

② 经济合作组织发展援助委员会定义的“对外援助”。

③ 孔维实，《经贸结合在马里的实践》，《国际经济合作》1996 年第 5 期，第 23-24 页。

在纺织厂、糖厂、茶园等多个项目上进行了管理合作后，中国企业更进一步拓展合作方式。1996 年中轻对外公司（占 60% 股份）和马里政府（占 40% 股份）将两个以前的援助项目（一个甘蔗种植园和一个糖厂）改制为合资企业，成立 Sukula 制糖联合企业。[①] 中国和马里都从这一合资项目中受益。根据中轻对外公司的报告，截至 2008 年，“中方已从马里糖联获取了丰厚的利润”。而对马里政府，这家制糖联合企业每年从当地采购价值 600 万美元的货物，雇用约 1 万名季节性工人。公司还是该国第三大纳税人，每年上交约 600 万美元的税收和股息。由于双方都对合作效果满意，2009 年又合资新建了一家规模更大的制糖联合企业。其他非洲国家也有一些将中国援助项目转变为合资企业的著名例子，包括友谊纺织厂（坦桑尼亚）、穆隆古希纺织厂（赞比亚）、贝宁纺织公司（贝宁）、阿尼耶制糖联合企业（多哥）等。

第二，中国在实践试验中不断调整合作方式。例如，尽管有些合资项目取得了成功，但也有不少遭受了失败或重大挫折。坦桑尼亚的友谊纺织厂和赞比亚的穆隆古希纺织厂起初都是中国政府的援助项目，在 20 世纪 90 年代后期运营发生困难。然后中方企业与这两家纺织厂成立了合资企业。可在短暂的复兴后，中国管理者又发现在当地的社会政治环境中他们无法真正以市场为导向。政治因素和文化差异给企业运营增添了太多的复杂性。穆隆古希的合资项目在九年后中止，友谊纺织厂仍在艰难挣扎。不过，通过穆隆古希和友谊纺织厂的开拓，中国找到了与这两个国家合作的新路径。曾在穆隆古希工作的一位中国员工在中非发展基金的支持下创立了中非棉业轧花厂，并成为南部非洲棉花行业的龙头企业之一。2018 年，中非棉业还联合天津天纺在马拉维建立了新的纺织厂。同样，中国企业也没有因为友谊纺织厂的挫折而畏惧。两家大型民营企业反而依靠友谊纺织厂提供的市场信息和设施做好准备工作，在坦桑尼亚的棉花与纺织部门进行了

---

① 中国驻比利时大使馆经济商务处，《马里上卡拉糖联将建第三糖厂》，2006-03-19，http://ml.mofcom.gov.cn/aarticle/jmxw/200603/20060301709328.html（访问日期：2020-07-11）。

投资。[①]

第三，中国与非洲的商业合作借鉴了中国自身改革开放的诸多做法。一个例子是资源换项目的协议。在国内改革之初，中国政府答应在1978—1985年向日本出口总值达100亿美元的原油和煤炭。作为交换，中国可以购买同等价值的技术、设备和工程机械。由于中国在石油出口前没有足够的外汇储备来支付，日本就允许中国先购买急需的设备，然后再用石油和煤炭的销售收入支付。[②]这一做法也很快被中国应用于与非洲国家的交往中。中国企业在与马里、坦桑尼亚开展技术合作时，先将生产设备和配件送达，后期当地企业再用皮革、腰果等产品的出口收入还款。[③]

随着时间的推移，这种商业模式演变成中非之间以资源担保支持基础设施的合作。2004年，中国进出口银行与安哥拉签署了一项协议，提供20亿美元的融资。这是一种利率优惠、还款期长的商业信贷。贷款用安哥拉石油的出口收入做担保，为多达107个基础设施项目提供融资，包括医院、学校、道路、输电等各类设施。[④]这次合作对中国和安哥拉双方来说都是巨大的成功。一方面，协议使中国能增加从安哥拉的石油进口，以满足国内高涨的能源需求。另一方面，安哥拉在长达数十年的内战之后获得了迅速进行国家重建所需的基础设施。由于这种信贷形式对双方在经济上都有收益，在政治上也符合各自利益，中国进出口银行后来将其命名为互惠贷款。这类商业贷款以当地的自然资源为担保，用于资助基础建设项目和向中国企业购买设备。2004—2014年，中国进出口银行与安哥拉、苏丹、赤道几内亚、刚果（金）和埃塞俄比亚签署了总额超过100亿美元的互惠贷款。

---

① Tang Xiaoyang, “Investissements chinois dans l’industrie textile tanzanienne et zambienne. De l’aide au marché” (From Aid to Market: Transformation of Chinese Textile Investments in Zambia and Tanzania), *Afrique contemporaine*, 2014, 2(250), pp. 119-132. DOI 10.3917/afco.250.0119.

② China and Japan Long-Term Trade Agreement（中国和日本长期贸易协议）, February 16, 1978. 1978年，中国的外汇储备总额仅为1.67亿美元。

③ Deborah Bräutigam, *The Dragon’s Gift: The Real Story of China in Africa*, Oxford: Oxford University Press, 2009, pp. 55-56.

④ 中国进出口银行信贷网（2008），安哥拉财政部（2008-6-30）。

第四，中国政府和企业从实践经验中不断学习，灵活适应多样的环境。没有普适的规则或固定的模式，中方人员通过对具体情况的研究和讨论努力使项目成功。比如，互惠贷款的条件和做法没有一成不变，经常会根据中国及合作伙伴的需求作出相应调整。埃塞俄比亚不出产石油，通常国际商业银行都不会考虑给其以资源为担保的贷款。可是，中国进出口银行在 2006 年与埃塞俄比亚签署了一项贷款协议，允许它用以芝麻为主的所有出口产品作为抵押，以获得 5 亿美元的信贷。这笔贷款主要用于改善该国的输电网络。时任埃塞俄比亚商业银行副行长的穆罕默德·努雷丁（Mohammed Nuredin）称赞这一用资源担保的贷款为埃塞俄比亚开创了先例。他相信，以资源为担保的贷款会建立一个良性机制，“促进（埃塞俄比亚）对中国的出口”，“既［互惠］盈利，又有利于发展”。[①]

刚果（金）也有意使用资源担保贷款为其战后重建提供资金，但其国有矿业公司 Gecamines 没有正常生产，无法提供足够的收益作为抵押。中国进出口银行采用变通办法引进了两家企业——中铁集团和中国水电，与 Gecamines 成立了一家合资公司，计划从未开发的科卢韦齐地区开采铜和钴，并约定用该合资公司将来的采矿收入来偿还中国的基础设施贷款。该协议于 2008 年签署，至 2012 年年初已有大约 10 亿美元的资金用于矿产勘探和市政道路、桥梁等基础设施。[②] 在刚果（金）的案例中，原来的信贷模式进行了灵活调整，从而使地下尚未开采的资源储存也能像已开发的资源一样被用于贷款抵押。

1.4　结构转型中的实用主义

第 1.3 节中描述的四个特征展示了非常务实、求变求新、灵活适应的

① 访谈，Mohammed Nuredin，埃塞俄比亚商业银行副总裁，埃塞俄比亚亚的斯亚贝巴，2011 年 11 月 14 日。

② Johanna Jansson, “China-DRC Sicomines Deal Back on Track”, *The Africa Report*, August 4, 2014, www.theafricareport.com/Central-Africa/chinadrc-sicomines-deal-back-on-track.html (accessed July 11, 2020).

风格。黛博拉·布劳蒂加姆、大卫·希恩（David Shinn）和约书亚·艾森曼（Joshua Eisenman）等研究人员也注意到，在过去三十多年中非合作的诸多印迹中都可以找到实用主义精神。① 法腾·阿加德-克莱克斯（Faten Aggad-Clerx）也将实用主义视作当今中非关系的主要特征。② 一些官方文件和政治评论也承认了实用主义在双边关系中的重要性。中国和非洲各国政府称赞中非合作论坛是“务实合作有效机制”的平台。③《中非合作论坛——约翰内斯堡行动计划（2016—2018 年）》旨在促进和加强中非在政治、经济、社会发展和文化方面的“务实合作”。④ 南非国有企业部长马鲁西·吉加巴（Malusi Gigaba）评论道，“中国的实用主义无疑促成了在许多非洲国家更广泛的基础设施和投资”。⑤

不过，对实际效果的强调并非中国特有的政策导向，而是国际政治中被广为采用的方针。在政治干涉、全球治理、跨国组织、外交等方面，西方国家都可能专注于解决具体挑战，而不诉诸宏观理论或普世观念。⑥ 在国际发展领域，世界银行、英国国际发展部（DFID）等机构也经常采取务

---

① Deborah Bräutigam, *The Dragon's Gift*, p. 62; David H. Shinn, and Joshua Eisenman, *China and Africa: A Century of Engagement*, philadelphia: University of Pennsylvania Press, 2012, p. 6.

② Faten Aggad-Clerx, “Africa and China: It's all about pragmatism silly!”, March 27, 2013, ecdpm.org/talking-points/africa-and-china-its-all-about-pragmatism-silly/(accessed July 11, 2020).

③ Declaration of the Beijing Summit of the Forum on China-Africa Cooperation 2006; Beijing Declaration of the Fifth Ministerial Conference of the Forum on China-Africa Cooperation 2012.

④ The Forum on China-Africa Cooperation Johannesburg Action Plan 2015.

⑤ 参见 Kenneth Kidd, “China and South Africa: An alliance of ‘pragmatism’”, November 12,2011, www.thestar.com/news/world/2011/11/12/china_and_south_africa_an_alliance_of_pragmatism.html (accessed July 11, 2020).

⑥ 参见 “Pragmatism in International Relations Theory”, *Millennium-Journal of International Studies*, 2002, 31(3), www.lse.ac.uk/internationalRelations/Journals/millenn/abstracts/31-3.aspx (accessed July 11, 2020).

实的策略来促进非洲国家的经济增长和收入增加。[1] 与此对比，中国的实用主义有什么独特之处?

正如 1.2 节和 1.3 节所讨论的，中国的发展实践看上去没有明确的模式或很具体的指导原则，也正因为这一特点，许多人将中国的做法称为务实，似乎中方机构只专注于使一个个商业项目成功执行。相比之下，西方发展机构在实施项目时也可能持务实态度，但这些项目是在“华盛顿共识”或对外援助政策等框架下设计的。单纯围绕项目的实用主义通常会被批评为缺乏连贯整体的原则。不过，中国国内和在非洲的实践表明，这种“单纯”实用主义所产生的发展动力可以持续推进数十年。这些看似零散琐碎的实践的效果反而比那些具有明确理念导引的做法更为持久和显著。这一令人费解的反差原因何在?

在此背景下，我们有必要追溯当代中国实干精神的根源。改革开放的总设计师邓小平同志有两句广为人知的名言，自 20 世纪 80 年代以来引领了全国实事求是、追求实效的风气。第一句是，“不管白猫黑猫，抓住老鼠就是好猫”，这句话最早出自他 1962 年 7 月在共青团大会上的讲话，强调生产力增长是社会发展的目标与衡量标准。

> 生产关系究竟以什么形式为最好，恐怕要采取这样一种态度，就是哪种形式在哪个地方能够比较容易比较快地恢复和发展农业生产，就采取哪种形式；群众愿意采取哪种形式，就应该采取哪种形式，不合法的使它合法起来。……刘伯承同志经常讲一句四川话：“黄猫、黑猫，只要捉住老鼠就是好猫。”这是说的打仗。……现在要恢复农业生产，也要看情况，就是在生产关系上不能完全采取一种

---

① Francis Owusu, “Pragmatism and the Gradual Shift from Dependency to Neoliberalism: The World Bank, African Leaders and Development Policy in Africa”, *World Development*, October 2003, 31(10), pp. 1655-1672; Duncan Green, “Politics, Economists and the Dangers of Pragmatism: Reflections on DFID’s Governance and Conflict Conference”, 2014, blogs.worldbank.org/publicsphere/politics-economists-and-dangers-pragmatism-reflections-dfids-governance-and-conflict-conference (accessed April 5, 2018).

固定不变的形式，看用哪种形式能够调动群众的积极性就采用哪种形式。[①]

邓公原话清楚地表明：他没有一个明确的计划来改善生产，而愿意根据反馈调整当前的计划。这句话经常与另一句话互换使用，“摸着石头过河”。“摸着石头”是指勇于探索试错的试验，以及符合具体实际的解决方案。失败的试验将被不断总结和改进，以更切合真正的环境条件。最终目标只能通过渐进的步骤来实现。这也意味着只要有助于达成经济增长，对各种路径方式都持开放的态度。[②]

这两句相互关联的话表明贯穿中国改革开放的实干精神并非完全没有原则。“抓老鼠”和“过河”都指出了长期发展和增长的明确目标。实用主义只是对通往这一总目标的手段持开放包容态度，积极开展具体多样的试验。与此相对，“华盛顿共识”及类似的发展政策除了确立目标之外都试图同时规划发展的路径。理解了中国式实干精神的特点，我们也就能解释为什么此前所有对“北京共识”或“中国模式”的定义都不成功，因为中国发展经验的本质正是拒绝关于发展道路的“共识”或“模式”。

然而，这样的诠释引出了更多的新问题：难道仅仅通过设定发展目标就能推动变革和增长？没有周密的计划指引，又怎样能保证发展的效果与方向？仅仅是一些失败的模式，还是所有既定的发展模式都难以取得成效？那又如何解释一些模式，比如发展型国家在东亚地区所发挥的作用？

在系统说明实用主义在改革中所起的作用之前，有必要对这些问题先做澄清。第一，拒绝设定路径不意味着仅有一个目标，而是在提升生产力的明确目标下，激励广泛多样的实践和转变。第二，每种改革举措和试验当然都需要做好计划，但改革进程中的变化与实践是如此多样动态，远远超出了任何预先的总体规划。在此情况下，只要有助于生产力增长，许多

---

① 《怎样恢复农业生产》（1962 年 7 月 7 日），《邓小平文选》第 1 卷，北京：人民出版社，1989 年，第 323 页。

② Joseph Stiglitz, *Globalization and Its Discontents*, New York: Norton, 2002, p. 184.

未曾预料的新做法和新现象也被迅速地吸收接纳。第三，中国的实干精神并不否认历史经验的价值。中国在发展过程中也从先进国家及发展中伙伴处学习借鉴了不少有益的模式和做法。但是，中国没有拘泥于任何一种既定模型，没有自缚手脚，而是以实际需要为标准进行试验和改进。第四，发展模式不是普遍适用的。世界银行在 2005 年的一份报告中承认，“没有最佳做法或政策总能产生同样的良好结果——没有成功的秘方”。①这一观点与邓小平 1985 年在会见加纳代表团时所说的话相呼应“中国的经验不能照搬……如果说中国有什么适用的经验，恐怕就是按照自己国家的实际情况制定自己的政策和计划”。②对邓公来说，没有一条道路可以保证发展成功。所谓的成功模式只是别人已有的成就，但在另外的新环境下不一定有效。

做了这些厘清后，我们可以聚焦于核心问题：为什么要将生产力增长设为目标？为什么多样灵活的试验和广泛渐进的变化能有助于实现这个目标？

第一个问题初看似不言自明。在当今世界，几乎每个国家都将生产率增长作为目标。然而，这种对生产率增长的普遍追求只是近现代以来才出现的现象。即使今天，也并非所有国家都能为实现这一目标而完全投入。20 世纪六七十年代，邓公“黑猫白猫”的说法曾受到毛主席的严厉批评，毛主席认为阶级斗争和追求共产主义意识形态应该是国家的首要任务，而生产力增长只是支持中国共产党政治议程的一种手段。同样，许多非洲国家将政治目标置于经济增长之上，这一情况在“冷战”时期尤其普遍。而在改革开放后，优先顺序发生了逆转。经济发展成为中国共产党的中心任

① World Bank. *Economic Growth in the 1990s: Learning from a Decade of Reform*, Washington, D C: World Bank, 2005, p. 80.

② 张维为，《感念邓小平：中国模式的意义》，中国共产党新闻网，2014-09-12，theory.people.com.cn/n/2014/0912/c389057-25651086.html（访问日期：2020-07-11）。

务，政治权力只是被用来实现这一目标的手段。①

还有许多社会和文化价值观也忽视甚至贬低生产力增长的意义。例如，儒家思想就轻视物质利益的追求，《大学》中有“国不以利为利，以义为利也”，“德者，本也；财者，末也”之类的教导。道家也对物质要求不屑一顾，强调返璞归真。如《老子》所言，“虽有舟舆，无所乘之……甘其食，美其服，安其居，乐其俗”。精神自足自在，则能抗拒诱惑，不过度追求物质享乐。

事实上，重视精神和伦理价值，轻视物质财富是世界传统文化的普遍现象。《古兰经》明白地将财产财富（ghina）称作人叛逆真主的源起之一，富裕被先知列为谦虚、恭顺等美德的对立面。② 斯瓦希里语里则有仁慈或智慧胜过财富的谚语。③ 近代之前的欧洲社会也同样将对物质财富的追求斥为品格低下。当托马斯·阿奎那（Thomas Aquinas）讨论如何实现完美人生时，立刻排除了财富选项，并得出结论“完美的幸福只能存在于对神圣本质的洞见中”。④ 他和古希腊思想家类似，认为社会应该首先关注正义，个人则应该关注美德。无限的财富积累被视作不公正的诱因而需节制。⑤ 由此可见，传统社会普遍不推崇物质繁荣，也很少致力于生产力的不断提高。这样的价值取向也反映在实践上。经济学家阿格纳斯·麦迪逊（Agnus Maddison）等发现，直到 16 世纪，世界上的生产力水平在数千年间并没

① “1987: One central task and two basic points”, September 16, 2009, www.china.org.cn/features/60years/2009-09/16/content_18535066.htm, China.org.cn (accessed July 11, 2020).

② 《古兰经》96:6,7, https://www.al-islam.org/society-and-history-ayatullah-murtadha-mutahhari/islam-and-historical-materialism.

③ Akili yatpita mali 或 Hisani ni bora zaidi ya mali.

④ Thomas Aquinas, *Summa Theologiae*, trans. English Dominican Fathers, New York: Christian Classics, 1981, pp. II-I, Q1, A7; Q3, A8.

⑤ Tang Xiaoyang, “Philosophy’s Political Duty and Political Practice”, Dissertation New York, 2011, pp. 20-21; Michael J. Hagan, “St. Thomas Aquinas: Economics of the Just Society”, Austrian Student Scholars Conference, 2012, pp. 8-9.

有真正取得显著进展。[1]

只是在近现代，对物质生产增长的不断追求才在个人和社会层面都被合法化与崇高化，这与资本主义的兴起密切相关。资本主义可能有无数种衍生定义，但追溯本源则基于资本的特性。卡尔·马克思（Karl Marx）精辟地指出，资本的本质即无限地追求价值增殖，将货币（M）投资于生产商品（C），销售后以换取更多的货币（M'），即 M—C—M'。[2] 在前资本主义社会中，贸易通常只在有具体交换需求时发生，即 C—M—C。因为不同的商品有各自具体的效用而进行交换。与之不同，资本主义交换的驱动力是增加抽象财富价值的欲望，即对资本增殖的追逐。有别于针对具体需求的贸易，资本增殖没有确定的终点，资本自身会推动贸易与增殖不断进行，以至无穷，即 M—C—M'—C—M''—C—M'''—……

对价值增长的无限追求会刺激生产力的持续增长。随着生产力的不断提高，资本主义也得以在全世界逐渐扩张，迫使所有的国家专注生产力的发展，甚至包括那些拒绝资本主义的国家。那些由于传统文化价值观或意识形态而忽视甚至抑制生产力增长的国家，则面临着被拥有先进经济和科技实力的资本主义强国所征服或改变的命运。中国从初与西方接触时把现代科技贬为“奇技淫巧”，到鸦片战争后坚持“中体西用”，再到民族危难之际兴起的“新文化运动”，正是在外界先进生产力的连续冲击下，社会关注重心从传统的文化价值逐渐转向实力、技术和物质。然而在战乱救亡时期，生产与发展只能是第二位的。1949 年新中国成立后，国家对发展生产不可谓不重视，也确实在短期内大幅提高了国内的生产力水平。可是，由于国际国内形势错综复杂，当时发展生产的举措往往服从于政治指令。直到改革后，中国社会最终将生产力增长和经济发展设为最优先的目

---

① Angus Maddison, *The World Economy: A Millennial Perspective*, Paris: OECD, 2001; Elio Lo Cascio and Paolo Malanima, “GDP in Pre-Modern Agrarian Economies (1-1820 AD): A Revision of the Estimates”, *Rivista di storia economica*, 2009, 25(3), pp. 391-420.

② Karl Marx, *The Capital*, chapter 4.

标，这也标志着受到资本主义冲击后社会目标的根本转变。由图 1.1 可见，1978 年前的生产效率增长不仅低，而且起伏很大。而 1978 年后，尤其是 1992 年后，发展经济的共识与相应的改革促成了生产力的持续增长。

图 1.1 中国全员生产效率年增长比例（1953—2018 年）①

在目标转换完成后，实现可持续的生产力增长要求社会经济关系作出全面改变。18 世纪时，很多人就认识到劳动分工是“最大生产力（改善）”的原因。② 亚当·斯密（Adam Smith）在《国富论》开篇用著名的别针工厂例子说明，仅靠劳动分工和专业化生产，生产率就可以呈指数级别增长。机械和先进技术的应用也在很大程度上依赖将生产过程先分为单一的步骤，然后整合所有环节。但专业化带来的产能提升必须要相应的消费流通机制配合。正如亚当·斯密指出，只有建立了大规模市场，大规模分工才有意义。③ 可持续的生产力增长必须有不断扩大和运作良好的市场支持。生产环节，也即 M—C（投资以生产商品），必须与流通销售环节，即 C—M'（销售实现增殖）相配合，这样生产力进步才能继续。传统社会主义计划经济正是片面强调生产环节（劳动、技术）而忽视流通环节（产权、市场），

① 国家统计局，年度数据，2017。全员生产效率 =GDP/ 就业人数。

② Adam Smith, *Wealth of Nations*, Edinburgh: Thomas Nelson Press, 1843, p. 3.

③ 同上 , pp. 14-15,26-33.

导致增长无法维持而失败，就如改革前的中国。[1]

因此，追求生产力持续增长必然要求社会结构也发生全面转型。劳动生产环节要日益专业化、分工更细致、协同更广泛，并同时应用更多的机械和技术，流通消费环节则不断扩大贸易范围、促进消费需求、增加销售渠道。这些变化进而会推动社会结构和生活方式作出相应调整，以适应持续生产力增长的需要，诸如完善市场监管、保护私有财产、建设基础设施、促进人口流动、打破出身等级制、施行标准化教育、提高行政效率等。如马克斯·韦伯（Max Weber）所说，资本家要实现“永远新生的利润”，这并不是个人问题，而涉及整个社会秩序。[2] 同样，埃米尔·杜克海姆（Emile Durkheim）认为，复杂的劳动分工在现代社会导致新的凝聚形式，会从严格控制和统一信仰的机械凝聚逐渐转向个人更自主、差异化更强、互动更频繁的有机凝聚。[3] 卡尔·波兰尼（Karl Polanyi）以 18 世纪的英国为例，说明工业革命的实现需要综合性社会和文化转型，而不是简单的“市场”体系。

> 在农业社会中，这些（销售大量商品的）条件不会自然存在；它们必须被创造出来……这种转变意味着社会成员行动动机的改变：生存的动机被获利的动机所代替。所有交易都变成了货币交易，而这进而又要求在工业化生活的每一个方面都引入交换媒介。所有收入必须来自出售某物或其他东西，无论一个人收入的实际来源如何，都必须被视为销售的结果。“市场体系”这个简单名词实则内含了我们所描述的制度模式。[4]

---

① Moishe Postone, *Time, Labor, and Social Domination*, Cambridge: Cambridge University Press, 2003, pp. 10-11.

② Max Weber, *The Protestant Ethic and the Spirit of Capitalism*, London:Routledge, 2001, pp. xxxii ff.

③ Emile Durkheim, *The Division of Labour in Society*, London:The Macmillan Press Ltd, 1984, pp.83-86.

④ Karl Polanyi, *Great Transformation: The Political and Economic Origins of Our Time*, Boston: Beacon Press, 2001, p. 41.

从传统的社会经济关系向以发展增长为核心的现代社会的转变被发展经济学家称为结构转型。这个名词既指产业结构从自给自足的传统农业向高生产率的工业和其他产业转型。也包括经济、政治和社会结构的相关变化，比如城市化、世俗化等。[①] 在过去四十年的快速增长中，中国经历了卓有成效的结构转型，农业比例大幅缩减，城市化进程加速。相比之下，非洲（除了南非等少数例外）在工业化方面严重落后。（见表 1.3）

表 1.3　中国与主要非洲国家的城市人口与农业产值占比[②]

国家 / 地区	农业在国内生产总值（GDP）中所占百分比 /%			城市人口在总人口中所占百分比 /%		
	1979 年	2000 年	2015 年	1979 年	2000 年	2015 年
中国	30.70	14.68	8.88	18.6	35.8	55.6
埃及	20.91	16.74	11.18	43.8	42.8	43.1
刚果（金）	28.32	32.33	20.63	26.8	35.1	42.5
埃塞俄比亚	—	47.76	40.97	10.2	14.7	19.5
加纳	63.39	39.41	20.99	30.9	43.9	54.0
尼日利亚	—	26.03	20.86	21.5	34.8	47.8
坦桑尼亚	—	33.48	31.08	14.1	22.3	31.6
南非	5.97	3.29	2.37	48.3	56.9	64.8
撒哈拉以南非洲	—	19.85	17.50	21.9	30.8	37.8

在此，我们可以发现多样的试验和渐进式变革对于实现全面的结构转型和生产力持续增长有极其重要的作用。首先，由于转型涉及社会几乎所有方面，政策改革必须一步一步地逐渐推进。一次性的政策不可能解决全面转型中出现的无数问题。其次，每个发展中国家都有自己独特的传统和

---

① Simon Kuznets, “Modern Economic Growth: Findings and Reflections”, 1971, www.nobelprize.org/nobel_prizes/economic-sciences/laureates/1971/kuznets-lecture.html (accessed July 11, 2020).

② World Bank, “World Development Indicators Database”, http://wdi.worldbank.org/tables/ (accessed February 10, 2019).

社会结构，所以这些传统的转变必然有不同的形式，没有完全一致的路径或模式。最后，全面转型也造成了“先有鸡还是先有蛋”式的循环因果困境。当一个因素变化时，例如工业产能增长，它会受到其他因素，如基础设施和劳动力技能的影响与制约。然而，基础设施建设以及劳动技能发展反过来也会因缺乏工业投资而受到限制。复杂的劳动分工和相应的流通网络要求众多相关因素密切配合。但在转型阶段不可能使所有部分同时拥有全新的能力和知识，尤其是难以立刻使众多新的元素协同合作、顺利运行。社会各成员必须逐步适应其新角色，与不断增多的伙伴练习磨合，以达成和谐。一个国家要实现结构转型必须在初期克服各种因素互相阻碍、举步维艰的局面，促成良性循环。本书以下章节将论证，实用主义不仅在解决中国改革的循环因果困境时发挥了关键作用，而且也将有效帮助非洲国家的结构转型。

1.5　解决“鸡与蛋”困境

已有一些学者对结构转型中的“鸡与蛋”困境进行了研究。20 世纪 70 年代初，贡纳尔 · 迈尔达尔（Gunnar Myrdal）指出社会经济制度有自我强化的特性。由于社会的惯性，非工业化国家向工业社会转型的难度要远远大于发达国家的继续工业化。因此，迈尔达尔当时对第三世界的增长前景持悲观态度，认为政治、经济、社会、文化全方位的薄弱使这些国家陷于低水平平衡状态。[①] 洪源远同样写到，一个国家的经济繁荣往往需要良好的制度支持，比如财产产权保护、专业行政管理、有效问责机制等，但“取得这些先决条件似乎也依赖经济发展水平”。[②] 不过，中国在过去四十年中从落后的社会经济条件起步成长为全球工业强国，提供了一个如何成功摆脱贫困与管理落后恶性循环的宝贵实例。洪源远认为，中国的市场和

① Gunnar Myrdal, *The Challenge of World Poverty: A World Anti-Poverty Programe in Outline*, London: Allen Lane, 1970, p. 268.

② Yuen Yuen Ang, *How China escaped the poverty trap*, Ithaca: Cornell University Press, 2016, p. 1.

政府相互影响并相互适应，这两者共同演变的过程在不同发展阶段以多种形式表现出来。她的实证研究显示，在市场尚未成熟的情况下，“弱”政府，即监管能力不足反而会有助市场发育，“强”治理则更能保护已经完善的市场，特别是基层干部的灵活变通激发了市场和政府的共同发展。[①] 基层的协同共进必然是多样且渐进的，因为具体的人和事都需要用各自独特的方式来互动磨合。这样的共进式发展正是邓小平同志的“猫论”及“摸着石头过河”思想的实际表现。

但是，洪源远仅研究了政府与市场之间的互动关系，结构转型中涉及的社会方方面面的变化要更为广泛和复杂。如 1.4 节所述，为了使现代工业经济能持续发展，不仅需要有效的市场流通和相应的政府监管，还需要工人技能、基础设施等。此外，企业家精神、职业化规范、消费文化和城镇化建设也都是与工业化相配合的要素，进而至于社会财富的分配、环境资源的持续与再生能力等诸多因素都相互依存、相互影响。在此，借用亚当·泽沃斯基（Adam Przeworski）的一句话：“历史的动力归根结底是内生性。在某些初始情况和不变条件下，财富、财富分配以及调拨资源和派发收入的制度是相互依存并一起发展的。”[②] 在中国和非洲的发展进程中，许多挑战恰恰在于现代经济活动与相关社会政治环境难以形成共同进化的机制。本书此后章节将用具体案例展示，如果经济转型与社会环境能够相互适应，增长驱动力就会自动持续强化。可如果创新无法与周围环境产生联动效应，变化的效果就不会持续很长时间。

共同进化的互动性解释了许多以往发展计划失败的原因。由于全面的社会转型不依赖任何孤立的要素，所以任何从外部或内部权威发起，有事先设定条件的方案，都难以直接将盘根错节的传统社会结构转化为新型现代生产生活体系。洪源远对“复杂”和“复合”做了稍显刻意但很有帮助的区分，以更好理解交互因果关系。前者指由许多部分组成的系统，但可

---

① Yuen Yuen Ang, *How China escaped the poverty trap*, p. 17.

② Adam Przeworski, “The Last Instance: Are Institutions the Primary Cause of Economic Development?”, *European Journal of Sociology*, 2004, 45(2), pp. 165-188.

以通过线性因果关系来确定。例如，按下按钮就能发射火箭。与此不同，在一个复合的系统中，成员们"相互作用并共同进化"。我们能以足球队为例直观理解有循环因果关系的互动体系如何运转，一个好的传球不是单由一个因素所决定的，而是同时取决于传球球员以及接球球员的位置和动作。这些因素中任何一个改变都会使一个好的传球变成坏的传球，或者相反。好的传球要求所有动态因素同时达成和谐，而不是指特定的传球方式。在像足球队这样的复合统一体中，因果关联并非单一维度，而是相互依存的。

球队的提升进步因此也是一个"鸡与蛋"的悖论。每个球员都必须在团队中学会踢足球。可起初，团队中必定存在许多误解和不协调。只有随着练习，球员们才彼此熟悉，逐渐形成一个团队，并通过团队配合提升个体的技能。在中国的结构转型中，也能看到类似的过程。改革开放始于放松价格管制、允许设立私营企业、实行绩效奖金、开放外商直接投资等各个领域的渐进式试验。参与其中的每一个体，从农民、工人、技术人员到企业家、官员和来投资的外商，当时对该如何在中国国情下开展市场经济都知之甚少。他们一起尝试着新的工作方式，同时作出改变，互相调适。这些改变大多数没有现成规则或理论指导，而依靠在实践中摸索。通过反复试验，各方参与者逐渐学会了用市场经济和现代工业的方式合作，以实现更高的生产率。而市场经济的持续发展也使他们的经营能力和职业技术不断提升。

在共同进化过程中，关键要确保所有参与者朝向同一个目标努力和协调，才能形成合力。对于足球队而言，只有当所有成员都想着让球队得分而不失分，团队的共同训练才有进步。同样，结构转型的参与者们需要在促进生产力可持续增长的目标下探索适当的分工和市场运作方式。但是，在合作共进中保持同一目标并不容易。再以足球为例，一场球赛中超过90%的动作并不直接导致进球，但是传球和跑位是进球得分的必要准备。因此，需要教练引导团队的合作以实现得分的目标。在结构转型时，大多数参与者无法观察到整体长期的生产率增长，而只看到局部行动和眼前收益。尽管个体短期利润也是转型的重要部分，但过于追求这些利润可能会偏离总体目标。所以，需要政府战略性的指导来保证各方多样的试验能统一在结构转型、提高生产力的大目标之下。

然而，对共进发展的战略指导也不是线性机械的。指导方式应该是动态共同体的一部分，同样在不断改变，这样才能有效地引领不断变化的其他部分。正如不能仅凭比赛的规则来指导足球运动员，对结构转型的战略指导同样不能局限于理论或政策规定，而必须与社会经济的鲜活实践融为一体。在中国改革进程中，政府的指导就体现了多层次多方式的联动。国家层面的顶层设计与基层地方干部务实灵活的作风以及部门间的竞争相结合，以刺激和协调经济增长。[①] 国家层面制定了总体目标和检验标准，但又比较宏观抽象，需要地方官员和企业根据各自的实际情况细化实施。有少数中央明确标出了“红线”的领域，如耕地面积等，地方不可随意更改。但大部分国家政策给地方留出了足够的变通空间和灵活度。因此，尽管中国的市场改革是由中央政府发起的，但各地改革的实际效果和方式又常常出乎中央的意料，反过来引起中央的注意，了解其具体做法并调整政策，以有效应对新的实践。[②] 如此往复，战略指导和基层变革形成了相互调适的发展共同体，总体的增长目标也逐渐转化为各式各样实践者的具体努力。

当然，国家战略指导与基层社会经济实践之间的关系也并非固定。就如有些球队可能通过实际比赛而不是教练辅导来成长，结构转型也可能在没有政府强力调控的情况下进行，但这往往需要各因素之间更长的磨合互动过程，西方社会历经几百年反复波折才形成了较为顺畅运转的市场经济和工业体系。而在后发国家中，政府的合适导引可以大大加速工业化进程。不过，无论政府具体起多大作用，关键是一定要避免机械线性的指导转型，而要保证总体目标和基层变革间建立起互动有机的联系。

---

① Eric X. Li, “The Life of the Party: The Post-Democratic Future Begins in china”, *Foreign Affairs*, 2013(92), pp.34-36; Yuen Yuen Ang, *How China Escaped the Poverty Trap*, Ithaca: Cornell University Press, 2016, pp. 48-68.

② Yuen Yuen Ang, *How China Escaped the Poverty Trap*, pp. 73-75, 88-102.

在此，我们能理解以往一些发展理论的错误所在。“华盛顿共识”的倡导者正确地看到市场机制可以促进增长，但他们错误地认为发达国家的制度，如司法独立、确定产权、金融市场自由化等，能直接给其他社会也带来发展。[①]故此他们选择对发展中国家强加条件，期望刺激发展，但往往却导致发展停滞。这种误判主要缘于华盛顿机构中的主流经济学家们使用了线性机械的方法论。用查尔斯·金德尔伯格（Charles Kindleberger）的话来说，“这些机构给不发达国家带去了发达国家的模板。他们观察不发达国家。他们从后者中减去前者，剩下的差别就成为发展项目了”。[②]“华盛顿共识”对市场经济该如何运作有明确的理论模型，但没有意识到在实际运行中的市场是有机复合的。

同样，现代化理论描述的所谓现代社会的具体发展模式，也基本以西方现有的社会经济结构为样本，并使用这些模式为其他传统社会设计发展路径。[③]这些自封为现代社会的模式，如普世主义、成就导向、自我导向等，被批评为既不精确也不完整。尤其当传统社会被与西方发达工业国家简单比较，传统社会的多样性和本源被忽视，所有国家都被认定要遵循自由西方的模式。[④]现代化理论背后的逻辑是社会工程学。这种思维方式不仅忽视了发展中国家复合的文化和历史，而且还断言西方以及其他社会的现代化是一个被注定的机械过程。尽管这些理论家注意到现代化作为一种全球现象具有特殊意义，但他们只描绘了一种被动单调的机制，而非主动、多元、有机的社会转型。

---

① Adam Przeworski, “The Last Instance”, p. 182.

② Charles Kindleberger, “Review of The Economy of Turkey”, “The Economic Development of Guatemala”, “Report on Cuba, Review of Economics and Statistics”, 1952, 34, pp. 391-392. Quoted by Adam Przeworski, “The Last Instance”, pp. 182-183. Przeworski 指出，这种做法在21世纪仍然在布雷顿森林体系的机构中广泛使用。

③ G. Hawthorn, *Enlightenment and Despair*, Cambridge: Cambridge University Press, 1976, p. 242; W. W. Rostow, *The Stages of Economic Growth: A Non-Communist Manifesto*, Cambridge: Cambridge University Press, 1960, pp. 1-14.

④ Peter Wallace Preston, *Development Theory: An Introduction*, Oxford: Blackwell Publishers, 1996, pp. 170-175.

林毅夫见证了中国的发展，明白向市场经济的转变并非千篇一律，政府在新兴国家的发展进程中能发挥重要作用。不过，他的观点很大程度上仍基于正统经济学理论中的直接因果关联。他假设市场机制会自动运转，只要政府干预能帮助克服最初的基础设施和信息障碍，资源禀赋的比较优势，如廉价劳动力，就会带动相关产业部门的增长。[①]但他没有认识到市场的运作不是自动现成的，而是多方长期协作的结果。所以，林毅夫的理论为所有发展中国家和地区设计了单一而确定的路径。他和孟加（Monga）建议，发展中国家应根据资源禀赋、可交易商品和人均收入来决定效仿哪些国家和产业发展。[②]这一方式完全没有考虑发展中国家独特的社会政治结构、历史和文化，而是单纯通过经济计算来评估一个社会的结构转型路径。

正如丹尼·罗德里克所说，林毅夫试图打破"华盛顿共识经济学"刻板模式的努力与他对普世经济机制的假设存在冲突，因此产生了新结构经济学中"既支持又反对比较优势"的悖论。[③]除了逻辑难以自洽之外，他的理论也未能解释结构转型的多样性和全面性。结构转型不仅仅是选择优势的产业政策。中国过去四十年的经济改革涉及政府职能的转变、收入和福利制度的调整、企业重组、产权立法以及商业和职业文化培育等广泛问题。没有这些变化，工业增长就不会起飞。此外，不同国家以及国内不同地区的社会经济变化过程也有多种形式。新结构经济学将转型的成功因素简化为单纯的比较优势，没有充分考虑结构转型的复合性和多样性。

上述几种发展理论都力求找到直接的路径来制定政策和促进发展。然而，寻求直接因果关联的方法论本身意味着简单化和机械化。理论和普世机制甚至不足以建立一支优秀的足球队，更遑论社会的转型。当机械性规则强加于实际的人和社会时，它们不仅可能无法获得预期的结果，而且还

---

① Justin Yifu Lin, *New Structural Economics: A Framework for Rethinking Development and Policy*, p. 29.

② Justin Yifu Lin and Célestin Monga, "Growth Identification and Facilitation", Policy Research Working Paper 5313, World Bank 2010, pp. 12-20.

③ Dani Rodrik, "Second-Best Institutions", pp. 227-229.

可能造成冲突。当然，统计和因果机制的分析是有用的工具。在共同进化的体系中，分析工具能帮助人们识别薄弱的环节，从而采取机械化措施来加强和平衡这些环节。不过，机械辅助应仅限于系统中的一部分，而不应被视为整个协同体系的指导原则。共同进化需要交互式协调，而不是固定单维的规则。

与此对应，外国援助在发展中国家的角色应严格限于对建成生产力可持续增长的协同体系所必要而暂时的活动。外国援助根据社会政治议程分配资源，而不寻求利润或价值增长。这种外来力量可能给不发达国家提供资金、知识和基础设施以启动生产和市场活动（临界值效应）。然而，持续大规模的援助也可能造成依赖援助的局面。当外国援助变得系统化和常规化时，受援国可能会把注意力转向申请援助，而不是促进生产力增长。捐赠衣物等不必要的援助甚至可能扼杀当地的制造业。[①] 因此，外国援助的增加并不总是有利于受援国的发展。外援的效果取决于它是否有利于受援国自身的社会经济转型。如果外援主要为外部的道德或政治标准服务，分散了受援国自身建立现代经济协同体系的努力，那即使是善意的捐赠在现实中也可能会损害发展。

在这一认识的基础上，我们可以检验中国的实践如何与非洲的结构转型交互协作。第1.3节回顾到，与国内改革相对应，自20世纪80年代以来，中国在非洲的活动已将重点转移到经济利益上。双边商业合作迅速增长，取代了政治引领的援助。当西方机构对非洲国家强加条件与规定时，中国政府和企业，在不同地域与场景积极试验，尽力促成商业项目，涵盖了从城市中心到偏远的农村地区，以及从贸易、基础建设到农业、制造业的各个领域。这些商业活动虽然从个体来看微不足道，但作为一个整体对非洲经济和社会产生了重大的影响。它们扩大了市场流通的范围，增强了非洲大陆的工业基础。通过在当地的具体实践，而不是通过确定的政策或模式，中国的实干精神能更全面有效地推动非洲的结构转型。

---

① Dambisa Moyo, *Dead Aid: Why Aid Makes Things Worse and How There Is Another Way for Africa*, London: Penguin Books, 2010.

确实，也有西方国家的企业在非洲开展业务，它们也为非洲的经济转型作出了贡献。但是，与西方企业相比，中国企业更勇于在艰苦恶劣的商业环境中承担风险。非洲杂乱的政治经济状况，如行政不畅、监管漏洞、金融动荡等，意味着很高的风险，而非洲国家的市场规模又较小，许多西方公司因此选择避开撒哈拉以南的非洲国家。

形成对照的是，中国企业，无论是银行、贸易商、建筑承包商还是工业投资者，愿意接受非洲市场高风险的挑战。因为与中国市场相比，非洲的竞争激烈程度要低得多。对他们来说，艰险的商业环境未必是坏事，反而能提供更多的机会。他们中很多人不久前经历了中国市场的快速增长，清晰记得转型过程中类似的监管问题和宏观风险。中国自身结构转型的成功为中国企业参与非洲结构转型提供了宝贵的经验和信心。由于中国的结构转型仍在进行中，甚至能与非洲形成共同进化的协作体系。不仅非洲得到中国在市场发展和工业生产方面的支持，而且中国也通过与非洲的交往大大拓展了国际业务范围。中国的结构转型有助于中国企业更好地了解非洲结构转型的需求和前景，并相互调适，最终使中国和非洲的转型汇聚为一个协同体系。

本书旨在展示在中国与非洲结构转型的时代背景下，基层的具体实践如何有效地推动双方社会经济形态共同进化。互动协作在宽广的领域都有体现，包括贸易、基础建设、农业、制造业、城市化等。在每个领域，我都将展示一个“鸡与蛋”的困境，以此说明发展过程中随处可见的循环因果关系的挑战。然后，通过分析中非交往中的真实案例，我们可以看到渐进式实践如何使各方参与者的思想和行为互动改变，促进双向调适，以实现可持续增长。正是通过这些实实在在的案例，中国自身改革和中非合作中实干精神的本质特征才能得到充分展现。只有通过对各类鲜活实例的审视，才能把握探索市场机会和寻求可持续经济增长方式的灵活多样性。

自 2007 年以来，我走访了近 20 个非洲国家，考察了数百个在非洲的中国项目，并采访了 2 000 多名中非双方的官员、企业家、职员、工人、农民、学者，近距离观察中非双方的互动。为了本书，我收集了大量从未发表过的一手资料和案例，在对田野考察获得的原始数据进行分析整理后，用以呈现中非经济互动的主要特征，并描画相关社会政治演变的可能轨迹。

在接下来的章节中，我将详细介绍中非经济合作关系的独特方面。第2章将重点介绍贸易，这通常是中非之间商业交往的最初形式。我们将观察实用主义如何推动了跨大洲市场的形成并解决了其中产生的问题。第3章考察了基础设施建设，阐明中非在合作过程中如何看待基建与发展的关系，以及如何不断调整这一认识。第4章聚焦农业，分析中国政府和私营部门在参与非洲农村建设时如何促进市场经济。农村地区根深蒂固的传统和不可预测的环境使这些努力面临更多挑战。第5章着眼于中国投资在非洲制造业的快速增长。几十年来，中企不断通过投资试点项目探索非洲制造业的潜力。这些尝试也激发了非洲方面的积极回应，并为非洲工业化作出了贡献。第6章研究了一种特殊的中国投资模式：经济特区。中国政府和企业选择在非洲建设经济特区，以支持工业投资。经济特区的发展经常偏离原有设计，通过“摸着石头过河”的试验而成为工业发展的新模式。最后两章将探讨两个被热议的社会问题。第7章审视工作伦理议题。工业化需要特别的劳动实践和伦理准则，因此介绍了在中国工厂进行的各类试验，以此呈现非洲工人是如何接受培训达到合格标准，文化价值观念又是如何在这一过程中相互影响的。第8章回顾了在非中企社会环境责任的履行。环境保护与经济发展的关系也不是简单的线性因果，中企在环境相关问题上同样采取了实用主义。

安排这些章节是为了展示中非共同进化的轨迹：从快速流通的商贸到长期稳定的投资，又从基础设施项目到工业综合体和城市建设。此外，本书还概述了转型中伦理价值观和社会意识的转变。由此揭示中非双方在互动中逐步推动结构转型，并将转型的影响扩散到非洲社会的多个方面。尽管采矿业是许多非洲国家的重要经济部门，也吸引了相当数量的中国投资，但它对社会转型的影响相对有限和孤立。所以本书没有详细介绍采矿业的投资。与此类似，中国的官方发展援助也只有在与中非结构转型相关时才会被讨论。

第 2 章
商贸

2.1 非洲集市上的中国故事

2007年6月，我刚到安哥拉的首都罗安达就听说当地有一个号称非洲最大的市场，叫罗克·桑特罗（Roque Santeiro）。在1975—2002年历时27年的内战中由于缺乏正规的商业系统，数以万计的人们就自发在那里交换起了各式的物品，发展成了露天的大型集市。我曾从航拍照片上看过其景象，各色铁皮的或帆布的棚顶层层叠叠、绵延相续，不见边际，仿佛未经修饰的原始山林。我对此很是好奇，便在饭桌上问起我寄宿的房东伽桑，一个壮实的黎巴嫩裔餐馆老板，和他身高一米八的当地妻子保拉是否去过那里。保拉一听笑了，说罗克·桑特罗现在还有个名字，叫“交易所”，因为那里从武器到毒品，各种交易一应俱全。不过她从未去过，而且一般罗安达的白领阶层都不会去那里，因为那儿几乎没有警察，非常混乱和危险。伽桑也说他只曾经驾车从市场边经过，但没有进入过市场。不过，保拉又神秘地一笑，补充道：“听人说，那里倒是有中国人做生意。”

我有些诧异：“真的？他们不担心安全吗？”

保拉笑出声来：“他们不怕。安哥拉人都说，他们会功夫。”

可惜我没有高强的武艺，所以我最终还是没有鼓起勇气去拜会一下那几位在罗克·桑特罗虎口夺食的大侠。作为弥补，我走访了安哥拉中国商会许宁会长的住所，从他的介绍中大致了解了一些中国商人在当地的经营情况。许宁原来是中国儿童艺术剧院的编剧，后来投笔从商，成了剧院的“三产”经理。20世纪90年代末，在经销铝合金门窗时，他偶然听说这一商品在安哥拉市场的利润极高，于是便买了机票到非洲考察。虽然当时安哥拉的内战还在部分地区进行，但首都的局势已渐渐稳定，开始重建工作。可是多年战乱几乎破坏了所有工商产业，物资供应奇缺。不过，安哥拉的资源得天独厚，富藏石油、钻石，所以手中不缺美元。两种因素相加导致物价飞涨，一百元人民币的窗框在当地能卖近一百美元，比在国内价格高出六七倍。许宁意识到这是一座巨大的金矿，回国后他立刻辞去公职，稍事准备，就直奔安哥拉而来，并从此扎下了根。他的公司从中国进口了各类小商品，包括装潢材料、服装鞋帽、文具用品等在当地销售，结果大受欢迎，货物供不应求。开业九年后，公司的年销售额已达上亿美元。在2000年后，安哥拉飞速增长的市场吸引了越来越多的中国商人，既有大型的进口商，也有在罗克·桑特罗和其他集市中设摊零售的小贩。

但是，高利润的背后是高风险，尤其是安全方面的风险。由于长期的内战，大量武器遗散在民间，加之许多退伍士兵没得到妥善安排，在城市里游荡，引发了不少治安问题。特别是抢劫犯罪主要针对外国人，因为知道他们都是生意人，比较富有。我在罗安达短短五周内就听人说起了七八起劫案，我自己在光天化日之下的市中心竟也被抢了两次，幸好没有受伤。许宁和许多外国商人的住宅都设置了加厚的铁门，雇用了带着步枪的警卫。尽管已做防范，每年还是会有多达二三十名中方人员在安哥拉被匪徒杀害，盗窃抢劫更是不计其数。此外，当地官员警察的勒索、疟疾瘟疫的横行都会造成财产和健康的损失。开发这片肥沃的新市场所需付出的艰辛和代价也是超乎寻常的。

几个月后，我在刚果（金）的首都金沙萨亲眼看到了成为非洲市场传奇的中国商铺。自1996年反抗蒙博托统治算起，刚果（金）经历了十来年的战乱动荡，至今，在其东部省份仍有叛乱武装出没。2007年3月，金沙萨也发生过一次短暂的暴乱，反政府军短暂地控制了城市，抢劫了大批的商店。不过，我去的时候，局势已稍为稳定，有联合国蓝盔部队在市里巡逻，至少外国人在大街上行走还可以放心。我和当地商会的秘书长吴瑞三电话联系之后，按照地址来到了市中心的一处大型集贸市场。那天虽是周四，但集市内也是摩肩接踵，人头攒动。不宽的街道两侧倒有四排商铺，最外侧的两排是沿街的房子，有的敞着门窗招揽生意，有的掩着门，但不时会有顾客推门进出。内侧的两排是在街中心摆放的简易摊位，一般卖的是粗布、牛仔裤和人造革皮鞋之类。由于天热，不少人都只穿着一件背心，光着黑油油、汗津津的臂膀在狭窄的通道中互相挤来蹭去。在烈日照晒下，浓重的体味汗味混合着劣质皮革的气味蒸腾弥漫在空气中。泥泞的地上还有积水，我一边低头看路，找着干燥的角落跳跃前进，一边观察前后左右，尽量避免擦上一身腻汗。如此十来分钟才走了四五百米，到了一处大棚下，应该是市场的中心。按电话所说，向右拐后又走了二十几米，发现街对面一栋两层楼平房的门框上贴着已经褪成粉红色的“富贵平安”的横幅，这应该就是我要找的地方。

门是开着的，但没窗，屋里非常暗。一堵墙把房间隔成两部分，顾客在外面一半，里面一半有两名黑人店员。墙上开了一个大口，装着铁栅。顾客必须隔着栅栏看着悬挂在墙内的皮鞋样品，然后招呼店员拿出货物。我进去时，顾客还挺多，店员忙得不可开交。我等了五六分钟才趁着两个顾客交错的间隙问店员吴经理在哪。店员见是中国人，扭头向着楼上喊了一声。随后，只听楼梯吱嘎作响，走下来一位四十几岁、中等身材的男子，正是吴经理。他听我说明身份后，打开侧门，把我让进里厢，然后带着我上楼。楼上还坐着一位身材魁梧的年轻汉子，叫徐志勇，刚从沈阳来了两年，也是商会的成员。吴瑞三则是温州人，已经来了六年了。

他们说起在刚果（金）的中国商人分三批，最早的是在 20 世纪 80 年代被国家派遣来建设援助项目，任务结束后就留在当地自己做起了生意[①]，其中既有医疗队成员、工程公司人员，也有大使馆和政府官员。商会的梁会长就是原来甘肃农林局的援外干部，到这已经十九年了。这样的“老刚果”有三四百人。第二拨是在 90 年代末来的，主要因为在国内“下海”经商不顺利，想来碰运气。最近的一次高峰则始于 2005 年前后，原因是已经在国内成功的企业要向海外市场扩张。中国对刚果（金）长期的援助和经济合作在其政府高层中留下了很好的印象，总统、部长等都对中国非常友好。可是下层官员并不理会这些关系，他们只对实实在在的钱感兴趣。即使部长答应了要加快清关手续或改善水电道路设施，实际主管人员也拒不

① 20 世纪六七十年代，国家规定援助结束后必须回国，不能留在非洲，但 80 年代后相对自由。

执行，反而借故刁难，以敲诈勒索钱财。比如不承认中国出具的发票，或任意拘捕关押商人。为了联合起来对付当地市场管理人员的滥用职权，中国商人在大使馆的建议下组织了商会。可是，吴秘书长和小徐对刚果（金）的市场前景都不乐观。以前，安哥拉、布隆迪、卢旺达等邻国几乎没有中国进口商，刚果（金）的公司从中国进口服装鞋帽后，除了供应当地外还能分销其他国家。但现在中国人也成群地进入了那些国家，在刚果（金）的进口商的市场就小多了。加之腐败横行，办事拖拉，许多中国公司都难以收回投资。

谈完后，徐志勇领着我出门，邀我再去他的店里看看。我们又在泥泞拥挤的道路上拐来绕去，到了一幢沿街的小楼。门关着，外面也没有招牌，小徐轻轻推开门，把我让了进去。里面别有洞天，五彩缤纷、色泽鲜亮的绸缎布料摆放在架上，小徐年轻的妻子和一位当地女孩正忙着招呼两三位穿着比较得体的女顾客。我赞叹道："真没想到你们在这艰苦的环境里还能把店里装饰得这么漂亮！"

徐志勇淡淡一笑，没有作答，眼神中流露的更像是苦涩和迷茫。

在大多数其他的非洲国家，政府不允许外国商人从事零售业，但即使在这些地方的市场上我还是能随处看到中国的影子。且不说走街串巷、足迹遍及各个大小集市的中国批发商和推销员，现在，越来越多的非洲商人成了销售中国商品的主力。在尼日利亚首都阿布贾的一处市场外有个摆地摊卖书的小贩，在一大堆花花绿绿的娱乐杂志和通俗小说旁边却显眼地摆着一本蓝色的影印资料，封面上赫然写着"How To Become A Millionaire By Importing From China"（如何通过从中国进口变成百万富翁）。在埃塞俄比亚的首都亚的斯亚贝巴，我逛进当地著名的大集市"麦伽多"。好几个店主不但拥过来热情地和我用"你好"打招呼，还用简单的中文向我介绍产品"手套""帽子"。

我看中一个皮夹，他又忙说："羊皮的，好。"

我问："多少钱？"

"九十。"

我摇摇头，说："六十。"

"不行，不行，七十五，最便宜。"

就这样，我和他完全用中文做成了一笔生意。后来，他告诉我，他去过中国，他的很多货物都是从义乌进口的。

确实，我在海外遇到的非洲人很少知道除北京、上海和广州以外的中国大城市，可是很多人都知道义乌，这个户籍人口不足百万的县级市。因为在这个全球最大的小商品集散中心，非洲进口商所需要的各类生活日用品应有尽有。可以说只有想不到，没有买不到。据说现在每年有五万多非洲客商来到义乌。[①] 中国另一个非洲商人集中的地方就是广州，其聚居的城区被当地人称为"巧克力城"。作为中国南方的对外门户，广州在地理交通上离非洲较近，而且珠三角工业区生产的家电、手机和服装也是普通非洲百姓最感兴趣的商品种类。据官方统计，自2003年每年来穗的非洲客以30% ~ 40%的速度递增，2008年时有十几万非洲籍人口暂住广州。[②] 其中大部分是来往于中非间的候鸟，他们从广州的中国批发商手里购进一麻袋一麻袋的日用百货，运回非洲销售，不少人还真能凭此致富发财，成了当地的"百万富翁"。而经过这些外国"倒爷"的运输分销，中国制造的商品也逐渐进入了非洲城乡生活的每一个角落。

根据历年海关统计数据描绘的图2.1直观显示了中国向非洲的出口贸易在过去30多年里，尤其是2000年以来爆发式的增长。1984年整个非洲大陆全年只从中国进口8.2亿美元的商品，到2000年这一数字刚好超过50亿美元，提高了6倍。在20世纪八九十年代，中国出口非洲的主要产品是纺织品、服装和化工产品。2000年后，家电、通信设备以及机械、车辆等比重显著上升，至2012年，机电类产品已经占中国对非出口的

---

① 《义乌设非洲商品展览中心》，2011-10-21，http://www.yiwuen.com/zh-hans/yiwu-set-up-the-african-goods-exhibition-enter-cn_17222.html（访问日期：2020-07-11）。

② 《"巧克力城"——非洲人寻梦中国》，《南方周末》，2008-01-23，http://www.infzm.com/content/6446/0（访问日期：2020-07-11）；《广州非洲裔聚集区见闻》，《经济参考报》，2009-10-14，http://news.sina.com.cn/c/2009-10-14/034018823281_2.shtml（访问日期：2020-07-11）。

45.9%。[1] 虽然非洲公路上行驶的汽车仍以日本车为主，但力帆、嘉陵、金城等国产摩托车以及长城、江铃的皮卡已经占领了非洲的大街小巷。活跃无比的商人、价格低廉的产品、琳琅满目的选择使中国制造的商品能够克服语言、文化、地域等诸多障碍在非洲市场上大放异彩，不断渗透到更多的城镇乡村，不断推进到新兴的经济领域。

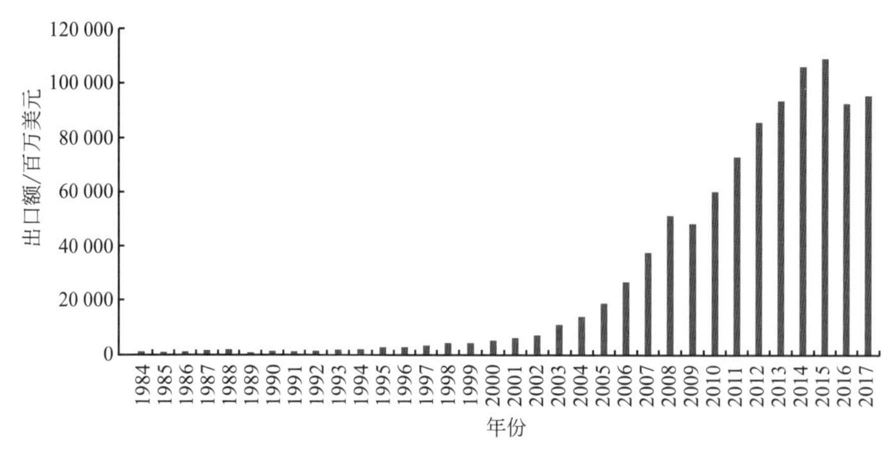

图 2.1　中国对非洲出口趋势（1984—2017 年）

数据来源：中国统计年鉴，中国海关统计。

2.2　质量“恶名”的两面

中国商品在非洲市场如此快速大规模地推进，产生一个较大的问题是产品劣质。在非洲民间中流传着对中国商品质量的种种非议，比如手机用一个星期就坏，建筑材料遇到下雨就解体，等等，几乎形成一种舆论定式，即“中国货 = 低价 = 低质”。这一“恶名”的起因有二。其一，非洲消费水平低，只能购买低档的商品。消费者嘴上抱怨中国货质量不好，但点着口袋里寥寥可数的几张票子，他们最终还是选择购买便宜的中国货。坦桑尼亚外交部亚太司的官员伊萨拉就很清醒地指出，中国也制造出口质量一

[1]《中国与非洲的经贸合作 2013》，商务部，2013 年 8 月。

流的产品，比如iPhone。[①] 曾在乌干达经营鞋厂的杨逍经理说起她以前生产的皮革凉鞋质量过硬，能穿三年多，可是价格也相应较高，结果当地人买不起。他们宁愿去买从中国进口的便宜的塑胶凉鞋，即使穿一个月就会开裂，但可以自己修修补补，聊胜于无鞋可穿。[②] 同样，一个外形呆板、功能简单、用料粗糙的手机至少提供了基本的联系方式，而这对许多非洲百姓来说就已足够。

虽然中国出口非洲的商品大多是低级产品，但这未必是坏事。廉价的中国产品为非洲众多的普通人提供了第一次使用手机、穿皮鞋、在家看电视或在节日穿新衣服的机会。西方名牌产品虽然在设计、款式、材料和耐用性方面可能优于中国产品，但价格要高得多，远远超过普通非洲消费者的购买力。就连《纽约时报》也承认，从中国进口的商品“使非洲能够获得在发达国家司空见惯的商品和便利设施，而这对大多数（非洲）人（来说）在几年前尚遥不可及”。[③]

另一影响中国产品声誉的原因是不良商人存心欺骗、以次充好。他们在采购时专门选择低于标准的次品，但在销售时冒充正品，而价格比其他正品略低，结果抢占了市场，牟取暴利，却令顾客上当。有些不符合出厂标准的次品还会在使用过程中造成更大的财产乃至人身伤害。比如中国国标规定煤气罐必须达到一定厚度，我曾听说有非洲的进口商到中国后，坚持要求供应商生产低于标准厚度的煤气罐以减少成本。这种偷工减料的煤气罐就如同一颗不定时的炸弹，随时都有可能在使用时爆炸。由于缺乏足够的鉴别能力和产品信息，消费者很可能在低价的诱惑下购买劣质有害的商品，反而吃了大亏。

因此，质量问题不能简单地搞“一刀切”，既不能一味强调高质量而使大批低收入人群无法买到需要的商品，也不能放任商家不择手段降低成本，

---

① 访谈，伊萨拉，坦桑尼亚达累斯萨拉姆，2011-09-29。

② 访谈，杨逍，乌干达坎帕拉，2009-07-19。

③ Lydia Polgreen and Howard French, “China’s Trade in Africa Carries a Price Tag”, *New York Times*, August 21, 2007, www.nytimes.com/2007/08/21/world/africa/21zambia.html?pagewanted=all&_r=0 (accessed July 12, 2020).

欺骗损害消费者的权益。其中的尺度就需要政府监管部门来具体衡量掌控。

对中国而言，国产低质产品在非洲市场的流行也是喜忧参半。固然，商品出口能为企业创收、为国家创汇。但是，如果只看重眼前的蝇头小利，不顾信誉与顾客安全，则会严重影响“中国制造”的形象，失去消费者的信任，当他们的收入提高后便会立刻选择其他国家的产品。更有甚者，一些厂家假冒其他品牌的产品，通过不正当竞争扰乱市场，对其他企业造成了损害。受仿冒之害的既有国际名牌，也有相当一部分是中国自己的企业。比如，杭州华立药业驻坦桑尼亚的总代表周勇经理告诉我，他们公司的名牌抗疟药“科泰新”近年来在东非市场上就屡次遭到“李鬼”袭扰，冒牌伪劣产品给公司造成不小损失。

可是，市场监管恰恰是当前中非贸易中比较薄弱的一环。虽然中国国内已逐步建立起严格的产品标准和市场监察体系，但面对飞速增长的对非出口，海关检验的经验与能力显得捉襟见肘。而许多非洲国家因为市场刚刚发展，尚没有建立起完善的标准体系，或者徒有虚名，不能有效执行相应的检查手续。此外，双边的协调也几乎从零开始，一切都还在摸索阶段。有些商人就利用这些漏洞，从中国将大批假冒伪劣产品出口到了非洲市场。随着双边经济交往的不断发展，负面问题也出现得越来越多。

为了保证中非贸易能使双方得益，中国和非洲国家的相关部门在实践中逐步探索如何能够有效管理市场。非洲各国的海关和质量监督部门都不同程度地加强了检验人力和手段，有的增添了先进新型的港口检测设备，有的要求进口产品在装船前检验，有的把违反质检规定的企业列入黑名单，不准其产品入境，例如埃及在 2010 年处罚了 257 家伪造检验证书的中国企业。[①] 中国方面单在 2016 年就查处了 204 起对非洲出口假冒伪劣产品案件，涉及 66 万件产品。[②] 中国商务部、外交部等九部委则在 2010 年年底

① 《关于开展有关被埃及处罚企业申诉受理工作的通知》（质检检函〔2010〕981 号），国家质检总局。

② 《国家质检总局局长支树平等谈质量提升》，2017-03-14，live01.people.com.cn/zhibo/Myapp/Html/Member/html/201703/7_3089_58c39d600c3d2_quan.html（访问日期：2020-06-12）。

联合发布了《关于开展打击对非洲出口假冒伪劣和侵犯知识产权商品专项治理的通知》，针对非洲市场的特点专门制定了一系列整治措施，在主要海运口岸加大对出口非洲商品质量的查验力度；在广东、福建、浙江、河南等几个对非贸易的重点省份梳理当地与非洲有业务往来的民营企业和个体商人情况，如有不良记录会限制出境；或通过轻工、纺织、医药保健等行业商会组织业内企业自律，维护行业整体利益。这些努力使对非出口产品的不合格率从2014年的7.52%下降到2015年的4.6%、2016年的3.2%。[①]

中非政府间还积极沟通，在非举办优质产品展销会（见图2.2），并开展合作控制质量问题。目前，中国国家质量监督检验检疫总局已与塞拉利昂、埃塞俄比亚、阿尔及利亚、肯尼亚、布隆迪、几内亚、埃及等国签署了质检合作协议。此外，2006年以来中国国家质量监督检验检疫总局和商务部还在中国举办面向非洲中东国家的检验检疫官员培训班，使非洲主管

图2.2　2014年在坦桑尼亚达累斯萨拉姆举办的展销会推广优质中国商品

① 《国家质检总局局长支树平等谈质量提升》，2017-03-14，live01.people.com.cn/zhibo/Myapp/Html/Member/html/201703/7_3089_58c39d600c3d2_quan.html（访问日期：2020-06-12）。

人员对中国的质量控制政策、检测操作以及生产企业的实际质量状况有直观深入的了解。[①] 截至 2017 年 3 月，从 50 多个非洲国家来的 1 000 多名官员参加了培训。[②]

2.3 “市场活力”与“市场监管”的困境

中国产品在非洲的畅销，以及与之相伴的监管问题，构成了市场发展与监管之间循环因果的悖论。虽然中国向非洲市场供应大量商品，但缺乏监管的市场环境受到伪劣产品和不法活动的冲击。如果监管不见成效，市场发展很可能无法持续。然而，市场监管的有效性又取决于市场交易的发展。发达国家的市场成功对应高水平的市场监管，而不成熟的市场往往缺乏适当的秩序和公共管理。因此，中非商贸关系面临的挑战既包括要在监管不力的情况下开发市场，也包括在欠发达的市场加强监管能力。

类似情景在 20 世纪 80 年代中国改革初期也曾发生。当时物资供应匮乏，一批敢拼敢闯的个体商贩主动出击组织货源，然后扛着麻袋走南闯北，足迹遍布全国各个城镇，通过不懈尝试发现消费需求，促成大范围的市场流通。如今，在散布非洲的无数市场上开拓的中国商人与那时如出一辙。在市场经济起步伊始，供需双方都仍处于分散小规模的状态，所以大量“小快灵”的个体私营商人最有效地促成了供需联系和市场流通，对建立起最原始的产销流通网络功不可没。

可是，中小商家的灵活性也恰恰是他们的致命缺点。由于他们的着眼点往往只是个体的短期收益，打一枪换一个地方，而忽视长期性、全局性的利益，所以个人和小型企业更容易不顾信誉地进行欺骗违法活动。这也造成了在商品经济发展初期总是会有大量的假冒伪劣产品充斥市场。三十

---

① 《王新：完善检验监管体系 履行把关服务职能》，中国质检网，2011-01-12, http://www.cqn.com.cn/news/zjpd/zjdt/xwfbt/372780.html（访问日期：2020-07-18）。

② 《国家质检总局局长支树平等谈质量提升》，2017-03-14，live01.people.com.cn/zhibo/Myapp/Html/Member/html/201703/7_3089_58c39d600c3d2_quan.html（访问日期：2020-06-12）。

多年前的中国，“晨昏鞋”“礼拜鞋”（鞋只穿一天、一个礼拜就坏）之类的劣质产品猖獗泛滥，消费者终日提心吊胆。为保证各方在商贸交易中的利益，从而使市场流通得到长期持续发展，政府需要有效规范市场活动。市场活动和产品监管之间的适当平衡对市场发展至关重要。

长期和可持续的增长对市场发展至关重要，可问题是单个商人优先考虑的都是自己的直接利益，想用最小的成本换回最大的利润。即使有的商家考虑比较长远的收益，也只是针对特定企业而言。当然，短期个别的利益并不一定与长期总体的利益相冲突。市场经济的总体利益恰恰意味着在大多数时间、大多数情况下个体的利益能得到满足。不过，短期个别利益也明显不会和长期总体利益完全吻合，贩卖假货、偷工减料、不正当竞争等行为都贪图当下的蝇头小利而损害市场健康发展。但“监管”不完全是“市场活力”的反面，管理似乎用行政手段限制了市场活动，但也创造了一个有利于更长期、更持久发展的市场环境，从而使所有商贸都能从市场和生产力总体增长中获益。“监管”不是反对市场，而是在市场活动中，为使市场更好地运转而进行的管理；单纯的“放任”也不代表市场，交换流通必须遵照规则，汇成有序的市场整体。

在中非贸易的具体实践中准确把握“管”与“放”的和谐统一并不容易，时常不是“放”得太松，市场混乱无序，就是“管”得太紧，例如禁止某类商品时，会导致经济缺乏活力。原因之一是现代大量复杂的产品需要深层次的专业知识才能鉴定其是否符合标准，满足顾客需要。比如，尽管不少非洲国家有化工品及药品的相关标准，但是对本国不生产或不常用的产品还是不清楚实际考核的办法。机械电子产品的性能测试也一样需要相应的技术和仪器设备。科技水平低的国家因此往往会对有技术含量的不法行为束手无策，或因噎废食，不加分辨地禁止，把好产品也拒之门外。另一个主要原因是现代贸易体系的复杂性。跨国商业活动涉及不同语言、不同机构、众多产品和各个社会层面。监管机构需要发展高度专业的技能来处理这些问题。如果中非双方的公共管理部门无法准确有效地把控全部过程，就会有人钻空子扰乱市场。

这就形成了一个“先有鸡还是先有蛋”式的悖论，一方面，市场的健康运转需要相应的整体管理知识与能力；另一方面，前面提到，这种知识和能力不能从外部获得，只可能在具体市场实践产生。因为只有已经存在工业品和技术产品的市场，监管部门才可能了解这类产品，积累相关经验。在跨国商业活动达到一定规模之前，监管机构难以切身体会现代贸易体系的复杂性。离开具体的市场实践，就无法形成相匹配的市场行为与市场调控。

面对这一难题，中国政府应用了“摸着石头过河”的原则，随着过去30多年间自身的发展逐步加深对市场机制的认识。在20世纪80年代市场改革的初期，政府并没有因为行政监管困难而禁止小商贩的活动，而是注重从变化的市场实践中学习经验教训。不断采用新的措施法规来解决出现的问题，诸如1992年成立的中国质量万里行促进会，1994年实施的《中华人民共和国消费者权益保护法》，等等。同时，一些曾无所顾忌的商户也认识到可持续的市场行为带来的长期利益，从而在一定程度上开始自觉维护市场秩序。在行政监管部门与伪劣产品生产者进行了多年斗争后，原本混乱不堪的市场环境慢慢变得有秩序了。

渐进方式也被用于对中非贸易活动的监管。如2.2节所述，中非双方政府逐步改善了技术能力和彼此间的监管协调。另外，中非企业界尝试了各种各样的途径来适应不同环境和跨国合作，在非洲54个国家中没有任何标准的模板或机制。例如，尽管几乎所有中国驻非洲国家的大使馆都鼓励中国企业成立商会，以便组织和自律，但他们的形式各不相同。坦桑尼亚以往只有一个中国中小企业协会，由大约100名成员组成。随着大量来自中国的新投资者涌入，传统的协会无法及时覆盖这些新来者。2013年吕友清大使到任后，大力鼓励中国商人成立了一些新的协会，以补充原来的组织。他们或是按行业划分，如卡利亚古（Kariako）市场成立了贸易商会和鞋业商会；或按籍贯抱团，如温州或福建协会。“只要把人组织起来，（中国）政府的信息就可以发送给他们……市场竞争中出现的纠纷也可以（由协会）协调或调解”，一位使馆官员解释成立协会的好处。[①]

其他一些国家的商会主要功能是促进中国商人与当地管理机构之间的沟通。埃塞俄比亚中国商会秘书长马富涛说：“（中国）大使馆代表政府，它与当地政府交涉的话就过于正式。商会是半官方的，因此可以更灵活地向当地官员提出建议或要求。”[②] 此外，商会还定期邀请埃塞俄比亚海关、税务等政府官员向商会成员解释说明相关市场监管政策。不过，由于商会是民间自发组织的团体，它们在每个国家的运作方式并不相同。赞比亚长期没有设立商会，而在乌干达，有段时期多个商会相互竞争，甚至造成短暂的混乱局面。

不少非洲的管理机构也主动与华商沟通，例如博茨瓦纳标准局在颁布新的进口检验标准规则后，特地为中国商人办了一个培训班指导企业顺利过渡。[③] 中国商人也积极把自己的意见、想法反映给当地政府参考。还有一些经验老到的商人甚至为所在国政府的经济决策提供咨询。比较著名的如尼日利亚的“酋长”胡介国，他成为时任尼日利亚总统奥巴桑乔的特别顾问，能够直接面见总统、州长等高官，讨论税收是否过重，对企业是否有不利影响。[④] 我在乌干达也遇到一位女老板叫景虹，是乌干达国会贸易、旅游和工业咨询委员会的顾问，她的办公室墙上挂着多幅与总统穆塞韦尼的合影。她说起，平时经常和国会议员或部长们谈怎样转变思想，用中国的经验来向这些官员们解释市场发展的过程，劝说他们放开思想、鼓励投资，不要因为害怕市场活跃会引发一些不良现象而固守成规。

交流不仅让中国和非洲了解了各自的想法和利益，还促成了双方达成共识。例如，2008 年 11 月，坦桑尼亚政府查抄了在达累斯萨拉姆市中心

① 访谈，陈超，中国驻达累斯萨拉姆大使馆三等秘书，2014 年 7 月。

② 访谈，马富涛，埃塞俄比亚中国商会秘书长，亚的斯亚贝巴，2009 年 6 日。

③《博茨瓦纳标准局为华商举办进口检验标准规则培训班》，驻博茨瓦纳经商处，2010-07-28，http://bw.mofcom.gov.cn/aarticle/jmxw/201007/20100707048349.html（访问日期：2020-07-18）。

④ 彭子珂，《胡介国：我在非洲当酋长》，《商界时尚》，2007-04-13，http://www.cnbizmode.com/people/celebrity/211.shtml（访问日期：2020-07-18）。

卡利亚古市场的外资商店，扣留了部分证件不全的中国商人和雇员，并处以罚款，这件事曾被部分媒体报道为“排华”事件。[1]可当我在几个月后问起坦桑尼亚中华总商会朱金峰会长对此事的看法时，他却明确地表示，坦桑尼亚政府做得正确，商会支持这样的市场整顿。因为有些华人，以及印度、黎巴嫩商人不顾政府禁止外国人在卡利亚古市场从事零售的规定，利用监管的松懈违章开店，抢占了当地人的市场份额和就业机会，社会上对此怨言颇多。这次查处维护了正常市场秩序，对外国商人在坦桑尼亚长期经营，与当地社会和谐相处有利无弊。果然，当我在 2011 年重访卡利亚古时，市场秩序比以前有了改观，当地的零售商贩忙得不亦乐乎，而华人批发商也乐见销售稳定，根基巩固。互相理解保证了市场的有序发展和双方满意的结果。

2.4 贸易结构的挑战

与西方发达国家相比，中国与非洲的贸易伙伴国更分散，特别是与撒哈拉以南的欠发达国家。例如，2016 年美国对非贸易的 72% 集中在 6 个国家（南非、尼日利亚、阿尔及利亚、埃及、安哥拉、摩洛哥），而中国与非洲贸易的 72% 分布在 11 个国家［南非、安哥拉、埃及、尼日利亚、阿尔及利亚、加纳、肯尼亚、刚果（布）、刚果（金）、赞比亚、坦桑尼亚］。同时，中非之间的贸易额远大于美非间的贸易额。欧盟（28 个成员国）的贸易结构与美国相似，2016 年欧盟与 6 个非洲国家（南非、阿尔及利亚、摩洛哥、埃及、尼日利亚、突尼斯）的贸易占其与非洲总贸易额的 70%。[2]对比表明，中国更愿与广大的非洲国家通商，而美欧则聚焦于几个富裕的

---

① 陶短房，《中国工人非洲蒙难记》，《南风窗》，2009-01-04，http://news.sina.com.cn/c/2009-01-04/114716974059.shtml（访问日期：2020-07-18）。

② United Nations Comtrade Database.

非洲大国。[①] 除了经济结构互补的原因外，敢于开拓的中国商人也大大促进了双边贸易。他们寻找商机的执着和经营方式的灵活将中国制造的产品推广到整个非洲。

虽然有积极影响，但中国商家进入非洲欠发达国家时，不可避免会与当地企业竞争，从而对原有经济结构产生巨大冲击。在消费者为能购买到廉价商品而高兴时，也有部分非洲的生产厂家抱怨来自中国的竞争冲击了本土工商业。2005 年国际纺织服装皮革工人联盟（International Textile, Garment and Leather Workers' Federation）的非洲分部，代表南非、津巴布韦、莫桑比克、莱索托、斯威士兰、赞比亚等成员国的商会发布了一个联合声明，宣称“自中国涌入全球和当地市场的进口商品是对［联盟代表的］工业、工人和就业岗位的严峻挑战”[②]。埃塞俄比亚的“报道者”杂志也疾呼“从中国来的商品……完全占领了市场……本土产品已经在竞争中彻底失败”[③]。同样，尼日利亚媒体也悲叹“尼日利亚已迅速成为低价产品的倾销地，本地企业正在死去”[④]。这类想法也被许多非洲民众接受，在莱索托的首都马塞卢，59 岁的玛贝克拉曾拥有一家城里最好的女式服装店，但后来商店的营业额直线下降并最终倒闭，她将此归咎于周围中国零售商的增多。2007 年年底，这种敌对的情绪还在马塞卢引发了一场小规模的骚乱，所幸骚乱很快平息。[⑤]

商业竞争产生一些摩擦可以理解。然而，首先要说明的是，中国商品对非洲工业的冲击集中在非常有限的几个部门，主要是纺织、服装和鞋类。非洲国家，特别是撒哈拉以南的非洲国家本身制造业基础十分薄

---

① 尼日利亚、南非、埃及、阿尔及利亚、安哥拉和摩洛哥都是 2016 年非洲 GDP 排名前七的国家（国际货币基金组织数据）。由于制裁，前七名中唯一没有与美国和英国进行贸易的国家是苏丹。

② Business Day, September 27, 2005. 引自 Ian Taylor, “China's New Role in Africa”, London: Lynne Rienner Publishers, 2008, p. 63.

③ The Reporter, June 30, 2007. 引自 Ian Taylor, “China's New Role in Africa”, p. 64.

④ Daily Trust, February 23, 2007. 引自 Ian Taylor, “China's New Role in Africa”, p. 64.

⑤ LESOTHO: Anti-Chinese resentment flares，IRIN News, January 4, 2008, http://www.irinnews.org/report.aspx?ReportID=76405.

弱，除了简单的农产品加工和纺织业外几乎没有像样的工厂，生活日用多靠舶来品，所以中国廉价产品更多的是填补了市场空白，或取代了原来从发达国家进口的昂贵商品。英国学者伊恩·泰勒还观察到有些非洲国家其实有意识地鼓励对华贸易来减少对其他国家贸易伙伴的倚靠，如纳米比亚以前极度依赖从南非和欧洲的进口商品，而来自中国的商品价廉物美，不仅节省了宝贵的外汇，还增强了进口渠道的多样性，有助于国家的自主选择。①

其次，受冲击最严重的纺织行业以前能在非洲生存有其特殊的历史背景。1974—2004年，世界贸易组织的《多种纤维协定》(*Multifibre Agreement*)约束着国际纺织品和服装贸易，在其框架下发达国家可以对纺织品进口设置一定配额，或者要求主要的纺织品出口国如中国、印度等自动限制出口数量。②但非洲国家大多并没有受到发达国家的配额限制。特别是2000年美国出台了《非洲增长与机会法案》，对一部分非洲出口的产品给予免关税和免限额的优惠待遇，纺织品和服装就包括在内。这吸引了许多亚洲的纺织品和服装厂家把一部分生产基地转移到非洲国家，利用当地对欧美贸易的优惠条件出口，因而在撒哈拉以南的非洲形成了一个纺织工业发展的小高潮。③

可是，自2005年1月1日起，《多种纤维协定》废止，所有纺织品进出口的配额取消，这使得非洲纺织品对发达国家的出口失去了一项主要优势，在欧美市场的份额大幅减少。与此相对，欧美直接从中国进口的纺织品数量大增。从图2.3中可以清晰地看到，近年来撒哈拉以南非洲纺织品出口的衰退，特别是在2000—2010年对美国出口的剧烈震荡。

---

① Ian Taylor, “China’s New Role in Africa”, p. 65.

② 其实，在1995年《服装与纺织品协定》(*Agreement on Textiles and Clothing*)制定后代替了《多种纤维协定》，但人们一般还是将其统称为《多种纤维协定》。

③ Louis Curran, “Clothing’s Big Bang: The Impact of the End of the ATC on Developing Country Clothing Suppliers”, *Journal of Fashion Marketing and Management*, 2007, 11(1), pp.122-134.

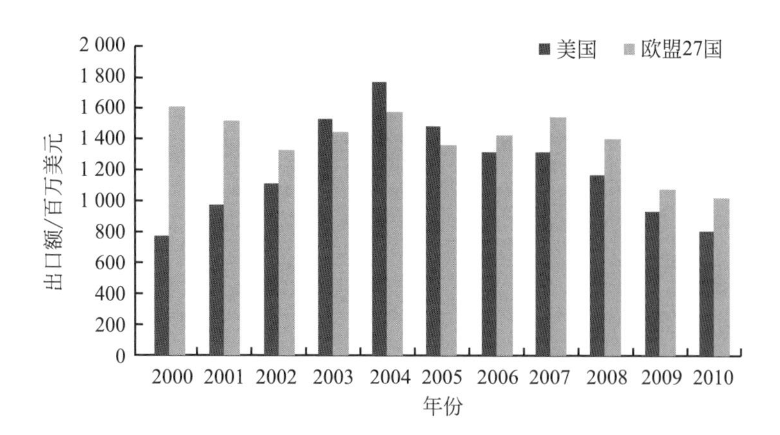

图 2.3　撒哈拉以南非洲对美国及欧盟的纺织品和服装出口（2000—2010 年）

数据来源：美国商务部，United Nations Comtrade Database。

与此同时，来自亚洲的纺织品大量涌入非洲市场，进一步威胁该地区纺织业最后的生存空间。例如，2017 年中国对东南部非洲出口的纺织品超过 32.4 亿美元，比 2006 年 18.9 亿美元的出口额增加了约 71%。[①] 中国不是唯一向东南部非洲地区出口纺织品的亚洲国家，第二名印度和第三名巴基斯坦 2017 年对东南非的出口额分别为 5.48 亿美元和 1.39 亿美元（见表 2.1）。2006 年，中国甚至主动限制了向南非出口的纺织品数量，以保护当地制造商不被中国出口产品过度冲击。但这一政策在 2009 年被取消，因为它并没有起到预期的作用。在中国出口受限期间，来自亚洲其他国家的出口商品继续进入南非市场，并从当地制造商手中抢占市场份额。[②]

图 2.3 的数据表明，以往非洲纺织工业的发展很大程度源于《多种纤维协定》时期的配额制度，而不是靠本身的竞争力。当国际贸易的管制进一步放开后，这些国家纺织业的弱点顿时暴露。位于美国加利福尼亚州的非洲发展与教育学院（Institute of Development & Education for Africa）把非

---

① 这些国家包括博茨瓦纳、莱索托、马拉维、莫桑比克、南非、斯威士兰、坦桑尼亚、赞比亚和津巴布韦（纺织品种类包括 Commodity HS 50-63）。

② China expressed no interest in extending the quota of textile exports to South Africa, China Garment Net, September 16, 2009, www.51fashion.com.cn/HtmlNews/New/2009-9-16/265253.html (accessed September 4, 2013).

表 2.1 亚洲国家对东南非洲纺织品出口（2006—2017 年）

单位：百万美元

	2006 年	2009 年	2011 年	2013 年	2015 年	2017 年
中国	1 888.7	1 892.8	3 246.9	3 454.6	3 741.9	3 239.1
韩国	51.2	51.2	76.4	77.0	72.7	59.1
马来西亚	8.7	11.2	16.6	26.8	45.1	33.7
巴基斯坦	138.8	138.0	190.9	179.2	160.5	138.8
印度	230.7	360.1	511.8	501.4	547.9	548.0
越南	7.0	15.8	28.6	48.1	53.4	44.4

来源：United Nations Comtrade Database。

洲纺织业的悲剧归因为熟练劳动力的缺乏、技术知识的不足和过小的工业规模。[①] 其他研究者指出，非洲国家价格高昂而不稳定的电力供应、年久失修不堪重负的道路港口交通，以及政府低下的管理服务能力都使在非洲进行工业生产的成本居高不下，无法与亚洲国家抗衡。[②] 那些曾因为非洲国家不受配额限制而来此设厂的外国投资者在国际贸易规则改变后也纷纷迁回了亚洲。[③]

因此，非洲纺织业衰落的背后其实是国际市场的贸易壁垒进一步减小、全球性商品流通增强的大趋势，而并非简单由于中国商品的涌入。在市场全球化的大潮中，商品生产更趋专门化，能以最低的成本、最高的效率生产的地区自然而然地能淘汰其他地区的生产厂家，占领世界市场。非洲并不是在《多种纤维协定》废止后唯一受影响的地区，美国和欧洲本土的纺织服装企业也有不少被迫倒闭。可是，这些国家能出口自己有竞争力的产品，总体获得更大利益。发达国家失去了劳动密集型的低端纺织业反而使

① Institute of Development & Education for Africa, Inc. “The tragedy of African textile industries”, 2005-02-14, Press Release, http://www.africanidea.org/tragedy.html (Accessed March 15, 2020).

② Ian Taylor, “China’s New Role in Africa”, p. 73.

③ Institute of Development & Education for Africa, Inc. “The tragedy of African textile industries”, 2005-02-14.

资本能集中于发展高科技、高附加值的现代新兴产业，以这些高端产品的收入可以购买更多的传统低端商品。中国前商务部部长曾算过账，欧洲一架“空中客车”飞机就能从中国换回八亿件衬衫。[①] 这是一笔双赢的交易，否则，一架飞机的价钱买欧洲本土生产的衬衫恐怕连十分之一的数量都买不到，而中国凭自己的力量当时也不能造出同样舒适可靠的飞机。跨国分工合作使参与国家都能得到好处。

同样，由于技术、管理、运输、能源等诸多因素限制，非洲在纺织服装生产上不如亚洲国家有效率，随着全球贸易的进一步开放与融合，这些产业至少在今后一段时间内会向更有比较优势的亚洲国家转移。为了全球市场机制和整体利益，非洲工业可能会在短期内受到一些冲击，但长远来看，这对非洲工业持续发展更有利。第 5 章和第 6 章将更深入地探讨以市场为导向的中国投资如何重塑非洲的制造业和工业部门。在此之前，有必要先考察非洲国家当前在国际分工中扮演的角色。本章余下部分将讨论非洲对中国的出口及其影响。

2.5　非洲对中国的出口

正如中国对非洲的出口商品体现了中国在国际制造业的比较优势，那非洲对华出口的情况也可以反映其在国际市场的分工地位。首先，从数量来看，图 2.4 显示中非之间总体的贸易数量基本平衡。中国在 2000 年前多为顺差，从非洲进口不多，但在 2000 年后从非洲进口的数额猛增，竟超过了出口。然而，2015 年之后情况又发生了巨大变化。全球市场大宗商品价格暴跌加上中国的产业升级，使中国减少了对非洲原材料的需求。

再观察非洲对华出口商品的结构。从图 2.5 中可以清楚地看到，矿产石油占非洲对华出口的绝对重头。而且中国从非洲进口的石油来源非常集中，2017 年中国单从安哥拉进口的原油总计 5 041.6 万吨，占了中国从非

① 《如何改变“八亿件衬衫换一架飞机”的现实》，人民网，2005-05-19，http://finance.people.com.cn/GB/8215/71100/71103/4818299.html（访问日期：2020-07-16）。

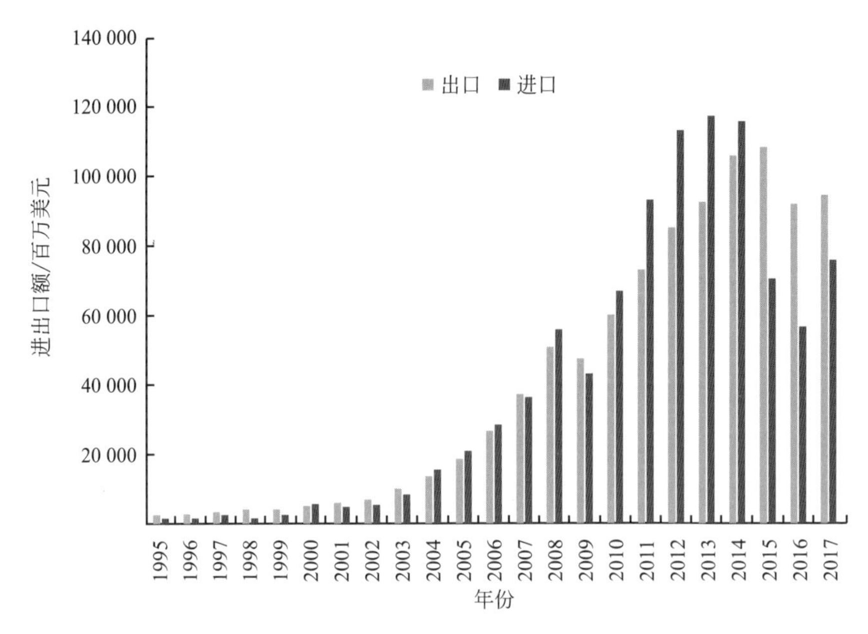

图 2.4　中国对非洲进出口趋势（1995—2017 年）

数据来源：中国统计年鉴，中国海关统计。

洲进口原油的 61% 以上，从南苏丹、加蓬、加纳进口的原油占了另外的 13%。[①] 中国从非洲进口商品的结构也导致丹尼斯·图尔等研究人员（见第 1 章第 1.1 节）宣称自然资源是中国在非洲的关键利益。然而，这只是当前中非经济合作的一个方面，双方还有许多其他的合作领域，如基础设施建设和投资等。对贸易数据的详细分析也揭示了中国和非洲国家之间利益的多样化。

首先，中非贸易总体平衡的表面下其实掩藏着很大的不平衡。除了商品类别之间差异悬殊，石油矿产独大以外，非洲各国对华的贸易关系也相差甚远（见表 2.2）。矿产油气资源丰富的国家如安哥拉、加蓬、南非、南苏丹、赞比亚对中国有非常大的贸易顺差；而一些缺乏资源的国家诸如贝宁、埃塞俄比亚、利比里亚、坦桑尼亚等却与中国有巨额逆差，它们需要大量中国制造的廉价工业品，但除了少量农产品外几乎无法提供商品进行

① 数据来自：United Nations Comtrade Database。

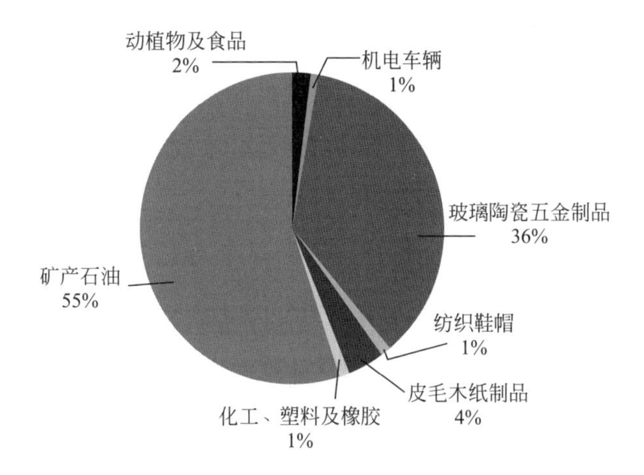

图 2.5　非洲对中国出口商品构成（2016 年，按美元价值计）

来源：United Nations Comtrade Database。

表 2.2　中国与部分非洲国家 2017 年贸易盈余情况　　单位：美元

国家	从中国进口	对中国出口	贸易盈余
阿尔及利亚	6 784 746 250	448 323 792	−6 336 422 458
安哥拉	2 257 453 225	20 698 709 467	18 441 256 242
贝宁	1 926 508 591	91 590 374	−1 834 918 217
埃塞俄比亚	2 664 554 880	357 582 736	−2 306 972 144
加蓬	446 190 755	2 293 610 995	1 847 420 240
肯尼亚	5 034 650 207	166 820 240	−4 867 829 967
利比里亚	2 103 670 654	28 857 194	−2 074 813 460
南非	14 808 766 628	24 388 596 208	9 579 829 580
南苏丹	51 942 094	1 270 049 729	1 218 107 635
坦桑尼亚	3 119 554 166	335 859 050	−2 783 695 116
赞比亚	709 467 936	3 122 754 433	2 413 286 497

来源：United Nations Comtrade Database。

交换。为了帮助这些国家实现外贸平衡，在中非合作论坛框架下中国自 2004 年起对从非洲最不发达国家进口的部分商品给予免关税待遇，2006 年北京峰会上将零关税商品税目由 190 个进一步扩大到 400 多个，2009 年

《中非合作论坛——沙姆沙伊赫行动计划（2010—2012年）》更承诺给予与中国有外交关系的非洲最不发达国家95%的产品免关税待遇。2018年在中非合作论坛北京峰会上宣布对来自33个最不发达非洲国家97%的出口产品实行免税政策。

但正如2.4节所讨论，非洲本身的制造业基础极其薄弱，甚至不能在自己国内生存，更不用提出口其他国家。而其农业总体也相当落后，人多地少，耕地产出连温饱问题都经常难以满足，鲜有大规模生产经济作物出口，而且农产品生产费时费力，附加值很低，难以显著提升经济收入。即使是有丰富资源可以出口的国家，也会忧虑矿产品储量有限不能持久，而且价格起伏剧烈，担心向中国出口自然资源、进口工业成品的模式将进一步加剧数十年来非洲国家已面临的“资源诅咒”。①

这些问题不局限于中非贸易，在2016年非洲对美国和欧盟的出口中，石油矿产也分别占了总额的47%和50%。② 非洲国家外贸失衡的现象早就为经济学家所了解，但往往被简单归咎于工业国家对非洲的资源掠夺和对非洲工业的压制。哈佛大学肯尼迪政府学院的肯尼亚裔教授卡雷斯特斯·居马（Calestous Juma）曾写道：“中国能做的最糟糕的事就是维持非洲的矿产和种植园经济。中国需要在原材料进口以外认真地作出努力来帮助非洲国家向中国出口制成品。如果不能做到这点，就会使人更相信中国与非洲的交往将不利于非洲大陆加强参与世界经济的努力。”③

一方面，居马教授正确地认识到非洲国家仅出口自然资源和未经加工的原料表明了他们尚没能建起与其他国家广泛可持续的市场交换机制，在世界范围的分工合作中作用狭小有限。长此以往，必然会阻碍非洲从市场全球化带来的生产繁荣中充分得益，会令非洲在世界经济中更趋边缘化，

---

① Aderoju Oyefusi, Oil-Dependence and Civil Conflict in Nigeria, CSAE WPS/2007-09, p. 2; Jeffrey Sachs and Andrew Warner, “The Curse of Natural Resources”, *European Economic Review*, 2001, 45, pp. 827-838, 833-834.

② United Nations Comtrade Database.

③ Calestous Juma, “China Should Import Africa’s Finished Goods”, Op-Ed, Business Daily (Nairobi), 2007-09-27.

与其他地区的收入差距进一步扩大。但另一方面，他认为一个国家单方面的意愿和行为能改变这一局面，这就过于简单化了。全球市场遵循的是不以个别团体或某些国家意志为转移的客观经济规则。只要是投资就必然要谋求以最高的效率创造最大利润，否则就会被与之竞争的其他投资者淘汰。即使中国政府意识到贸易失衡，并提供了各种优惠待遇促进从非洲进口，但资本不会面对中国与非洲目前在制造生产效率上的巨大落差而任意转向流动。

当然，这绝非断言非洲国家注定只能接受原材料提供者的角色，中国自己过去30年的经历就有力地说明国家间的比较优势和分工合作关系会改变。20世纪80年代初期原油也是中国最大宗的出口商品，但在2000年后就是机械电子等工业产品唱主角了。这种转变并非由某个外国或某几项政策所导致，而是基于整个社会各方面的努力与变化。能源、交通、供排水等基础设施的完善，劳动力技能的提高，法规监管的健全，配套产业链的聚集，所有这些广泛综合的改进极大增强了中国制造业在世界范围内的竞争力，也使中国从一个工业品的进口国成为出口全世界的“世界工厂”。如何综合提升非洲国家的工业竞争力，从而改变当前非洲与中国和其他国家间贸易不平衡的局面是一个巨大的挑战和复杂的工程。只有理解中非之间在各个领域的具体互动机制，才能就中国对非洲经济发展的影响作出深刻准确的评判。中国转型的实践和知识是否能帮助非洲也成为现代工业中心？以下几章将逐一分析非洲工业化的几个关键领域，以观察中国在其中所起的作用。切实可行解决结构失衡的方法不会一蹴而就，而需要一系列持续坚忍的努力。

第 3 章
基础建设

3.1　坦赞铁路留下的思索

2013年8月，我终于坐上了举世闻名的坦赞铁路的班车，开始了从赞比亚前往坦桑尼亚1 860千米的旅程。铁路在赞比亚的起点设在靠近铜带省的新卡皮利·莫普西（New Kapiri Mposhi）车站，候车大厅是一座方方正正的混凝土建筑，浅黄色墙面和淡青色窗框似曾相识，让人想起20世纪七八十年代中国县城的火车站或汽车站。大厅内已经坐着一二百号人，当地人约占七成，另有三成看上去像来自欧美和东亚地区的游客。上车铃声一响，旅客们手提头顶着各式大小包裹，肩扛背负着尚不能行走的婴幼孩童涌向查票口，鱼贯而入。

车厢分好几等，有一、二、三等座车和一、二等卧车。一等卧车比较舒适，也不贵，全程才50美元左右，所以往往一个月前就被预订一空。我原本只订到了二等卧车，但幸好有人放弃了订位，我临时替补坐上了一等卧车。车上服务还不错，提供毛毯和瓶装水。4个人一间车厢，与我同行的有一位前往坦桑尼亚度假的当地牧师，一位周游非洲的韩国背包客和一位赞比亚商人。商人在过去几年频繁来往坦赞两国之间，每隔1 ~ 2个月就要坐一次火车。他说坦赞铁路仍是连通两国首都达累斯萨拉姆和卢萨卡最便利的交通形式，因为飞机机票不仅贵，而且都要转机（直到2013年10月底才有两市间直航）。大巴虽能比火车少用6 ~ 7小时，但一路的颠簸令人难以忍受。所以他对火车情有独钟，尽管单程需要整整两个昼夜还多。

不过车上像他这样的长途商务旅客并不多，大多数卧铺的乘客是结伴成群或携家带口的旅游者。因为列车沿途经过崇山峻岭、深谷大川，还会穿越野生动物出没的国家公园，多姿多彩的景色和独特的经历被写入了好几本知名的旅游攻略中。短途旅客则多为走亲访友的当地人。座车的条件要比卧车差不少，有的车厢像是中国早年老式的绿皮车，座位护套已经磨损得千疮百孔，窗户也四分五裂，有的索性就只剩个窗框；另一些车厢则像是国内 20 世纪 90 年代的蓝皮车，车内设施较新，座椅也较舒适，这些新车厢就成了头等车，而年代最古老、最破旧的车厢成了三等车。整列火车约有 20 节车皮，颜色不一，斑驳相杂，组成了一条流动的车厢历史博物馆。

车行速度不快不慢，咣唧咣唧很有节奏，感觉每小时应有五六十千米。一路上停靠小站不少，每隔 1.5 ~ 2 小时就来到个小村或小镇。停站时，当地的小贩们就拥至车窗边，叫卖着香蕉、玉米、花生等简单吃食。当然最欢快的还是村镇上的孩子们，远远看到火车便高举双手欢呼雀跃地叫喊起来，车子缓缓进站时他们嬉笑着追逐列车，而火车启动离站时，他们又依依不舍地挥手向车上的旅客们告别。坦赞铁路目前每星期仅有两班，对这些深处僻野山区，与外界不通信息的孩子们来说，每列火车停靠的短暂的几分钟是他们仅有的与村镇外的世界相联系的机会，所以总是特别兴奋。

列车驶过坦赞边境后不久停靠在一个叫姆贝亚（Mbeya）的大站，在这里，从坦桑尼亚开来的车和从赞比亚开来的车需要切换轨道，所以等候时间特别长。在等候时，我看见了两位中国人模样的机修师在检查车身，身上服装还印有“中国南车”字样，于是便和他们攀谈起来。这两位工程师一位姓黄、一位姓丁，与另外 6 位同事一起来到坦桑尼亚为坦赞铁路的机车进行维护，为期一年。他俩说到坦赞铁路上还有货车，按理是每天一班，但由于拖延太多，从赞比亚到两国边境往往需要一周时间。坦赞铁路管理企业经营不善，已经入不敷出，发不出工资了。货运工人当时正在罢工，仅有客车坚持运营。运营中的一大问题是事故频发，因为山路多且险，速度稍快就可能出轨翻车；加之机车和路轨的修建年代久远，所以容易产生故障。我回想起一路之上确实不时见到铁轨两旁有倾侧废弃的车厢和机车，因无人清理而在风吹雨淋中逐渐锈蚀成一堆废铁。

更糟糕的是坦赞铁路全程单线，即只有一条铁轨，所以一有事故便全线瘫痪。从新卡皮利·莫普西到达累斯萨拉姆按计划需要 49 小时，但鲜有准点到达的班次。我坐的列车最终用了 55 小时，这已属相当幸运。就在车厢内，我们看到有以前的旅客写下了“100小时的火车”字样。两位中国工程师说还有的火车因为前方事故可能就中途折返了，旅客得另找途径抵达终点。

位于达累斯萨拉姆城南的终点车站也很有特色，与赞比亚的起点站相比气势恢宏得多。在两条宽阔的大道交界处有一大片广场，广场周围种着高大的乔木，葱葱郁郁。广场深处一栋雄伟的建筑正面呈“山”字形，主楼排柱大窗，上有拱顶，两侧裙楼线条简明，依稀可辨北京火车站的影子。广场一隅安放着一架废弃的火车头底盘和一段铁轨，作为历史陈列。粗大厚重的乌铁机身上还刻着中文“东方红”“中华人民共和国四方机车车辆工厂”字样。底座中央竖着块方形石牌，上面有英文说明，大意是“此碑由中华人民共和国经济贸易代表团揭幕，以纪念坦赞铁路运营25周年，向在坦赞铁路的建设和运营中失去生命的英勇的坦桑尼亚、赞比亚和中国的领导者与工人们致敬”，落款是2001年7月19日。

旅程结束后，我查找了资料，了解到一共有65名中方援助人员为了修建坦赞铁路而牺牲，他们的遗体就安葬在达累斯萨拉姆郊外或在赞比亚，与祖国家人从此永诀，天各一方。从1970年10月动工到1975年6月建成通车，中国总计派遣管理和技术专业人员5.6万人次援助坦赞铁路的建设，坦赞两国也先后动员了10余万工人。[①] 同时，一艘艘巨轮频繁往来于印度洋上，将大量的物资、器材、给养源源不断地从中国输送到东非。当时，有些机械设备和载重车辆中国自己还无法生产，便掏钱从国际市场上购买后直接运到工地。整个工程资金全由中方提供，最终费用达到了10.94亿元人民币，其中9.88亿元为无息贷款，另有因物价上涨而追加的1.06亿元为无偿赠予。[②] 而当时中国国内的经济生产由于“文革”的影响尚处于困境中，1972—1975年的4年间国家财政收入总计赤字为

---

① 《鲜为人知的坦赞铁路事》，新华网，2006-10-17，http://news.xinhuanet.com/world/2006-10/17/content_5213456.htm（访问日期：2020-07-16）。

② 周伯萍，《非常时期的外交生涯》，北京：世界知识出版社，2004年，第129、137页。

12.4 亿元人民币，恰好几乎相当于援建坦赞铁路的费用。[①] 这就是说，中国政府其实自己在背债支援非洲修路！

中国之所以决定勒紧裤腰带为别国修建铁路，自然是因为这一项目至关重要的战略意义。从经济上看，刚独立不久的坦桑尼亚和赞比亚迫切需要发展民族经济。坦桑尼亚的开国总统尼雷尔坚信没有民族经济就没有民族自立，他希望借助这条铁路发展以前被殖民者忽略了的坦桑尼亚南部地区。[②] 而内陆国家赞比亚的经济命脉如铜矿石的出口和石油等物资的进口都依赖南非和莫桑比克的出海口。但 1964 年赞比亚独立后，再通过仍由白人殖民统治的周边国家运输就非常不可靠。特别是邻国罗得西亚（今津巴布韦）在 1965 年不顾英国反对宣布独立，由少数派白人控制政权，并受到国际制裁后，赞比亚原来南向的运输受池鱼之殃，几乎中断。[③]

在南部非洲复杂恶劣的国际形势下，坦赞铁路的修建就不再单纯是经济问题了。虽然此前世界银行和联合国机构曾发布报告认为这一项目不可行，但尼雷尔和赞比亚首任总统卡翁达还是积极寻求国际支援。卡翁达后来说到“每一次在非洲国家之间增加一道交通网络，就又向着结束我们大陆的‘巴尔干现象’前进一步，这种‘巴尔干现象’正是帝国主义赖以寄生的手段”。[④] 由于殖民时期的“分而治之”政策，造成了非洲各地区之间互相隔绝分裂，经济极度依赖宗主国。虽然美国答应援建连通坦赞的大北（Great North）公路，但其运量远不能满足两国的需要，尤其是在泥泞的雨季，车辆难以保证通行。坦赞铁路因此会对非洲民族解放运动产生巨大作用，当地人也称它为“Uhuru 铁路”，在斯瓦希里语中就是“自由铁路”的意思。

正在如火如荼进行“文化大革命”的中国在政治上坚定支持黑人兄

---

① 国家统计局，《中国统计年鉴 1986》，北京：中国统计出版社，1986 年。

② 周伯萍，《非常时期的外交生涯》，第 130 页。

③ Jamie Monson, *Africa's Freedom Railway*, Bloomington: Indiana University Press, 2009, p. 23.

④ Jamie Monson, *Africa's Freedom Railway*, p. 21.

弟的解放运动，在非洲其他地区陆续实现民族独立自治后，南部非洲的殖民统治和种族隔离制度成为国际斗争的重点，中国曾为这一地区输送了大批的物资和军事援助。当1965年坦桑尼亚向中国提出援建铁路的请求后，周恩来总理深思熟虑后认为尽管耗资巨大，困难不少，但这样一个大工程的影响力也绝非许多中小项目累积所能达到的。[①]确实，在20世纪七八十年代，外界，甚至多数国人，对于中国援非的了解基本仅限于坦赞铁路，甚至会非常惊讶地发现中国在坦赞铁路以外竟还有其他形式的援助。[②]

坦赞铁路建成后确实对非洲的政治和经济发展起到了巨大的推动作用，赞比亚总统卡翁达在1986年庆祝坦赞铁路运营十周年的致辞中赞扬铁路帮助了非洲前线国家陆续从殖民统治下获得独立和解放，同时还促进了东部和南部非洲贸易区的融合。[③]美国的历史学家孟洁梅（Jamie Monson）也记录了生活在铁路沿线数以十万计的当地农民利用新建的运输线改善生活，繁荣商贸。[④]截至2016年铁路运营四十周年时，据统计共运送了2 840万吨货物和超过4 750万人次的旅客。[⑤]同时，坦赞铁路的建设为中国在非洲乃至世界政治舞台带来了巨大的声望。1971年，坦桑尼亚和赞比亚不仅积极参与提案恢复中国在联合国的合法席位，而且在表决当天，坦桑尼亚驻联合国代表萨利姆还特意穿上了中山装，决议通过后在会场里即兴起舞，以示庆祝。

不过，坦赞铁路自建成通车起也遇到了不少困扰。最初，技术和管理的生疏，尤其是坦赞两国之间的协调问题严重影响了铁路运输的效率。比如，大批赞比亚急需的化肥、食品等物资被耽搁在坦桑尼亚车站达数月之久。[⑥]虽经多方协商努力后运营曾有所改观，但此后国际铜价的下跌使赞

---

① 周伯萍，《非常时期的外交生涯》，第132页。

② Deborah Bräutigam, *The Dragon's Gift*, p. 40.

③ 周伯萍，《非常时期的外交生涯》，第129-130页。

④ Jamie Monson, *Africa's Freedom Railway*, pp. 100-122.

⑤《坦赞铁路今昔》，《南方周末》，2009-09-17，http://nf.nfdaily.cn/nanfangdaily/nfzm/200909170136.asp（访问日期：2020-07-16）。

⑥ Jamie Monson, *Africa's Freedom Railway*, pp. 101-102.

比亚的铜矿出口大减，造成铁路无货可运。同时，原本处于殖民统治下的安哥拉、莫桑比克、津巴布韦等邻国纷纷取得独立，南非也废除了种族隔离制度，经济封锁不再存在，各条交通路线激烈竞争，分走了坦赞铁路的大量客流。铁路原设计运力为 200 万吨 / 年，但即使是最高的 1977 年也仅达到了 127 万吨，而在 20 世纪 80 年代末后运量更是连年下滑，到 2014—2015 年度则只完成了 9 万吨货物的运输。[①] 并且由于设备老化、人员流失等，运营效率每况愈下，2017—2018 年度，铁路亏损达 1 268 万美元。[②] 即使政府给了 12 亿坦桑尼亚先令的补贴资金，铁路运营工人 2018 年 10 月和 11 月的工资直到 12 月中旬才发放，这引发了罢工，并进一步导致车次取消和变更。铁路管理当局已处于破产边缘，在 2020 年时曾与中国政府协商，期望得到新的资金注入。

坦赞铁路几十年间的兴衰给中非之间的发展合作留下了不少启示。首先，大型的基础设施建设关系重大，铁路公路等交通干线好比是国计民生的主动脉，对一个国家的政治、经济、社会发展有决定性的意义。与此类似，电站水厂、通信网络等设施都是现代社会生存与发展不可或缺的基本条件。因此，对基础设施功用的评估需要超越单纯的经济范畴，充分考虑其他各类因素。虽然坦赞铁路现在长期亏损，但其在南部非洲民族解放运动和在坦赞落后地区的开发中曾作过的贡献，以及为新中国外交在困难时期所起的开拓性作用使它成为了中非合作史上毋庸置疑的里程碑。

不过，修建重大基础设施要求巨额投入，费时费力，常常耗数年乃至数十年之功方有所成，另外维护保养成本也极其高昂，所以，决策时必须要仔细估算成本，慎重计划收支，一旦疏忽就可能形成沉重的财务负担。由于缺乏经验，中国在援建坦赞铁路时在经济方面的计算不够周全，结果

---

① Tazara records drop in freight, Zambia Daily Mail, December 16, 2015, www.daily-mail.co.zm/?p=52844 (accessed July 13, 2020).

② The director of the Tanzania branch of the Tan-Zam Railway Bureau expressed difficulties（坦赞铁路局坦桑分局局长表示坦赞铁路面临困境）, December 29, 2018, tz.mofcom.gov.cn/article/jmxw/201812/20181202821384.shtml (accessed July 13, 2020).

不仅实际造价比预算高出一亿多元人民币，而且多年来机车维修、零件更换的后续援助累计亦超过了 10 亿元人民币[①]。后来随着国际国内形势变化以及经营不善，铁路运营面临新的问题和挑战，也给三国政府的财政造成了一定负担。

由此可见，基础建设在带来显著深远效益的同时往往伴随着同样巨大的代价与风险，在较长的建设和使用周期中又不可避免地会遇到外部情况变化，增添许多变数。这意味着大型基础设施的得失不是通过几个标准的衡量就能盖棺定论的，而需要对诸多牵涉的方面进行长期的观察分析。在坦赞铁路建成四十多年后的今天，对基础建设功用的全面了解和认识在中非合作中显得尤为迫切，因为中国企业已经成为非洲工程建设的主力军，数以十万计的中国建筑工人正在非洲大陆上夜以继日地开山拓路、拦河筑坝，广泛而深刻地改变着当地交通、水利、能源、通信等领域的面貌。可是，中国人建起的这些设施究竟会对非洲社会起到怎样的作用？是否真能大力推动其经济发展和工业化？此后能不能避免坦赞铁路工程项目中的失误？

3.2　非洲基础建设的窘迫

除了少数国家外，非洲当前的基础建设情况不尽如人意，每个前往非洲的旅客一踏上这片土地就能真切感受到设施的落后和不便。机场只是一两栋小楼，通常灯光灰暗，墙面地面时见裂缝污渍。市内及邻近市区的道路因为跟不上城市化的步伐而总是充塞了过多的车辆，拥堵难行；乡村间则往往找不到像样的公路，只有泥泞坑洼的土路。无论是五星级酒店还是政府办公部门，电力供应随时都可能中断，徒留一片漆黑，所以自备发电机几乎成了每家企事业机构的必需设备，尽管其运转费用极其高昂。供水也不稳定，绝大多数乡村乃至相当部分城镇尚未有水厂和自来水设备，居

① 坦赞铁路项目简介，中国驻坦桑尼亚大使馆，2008-03-13，http://tz.china-embassy.org/chn/ztgx/wsyzyfx/t414461.htm（访问日期：2020-07-16）。

民或是手提头顶沉重的容器步行几千米去取井水河水，或是每天一早排起长队等待水车到来分水。市区周围垃圾成堆却得不到处理，废物散发的毒素终日渗透弥漫在河流与空气中侵蚀着人们的健康。固定电话在不少国家是稀罕事物，上网只能去零星散落的网吧，并且忍受乌龟爬行般的网速与老迈过时电脑的双重煎熬。过去十年中，移动电话确实在非洲迅速大量地普及，甚至游牧的原始部落中都有年轻人开始摆弄手机，然而网络信号时强时弱，通信质量难以保证，电信覆盖区域也依然有限。

世界银行在 2010 年发布了一份题为《非洲的基础设施》的报告，指出非洲国家的基础设施建设几乎在所有方面都落后于其他发展中国家，更别提与发达国家间的巨大差距（见表 3.1），尤其在公路与发电方面，非洲与其他地区相比缺陷明显。多重原因导致了非洲基础设施比其他发展中地区落后，首先，非洲相对而言地广人稀，2010 年亚洲的人口密度为 134.4 人每平方千米，而非洲仅为 35.2 人每平方千米。[①] 同时非洲 60% 以上的人口依然居住在农村，如果只算撒哈拉以南非洲，城市化率就更低。与此形成对比的是拉丁美洲高达 80% 的人口聚居在城市，即使在亚洲，农村人口比例也已降至 60% 以下。[②] 多数人口散居在广大偏远地区意味着铺设水电通信管线成本高昂，而普及公共交通和卫生设施的难度增加。其次，非洲的地缘政治错综复杂，从地图上看，54 个国家仿佛组成了一幅色彩缤纷、形状多样的拼版，大部分是人口不足 2 000 万的小国。这一方面是由于非洲本土民族文化的多样性，另一方面也是欧洲殖民势力在近代瓜分非洲的产物。各国间的经济社会差异和行政割据导致建设连通非洲内部的道路、通信、电力运送网络阻力重重。[③] 最后，非洲现有不少基础设施还是殖民统治时期的遗留，而当年欧洲殖民者在规划建设时的主要考量是如何将当地的矿产原材料运送到海港出口以及如何为殖民者集中的几个大城市服务，因此这些交通、能源或市政设施并不能满足当前非洲社会全面均衡发

①② United Nations, *World Population Prospects*, The 2015 Revision.

③ 世界银行，《非洲的基础设施》，2010，第 4 页。

展的需要。[①]

表 3.1　撒哈拉以南非洲国家基础建设的国际比较

衡量标准	非洲低收入国家	其他地区低收入国家	非洲中高收入国家	其他地区中高收入国家
铺设公路密度（千米 /1 000 平方千米）	31	134	238	781
全部道路密度（千米 /1 000 平方千米）	137	211	293	1 171
固定电话密度（用户 / 千人）	10	78	120	274
移动电话密度（用户 / 千人）	55	86	422	554
发电容量（兆瓦 / 百万人）	37	326	246	861
供电覆盖率（人口百分比）	16	41	28	95
供水覆盖率（人口百分比）	60	72	90	93
卫生设施覆盖率（人口百分比）	34	51	39	90

来源:（1）世界银行,《非洲的基础设施》,2010;（2）Yeps, Pierce, and Foster, “Making Sense of Africa’s Infrastructure Endowment”, 2008。

基础设施的缺失严重阻碍了非洲经济社会发展的步伐。交通不便导致货物人员流动缓慢，运输成本居高不下，产生了诸多怪象。比如货轮从广州到非洲用不了一个月时间，但在港口外停泊等待卸货清关却可能要花费两个月；同样，货物从非洲港口运到内陆几百千米的路程，其费用却要比从中国运至非洲上万千米的路程更高。运输瓶颈造成市场上物资稀少，供应短缺，商品价格成倍上涨，对外出口则失去竞争力。另外，供水供电不足使大规模工业生产难以进行，世界银行在其报告中调查了在非洲经营的公司，半数以上受访者把能源供应列为最大的制约因素，而港口及清关效率低下、交通和电信设施滞后也都显著地影响了企业发展。报告还称基础设施问题使这些企业损失了约 40% 的生产力。[②] 基建落后也意味着生活水

① “Laying Africa’s roads to prosperity”, *Africa Renewal*, January 2009, p.13.
② 世界银行，《非洲的基础设施》，2010，第 2 页。

平低下，缺乏基本的水电卫生设施和交通联系手段的当地百姓与现代社会的物质财富几乎隔绝，享受不到任何经济科技进步带来的益处。

其实，非洲国家以及国际援助机构早已认识到在非洲进行基础建设的重要性和迫切性，早在20世纪五六十年代，刚独立的非洲国家就积极向国际组织和其他国家求援以修建基础设施。世界银行对非洲的第一笔贷款就是在1950年给埃塞俄比亚的500万美元用于重建公路。而且早期世界银行在非洲支持的项目也基本都是电站、公路、铁路，比如1958年给予苏丹3 900万美元贷款进行铁路和供水设施扩容，1964年给予尼日利亚8 000万美元修建卡因吉（Kainji）水电站。1961年加纳政府更是自筹9 800万美元，又从美国、英国、世界银行和国际复兴开发银行处借得相同数目的资金，花费总计近两亿美元建起了雄伟的阿科松博（Akosombo）水坝。

然而，这些基础建设并未能如同预想一般大幅提高非洲的经济社会发展水平。在寻找问题根源时，一些西方的研究者认为在建设时“财政资源使用不当”“投资不能有效应对市场需求”是主要原因。[①] 进而又归咎于基建管理中过多的国有化成分，指责政府垄断造成项目目标界定不明确，缺乏提高效率的动力，特别是投资方向经常被政治决定所左右，导致大量资金浪费，公共预算负担沉重。[②] 这些批评也并非全无道理，坦赞铁路的窘境就反映了非洲国家早期基础建设热潮中确实有不少方面考虑不周密、不长远，需要反思改进。国际货币基金组织和世界银行因此推行了“结构调整”（Structural Adjustment）政策，要求发展中国家大幅削减财政支出，推进私有化，而非洲国家由于国内经济情况恶化，政府债台高筑，也被迫接受这些外加的改革方案，以换取资金救急。与“结构调整”相配合，西方主要援助国也把对外援助的重点从资助基础建设、促进经济增长转向强调治理和为贫困人群提供基本社会福利，结果在20世纪80年代和90年代，

① World Bank, *world development report* 1994, p. 25。

② Michel Kerf, Warrick Smith, “Privatizing Africa’s Infrastructure: promise and challenges”, *World Bank Technical Paper*, 1996, 337, p. ix.

当地政府和国际援助机构都没有再向非洲的基础建设大量投资。①

可是20多年的“结构调整”并没有给非洲带来实质性的发展，2005年英国政府在一份报告中承认一味地强调私有化而减少对非洲基础建设的公共投资是一个“政策失误”。因为事实证明私营企业并不能完全替代政府来妥善管理所有基础设施，比如私人资本在新兴的移动通信行业比较活跃，但对供水、卫生等投资大、利润薄的部门就毫无兴趣。② 20多年中，对基础建设投资不足使非洲原本就有限的交通、能源、供水、卫生等设施更显捉襟见肘，难以满足经济发展和人民生活的需要。在经历了总共约半个世纪的尝试后，政府推动和市场运作，大举投资和财政紧缩等各种方法似乎都无法在非洲奏效，基础建设成了当地发展的“老大难”问题。要促使非洲经济平衡持续增长，全面提高人民生活水平，就必须要找出对策来搬走这块绊脚石。在21世纪，中国是否能为非洲的基础建设提供有效的解决途径呢？

3.3　公共利益与商业利益的困境

与非洲的经历相反，在中国的改革开放历程中，基础建设成为经济发展的主要推动力量，基建投资与消费和出口并称为中国经济发展的“三驾马车”。其实，1980年前中国在铺设道路密度、固定电话用户率和供电供水等方面与撒哈拉以南的非洲国家类似，有些指标甚至还低于非洲。③但在1990—2005年中国的发电量几乎涨了4倍，公路长度也增加了3倍多。④

---

① Deborah Bräutigam, *the Dragon's Gift*, pp.28-29.

② “Laying Africa's roads to prosperity”, *Africa Renewal*, January 2009, p. 13.

③ 世界银行，《非洲的基础设施》，2010，第2页；Yepes, Tito, Justin Pierce, and Vivien Foster, “Making Sense of Sub-Saharan Africa's Infrastructure Endowment: A Benchmarking Approach”, Working Paper 1, Africa Infrastructure Country Diagnostic, World Bank, Washington, DC, 2008, p. 19.

④ Lall, Rajiv, Ritu Anand, and Anupam Rastogi, “Developing Physical Infrastructure: A Comparative Perspective on the Experience of the People's Republic of China and India”, Asian Development Bank, Manila, 2008, p. 58.

到2005年，中国每1 000平方千米国土上已平均有近180千米的铺设公路，是非洲低收入国家的6倍；供电率高达99%，而非洲只有20% ~ 30%；固话用户率则已有42%，比非洲高几十倍。[①] 更重要的是，建成的基础设施能够相对有效地配合助推中国经济高速增长，而工商业繁荣和居民收入提高后也能够有财力为基础建设“买单”，并激发对基础设施新的投资，构成良性循环。虽然也曾在局部地区某些年份出现过基建投资过热的现象，造成设施和资金浪费，但整体并未失控，而且国家财政没有因此背上沉重的包袱。[②] 在几乎相同的时间段，在一样落后的基础上，中国发展的成功经验与非洲的两难困境形成了鲜明反差，这自然引人思索：中国的基础建设模式为何能够成功？这一模式是否能够移植到非洲？

要找到基础建设成败的关键，首先要理解基础设施在现代市场经济中的地位与作用。基础设施并不只是市场上的一种商品，它又是市场经济得以运行、商品得以流通交换的前提条件，决不能将其重要性与普通商品等而视之。无论是道路通信、供水供电，还是污废处理，基础设施的特点在于构造一个网络框架，便于物资、人员、信息、净水、能源乃至废弃垃圾流动转移。巨大的先期投入、顾客需求的不确定性、市场的长远风险以及其他领域更好的商业机会可能会使企业搁置观望对一种商品的投资计划，但基础建设，尤其是发展中国家的基础建设经不起这样的耽搁。因为在许多不发达地区，如果没有对基础设施的投资就会导致与外界的市场交换或基本的工业生产无法进行，从而使生产生活只能保持农牧业传统的自给自足方式。长此以往，落后与封闭往往导致当地的经济水平和对市场的需求停滞不前，结果更缺乏对基建投资的吸引力。所以，市场化的手段适用于某些投资小、见效快、商业回报明显的领域，例如，自动通信系统，但不能包括基础建设的全部。

可历史也证明了忽略经济回报的基建同样行不通。虽然中国自20世

① Connecting East Asia: A New Framework For Infrastructure, Asian Development Bank, Japan Bank for International Cooperation, the World Bank, 2005, p. 9.

② Lall et al., “Developing Physical Infrastructure”, p. 61.

纪 80 年代末以来流传着“要想富，先修路”的说法，但现实中，交通设施的建设未必产生丰厚收益。例如坦赞铁路这样的大型基建项目并没有为当地带来期望中的社会经济影响。如果没有带来相应的经济增长，那所建设施可能无法产生足够的收入来维持自身营收平衡，设施维护和运营成本就会成为当地的长期财政负担。

这在发展过程中形成了另一个“先有鸡还是先有蛋”的困境。市场经济需要基础设施作为先决条件，但如果市场经济尚未充分发展，基建投资就不能产生良好的商业回报，也不能得到很好的维护。尚未实现现代化的传统社会，几千年来对基础设施都没有太多需求。可当发展中国家从传统自足的农业社会转向工业化市场经济时，基础设施会对国家经济转型产生潜在的重大影响，但市场的前景又有极大的不确定性，该如何建设就成了绕不过的难题。在向市场经济转型过程中，基础建设商业前景的不确定性比成熟市场大得多，因为不成功的转型可能会使设施的大部分设计功能成为浪费。同时，由于收入水平低，发展中国家基建项目的商业收入普遍不高。尽管社会经济转型的公共效益巨大，然而在投资回报和整体发展之间取得平衡并不容易。如果无法吸引持续的投资，那基础设施建设和整体市场发展也将逐渐停滞。

中国在改革初期也曾遇到过这一问题，比如 1981—1990 年，当国民经济以每年近 10% 的速度增长时，交通设施方面的投资每年仅增加约 1.3%，成了制约经济发展的瓶颈。[①] 当时，中国政府并不能准确衡量出基础设施的确切需求，不是在短时间内投入过多，就是在经济过热后大幅收缩投资。[②] 转折点是在 20 世纪 90 年代中期，从那时起，基础建设成为经济增长的主要动力之一。1998—2005 年，在基础设施上的投资以每年 23.3% 的速度激增，比总体国民经济增速快近一倍，2006 年时中国在基建

---

① World Bank, *world development report 1994*, p. 18。

② 房维中，《20 世纪 80 年代中国经济的发展历程和陈云的经济指导思想》，《当代中国史研究》，2005 年第 12 卷第 3 期，第 27-37 页。

上的支出占当年 GDP 的比重超过 14%，居世界首位。[①] 而且，基建投资的增长并非源自国家财政支出，因为国家预算支出占固定资产投资的比例在 20 世纪 80 年代为 15% ~ 20%，但在 1992 年后缩减为平均不足 4%。[②]

20 世纪 80 年代以前与 90 年代以后的关键区别不仅在于基础设施投资的增加，还在于这种巨大投资的可持续性。虽然不是每个项目都成功，但中国的基础建设总体上与国家的工业化进程和广泛的经济增长形成了良性协同作用。新的基建改善了投资环境，促进了产业发展，而蓬勃发展的企业带来的收入则有助于进一步投资基础设施。商业利益和公共利益被合理兼顾而实现了共同进化。具体而言，地方政府和国有企业的积极参与成为新一轮基础设施投资的主要动力。[③]

在 20 世纪 90 年代初中央加速将权力下放后，地方政府等基层机构在基础建设领域的决策权大大增加。一方面，在经济挂帅的时代大潮中，地方政府如同国企一样，考核评估以经济成绩为核心标准，不但国企要做到收支平衡、资产增值，地方政府也一心关注 GDP 和财政收入的增长。而且 90 年代后基建的主要资金来源是市场融资。借款的地方政府和国企必须认真考虑还款能力。另一方面，中国的政治权力依然高度集中在中央政府。中央有绝对权威奖励或惩罚地方官员。这一制度防止了地方官员像俄罗斯那样利用巨额基础设施投资中饱私囊。[④] 国有企业和地方政府都需要严格遵照中央的指示，配合全国的发展战略。因此，地方政府与国有企业兼具了市场与公共管理的双重功能。诚然，双重身份有着不少弊端，可在基建方面，这一特殊的混合体却在过去 20 多年的实践中促成了中国特色

① Lall et al., “Development Physical Infrastructure”, p. 59. 基础设施在此统计中包括能源、天然气、交通、供水、灌溉和电信。

② Lall et al., “Development Physical Infrastructure”, p. 64-65.

③ 张军、高远、付勇等，《中国为什么拥有了良好的基础设施》，《经济研究》，2007 年第 3 期，第 9-11 页；Lall et al., “Developing Physical Infrastructure”, p. 67.

④ O. Blanchard and A. Shleifer, “Federalism with and without Political Centralization: China versus Russia”, 2000, Working Paper 7616, National Bureau of Economic Research.

的持续发展。[①]

为了发展地区经济，地方政府积极投资于基础建设，以经济发展为中心的官员像企业经理一样思考怎样把资金用在刀刃上，建设最有效益的设施。不过，作为政府部门，它们的眼光不局限在短期的资金回收，而能着眼于整个地区的长期总体收益，对公众社会效益作综合考虑。还有一个特点是基础设施建成后，地方政府和国有企业需要依靠征收使用费来回笼至少一部分资金以作维护保养，因而在运作中会带有较强的市场化色彩。可同时照顾到国内的经济承受力仍然不高，完全市场价格的收费可能吓跑用户，降低使用效率，国家为基础建设提供了隐性补贴，主要是有选择地对能源和道路的投资方给予财政支持，降低成本。[②]如此安排既引入了直接的供需关系来衡量项目，又不失长远统筹的指引扶植。与此相应，私企和外资在基建中份额占比极小，国家在权力下放、鼓励市场机制的同时依然清醒地意识到基础设施对现代经济社会全局有至关重要的战略意义，并未放松对其建设的主导权。通过受控的商业化转型，中国在基础建设和经济增长之间建立起有效的协同效应。

尽管非洲国家的政治社会制度与中国迥异，但双方过去20年间在基础建设合作领域进行了一系列的试验，既吸取了中国国内改革的一些实践做法与经验，也有在非洲特定环境下的创新突破。

3.4　从“安哥拉模式”到亚吉铁路

与20世纪六七十年代建设坦赞铁路等项目的援助模式不同，近年来，中国开始大规模为非洲基础建设提供商业融资，其中一个著名的例子就是在第1章中提到的与安哥拉签署的“石油换项目”框架协议。

安哥拉在2002年内战结束后急需大量资金重建家园。然而，国际货币基金组织及一些西方国家提出的前提条件是，要安哥拉先接受这些援助

① 张军、高远、付勇等，《中国为什么拥有了良好的基础设施》，第10页。

② Lall et al., “Development Physical Infrastructure”, p.67.

机构的监督检查，在确保当地政府财政透明、管理改善后才能提供优惠贷款。虽然安哥拉政府作出了努力，但国际货币基金组织依然认为不符合标准。[①] 2005 年年初，安哥拉财政部部长何塞·莫拉莱斯失望地说道："我们永远无法按照基金组织的财务透明规定提供他们所需的所有经济和财务信息，我们是一个发展中国家，我们的组织机构还没有完善，别忘了我们的机构在不久前还遭受过严重的破坏，提供经济数据是一个渐进的过程。"[②]

手头拮据的安哥拉政府只能通过在国际市场上筹借昂贵的石油抵押贷款来维持开支，这些贷款一般来自商业银行，利率高而且还贷周期短，只能解燃眉之急。2004 年 3 月，安哥拉财政部与中国进出口银行签署了一笔数额为 20 亿美元的信贷框架协议。这笔借款同样以安哥拉的石油为担保，安方承诺每日将 1 万桶石油的销售收入存入托管账户，以保证还款。中国进出口银行则给出了相当优惠的利率，即伦敦银行同业拆借利率 1.5%，比当时安哥拉借款的平均利率低 1 个百分点以上。还款期是 17 年加 5 年宽限期，比普通商业贷款长得多。但有一个特别之处，中国的银行事实上并不向安哥拉政府汇去任何款项，这 20 亿美元只是买方信贷，即安哥拉可以利用这笔信用额度签约中国公司为其建设基础设施，中国建筑企业完工后则直接从中国进出口银行领取货款。

这种模式中的元素并不新鲜，石油担保贷款是金融市场上一种常见产品。而如第 1 章中所叙，中国与日本及其他国家进行自然资源项目互换的信贷协议可以追溯到 20 世纪 80 年代甚至更早时期的经济援助。然而在安哥拉，中国进出口银行对这两种已有的模式都略作了调整。石油担保贷款本来被商业银行用来赚取丰厚利润，但中方降低了利率，延长了还款期，又将其与基础建设相挂钩，使其成为支援当地重建的专款。根据经济合作

---

① "ANGOLA: Transparency on oil money delaying donor conference", *IRIN News*, 2005-02-02, http://www.irinnews.org/Report/52879/ANGOLA-Transparency-on-oil-money-delaying-donor-conference (Accessed July 13, 2020).

② Angola unable to meet IMF criteria, finance minister, *IRIN News*, 2005-02-15, http://www.africafiles.org/article.asp?ID=7977 (Accessed July 13, 2020).

组织发展援助委员会对官方援助的定义“援助性质的贷款不仅要低于市场利率，而且不能用于便利出口等商业目的”[①]，这又不是严格意义上的发展援助。相比以前中国与其他国家间提供援助项目再以资源出口保证偿还的形式，与安哥拉的协议带有明显的商业色彩。利率虽然较其他商业银行略低，但并不低于市场利率，而且协议保证了中国企业可以承包安哥拉的国家重建项目，为企业进入当地市场提供了有力帮助。

为什么中国能够作出这些改变，把商业与援助以新的方式结合起来？时任中国进出口银行行长的李若谷在2007年发表了一篇题为《正确认识发展中国家的债务可持续问题》的文章，阐释了他对近年来中国与非洲国家间新的信贷形式的综合思考。其主要观点为：①借款的目的是发展，因为发展离不开资金。不能因噎废食，不能因为发展中国家已经债务沉重就控制甚至中断放贷，导致受援国发展能力受影响，这会使其更难如期还债，陷入恶性循环。关键是通过贷款投入形成可持续发展。②西方的金融机构和捐助国拘泥于静态债务的评估，没有看到动态发展，应对新增贷款可能带来的积极因素充分考虑。其使用的定量测算方法和对国家政策制度的评价标准多来自假设的线性关系模型和自身以往经验，与发展中国家的具体情况往往相差甚远，致使其难以作出客观恰当的判断。③进出口银行在考评贷款时，更注重受援国的实际情况，而且都是针对具体项目放贷，通过借贷将资源与发展直接联系起来，将“资源优势转化为发展优势”，有效推进受援国的经济和社会发展，进而增强其偿债和负债能力，形成良性循环。④商业利益和发展援助并不矛盾，贷款投资经济效益好的项目，能够帮助当地实现经济增长，正是发展援助的根本宗旨，而同时又能为放贷的银行和投资方带来利润，互惠互利。不过也有些财务上虽不可行，但社会效益大的项目就应当使用优惠贷款。如何选择应根据个案分析，不能一概

---

① 经济合作组织规定“无论优惠条件如何，以促进出口为主要目的”的官方资金都不属官方援助，其中包括“向一个发展中国家直接提供的出口信贷”。http://www.oecd.org/document/19/0,3746,en_21571361_39494699_39503763_1_1_1_1,00.html#O (Accessed March 20, 2020).

而论。[①]

以上几点思考体现了中国政府在对非洲提供资金支持时采取的原则与自身发展中的经验体会一脉相承。经历了发展转型的过程，中国的银行官员真切体会到社会经济转型中的协同作用，不能以成熟市场的标准来衡量发展中国家，而要看到基础设施改善会带来生产与社会结构的根本变化。中国进出口银行没有采用复杂的理论模型来计算可能的收益，而是结合中国与安哥拉的实际情况创造了新的信贷模式，通过资源担保和信贷额度方式，有效降低了还款和资金被贪污的风险；同时中国企业在能源与工程承包市场上获得收益，而安哥拉的基础设施也大为改善。大规模的工程建设将石油收益实实在在地转化为社会大众的福利以及工农业生产的平台。2005—2007 年安哥拉的 GDP 年增长率均保持在 20% 以上。[②] 一位当地经济学者评论道："这是安哥拉普通百姓第一次真正看到自己国家的石油收入被用在自己的生活中！"[③] 有趣的是，那位因无法满足国际货币基金组织要求而垂头丧气的莫拉莱斯财长凭着他在国家重建中的出色管理，被英国《银行家》杂志选为 2007 年非洲最佳财长。[④]

此后，埃塞俄比亚、苏丹、赤道几内亚、刚果（布）、刚果（金）、加纳等其他非洲国家也借用了以自然资源担保为基础设施融资的方式。这一方式还得到了国际政策界和研究界人员的积极评价，赞赏其帮助发展中国家利用未来的收入来改善当前的基础设施以加速发展。[⑤] 不过，这一融资方式近年来也遇到不少挑战。首先，石油等大宗商品价格下跌影响了这些

① 李若谷，《正确认识发展中国家的债务可持续问题》，《世界经济与政治》，2007 年第 4 期，第 5、63-72 页。

② 数据来源：国际货币基金组织。

③ 访谈，Vicente de Andrade，天主教大学经济学教授，安哥拉罗安达，2007 年 11 月。

④ The Banker, "Finance Minister of the Year/Africa", January 2, 2008, Retrieved 2012-03-22, http://www.thebanker.com/Awards/Finance-Minister-of-the-Year/Finance-Minister-of-the-Year-Africa-Jose-Pedro-de-Morais-Finance-Minister-Angola.

⑤ Håvard Halland, John Beardsworth, Bryan Land, and James Schmidt, *Resource Financed Infrastructure: A Discussion on a New Form of Infrastructure Financing*, Washington, DC: World Bank, 2014.

国家偿还贷款的能力。其次，一些非洲国家的债务已达较高水平，进一步借贷面临诸多限制。因此，非洲国家政府要求中国承建企业分担更多的融资责任，许多国家也更愿意使用主权担保而非将资源作抵押。最后，中国企业以往在资源换基建项目中担任 EPC（工程、采购和施工）承包商，不仅利润率低，而且没有参与完工后的维护运营。但运营管理不善会影响基础设施的正常运行，非洲方面对高质量的设施运营管理和技术转移的需求也日益增多。①

在此形势下，中国企业积极探索与非洲国家在基建合作方面的新途径。2007 年，深圳能源公司决定在加纳特马建造一座天然气发电厂。该公司自掏腰包投资了 6 000 万美元，中非发展基金又出资 4 000 万美元。投资企业还向国家开发银行贷款 1 亿美元。该工厂于 2010 年投入运营后，由深圳能源和中非发展基金合资设立的企业 Sunon-Asogli Power（Ghana）Ltd. 管理。在天然气源保证的前提下，该工厂可以实现不间断运行，提供加纳总发电量的 15%。2016 年项目第 2 期也开始运营。②

亚的斯亚贝巴—吉布提铁路是中国在非洲最大的基础建设项目之一，铁路全长 750 多千米，总耗资 40 亿美元，中国企业和非洲国家采用了多种融资与合作形式促成此项目。埃塞俄比亚段铁路的资金来自埃塞俄比亚政府（30%）和中国进出口银行的商业贷款（70%）。吉布提段最初的资金来源分配与之类似，85% 的资金来自中国进出口银行的商业贷款，15% 来自吉布提政府。但吉布提政府后来表示提供资金有困难。承包商中国土木工程集团磋商后决定投资吉布提段 10% 的股份来分担财务压力。这样，吉布提政府只需提供 5% 的建设资金。③ 此外，为了确保项目成功，中国土木工程集团和中国铁路工程集团在建设完成后开始合作管理亚吉铁路，为

---

① 中国人民大学重阳金融研究院，《“造血”金融：“一带一路”升级非洲发展方式》，研究报告，2017-05-03，第 24-29 页。

② 苑基荣，《中国公司圆加纳电力自主梦》，《人民日报》，2012-12-19，https://news.sina.com.cn/c/2012-12-29/051425921670.shtml（访问日期：2024-03-12）。

③ 张玉学，《亚吉铁路：出口非洲的全套中国标准》，2016-11-16，finance.sina.com.cn/manage/mroll/2016-11-16/doc-ifxxwrwh4488904.shtml（访问日期：2020-07-13）。

期 6 年。从而成为中国参与融资、设备、建设及运营整条价值链合作的第一个非洲铁路项目。[①] 该铁路于 2016 年 10 月开始试运行。

不过，有些批评声音对铁路的经济前景持悲观态度。有埃塞俄比亚学者称该项目为“白象”，指出货运和客运无法提供足够的收入来维护铁路，更不用说盈利了。《纽约时报》的一名记者也担忧项目的巨大投资金额会给吉布提和埃塞俄比亚造成债务压力。[②] 肯尼亚的蒙巴萨—内罗毕铁路造价 38 亿美元，其中中国进出口银行提供了 85% 融资，肯尼亚政府为剩余的 15% 融资。铁路在 2017 年投入使用后同样引发了对债务负担的讨论。[③] 安哥拉、赞比亚、喀麦隆等其他几个国家与中国基建贷款相关的债务也出现了违约风险。针对这些问题，中方机构迅速作出了反应，对几笔贷款进行了重新谈判和重组，也延长了亚吉铁路债务的还款期限，同时免除了埃塞俄比亚和喀麦隆的无息贷款。与此同时，中国显著减少了对非洲新项目的贷款。[④]

然而，借贷方式的改变应被理解为“鸡与蛋”困境解决方法的一部分，而非政策模式的转变。根据自身发展经验，中方没有简单地将债务压力归因为过度贷款，因为非洲仍然迫切需要基础设施投资。问题症结在于基础设施项目创造的收益增长低于预期，这打破了财务平衡。一些配套服务，如电力供应或铁路与港口间的物流，没有按时完工，干扰了正常运营并影响了收入。还有一些社会文化障碍严重阻碍了这些项目的运作。例如，埃塞俄比亚的农民经常驱赶牲畜过铁路，与火车发生碰撞。肯尼亚的卡车司机走上街头抗议政府增加铁路运输的政策。这些意外事件冷却了中国和非

---

① 沈诗伟，《亚吉铁路：从中国制造到中国运营》，《国际先驱导报》，2016-08-12。

② Andrew Jacobs, “Joyous Africans Take to the Rails, with China’s Help”, *The New York Times,* February 7, 2017, www.nytimes.com/2017/02/07/world/africa/africa-china-train.html?_r=0 (accessed July 13 2020) .

③ “A New Chinese-Funded Railway in Kenya Sparks Debt-Trap Fears”, *NPR.*, www.npr.org/2018/10/08/641625157/a-new-chinese-funded-railway-in-kenya-sparks-debt-trap-fears, October 8, 2018 (accessed July 13, 2020) .

④ “China Is Thinking Twice About Lending to Africa”, *The Economist.*, www.economist.com/middle-east-and-africa/2019/06/29/china-is-thinking-twice-about-lending-to-africa (accessed July 13, 2020) .

洲的乐观情绪，提醒双方放慢基础建设的步伐。

尽管有战术上的调整，但中国并没有偏离其促进非洲基础设施建设的战略愿景。当前，更多工作重心落在协调各方，以确保基础设施正常发挥作用和有效促进增长上。2019年4月，财政部发布《“一带一路”债务可持续性分析框架》，明确了以生产力增长来解决基建债务压力的思路。文件指出：“重大生产性投资虽在短期内提高负债率，但可带来更高的增长、收入和出口，从而降低未来负债率。……公共投资对经济增长和债务变动的影响至关重要。”[①] 吸取坦赞铁路等历史项目的经验教训，中国与非洲国家共同制订计划在铁路周边开发工业项目，以“形成大型基础设施与产业发展的良性互动”。[②] 中国土木工程集团与埃塞俄比亚工业部签署协议，在亚吉铁路沿线建设哈瓦萨、迪尔达瓦、孔博查和阿达马等一系列工业园区，以充分利用铁路的运力。中国招商局则参与了吉布提新港口的建设，旨在大幅提升港口吞吐能力，应对新铁路增加的货运量。[③] 与此相关，2017年起中国企业还在吉布提开发建设自由贸易区。同样，着眼于蒙巴萨—内罗毕铁路的长远发展，中国和肯尼亚也签署了升级蒙巴萨港口和在港口附近建立经济特区的协议。[④] 秉承“试验先行”的原则，这些措施目前只集中在少数几个选定的项目和国家。

《“一带一路”债务可持续性分析框架》同时指出：“当一国被评为高风险甚至债务困境时，也并不意味着其债务就一定不可持续。”这表明中国的银行并没有忽视债务风险或对债务增多的担忧，但坚持从共同发展的角度来判断贷款和投资，而不是遵循国际货币基金组织的债务限额政策。国

① 中华人民共和国财政部，《“一带一路”债务可持续性分析框架》，2019-04-25。

② 《外交部非洲司司长林松添在中非智库论坛第五届会议全体会上的发言》，2016-04-18，https://www.fmprc.gov.cn/web/wjbxw_673019/t1356262.shtml（访问日期：2020-07-16）。

③ 《一子做“活”非洲东海岸 中国血统的亚吉铁路今投运》，*CBN*，2016-10-06，www.yicai.com/news/5129772.html（访问日期：2020-07-13）。

④ 《中交集团与肯工业化部小签蒙巴萨经济特区开发协议》，中国日报中文网，http://caijing.chinadaily.com.cn/2015-09/24/content_21970823.htm（访问日期：2024-03-12）。

际货币基金组织的政策基于假设的普遍标准和线性机制，中国实践者关注的则是项目催化经济增长的可能性。中方的视角源于过去几十年间中国和非洲基础设施发展的一些成功案例。可是，因为这一方法需要与周围环境形成有效的发展协同机制，所以它在各种新环境下必然也不断面临挑战。中非在基础建设和工业化方面的合作仍在继续演进，其对非洲发展的总体影响需要更长久的时间跨度才能完全显现。

第 4 章
农业

4.1 棉田里的希望与艰辛

2013年8月，从卢萨卡乘车8小时穿越群山，我来到了位于赞比亚东部省奇帕塔市的中非棉业总部。看到棉花如小山般堆积在场地上，数十辆重型卡车停在一大片开阔区域，轧花机在工厂里轰鸣，我受到不小的震撼。时值收获季尾声，不时就又有几辆尘土飞扬的卡车满载着棉花驶入大门，在身后的红土路上留下一行雪白的棉絮。中非棉业总经理时敬然大约50岁，以前是山东省一家纺织厂的厂长。他告诉我，中非棉业已经成为赞比亚东部第二大棉花收购商，2013年从当地签约农民手中收购了超过11 000吨的棉花。可是，公司的大股东中非发展基金还不满意。他们为下一年设定了采购35 000吨棉花的目标。为了增加棉花产量并吸引更多农民，中非棉业从国内进口安装了稀硫酸脱绒机。经过处理可以显著提高棉花种子的发芽率。此外，公司计划明年在莫桑比克港口城市贝拉建造一家纺纱厂。由于中国对外国进口的棉花有配额，管理层希望通过将皮棉加工成纱布后出口到中国，以绕开配额限制。

在我走访时，时总和公司里的十几名中国员工脸上都洋溢着乐观情绪。中非棉业成立于2008年，但其历史可以追溯到2003年，当时中国援赞的穆隆古希纺织厂里有位来自青岛的经理鞠文斌，在当地蓬勃兴起的棉花产业中感受到了机会。他与几位私人投资者合作，在赞比亚成立了奇帕塔棉花公司。中非棉业起初平缓地增长，变化发生在2010年中非发展基金注资参股后。2009年之前公司棉花采购量平均每年仅为3 000吨。中非发展基金不仅投入了巨额资本，还帮助公司获得了国家开发银行的短期贷款。在收购棉花的激烈竞争中，充足的资金发挥了决定性作用，帮助公司赢得与农民的合约。中非棉业还在马拉维、莫桑比克、津巴布韦和马里设立了分支机构。特别是2007年年底马拉维和中国建交后，中非棉业的投资作为具有战略意义的双边项目而受到当地欢迎，2011年和2012年它都是马拉维最大的棉花收购商。[①] 截至 2013 年，中非棉业在四个南部非洲国家建设了 6 家轧花厂和 2 家棉籽油榨油厂，每年采购超过 10 万吨棉花，雇用 3 300 名当地员工，并与 20 多万当地农民签约合作。[②] 公司在中国和非洲媒体上受到广泛赞扬:《人民日报》称其为“中非农业合作的奇葩”[③]，中央电视台报道公司的运营促进了东道国的结构转型。“棉花加工已成为马拉维的支柱产业。外汇的很大一部分来自皮棉、棉籽油和其他副产品的出口。”[④]

然而，三年后，当我再次访问奇帕塔时，中国经理们的乐观情绪已经消散大半。2013—2016 年，中非棉业在赞比亚的棉花采购量在 7 500 吨 ~ 12 000 吨波动。这不仅远低于之前设定的 35 000 吨的目标，而且明显低于公司 2012 年 27 650 吨的最高采购量纪录。[⑤] 时敬然认为干旱是这几年棉花产量下降的主因。赞比亚官方统计的棉花总产量在 2011—2012 年度达到 50 万包（1 包 =85 千克）的峰值，但随后各年度的产量停滞在 19.2 万 ~ 24 万包。[⑥] 中非棉业采购量的减少只是大趋势的具体反映。对赞比亚棉花行业的衰落还有其他解释。另一家外资轧花厂嘉吉的一位本地经理指出，2011 年棉花价格极高，“世界市场价格的异动”吸引了大量赞比亚农民种植棉花，但第二年他们极为失望，因为棉花收购价几乎减半。一些农民在 2011—2012 年价格暴跌后再也没有种植棉花。同时，赞比亚政府通过鼓励

① 访谈，马拉维，农业部，2012 年。

② Company profile, China Africa Cotton Development Ltd., 2013, http://www.ca-cotton.com/ (accessed September 6, 2013).

③《中非农业合作的奇葩》,《人民日报》, 2011-11-30，news.cntv.cn/world/20111130/103436_1.shtml（访问日期：2020-07-14）。

④ “Rediscovering Africa ep2: Growing Cotton: A Way to Wellbeing in Malawi”, Reporter: Xu Zhaoqun, CCTV.com, November 10, 2015, english.cntv.cn/2015/11/10/VIDE1447132682320847.shtml (accessed July 8, 2016) .

⑤ 赞比亚棉花委员会基于各轧棉厂 2016 年报告的数据。然而，该行业的专业人士提醒说，轧棉厂可能会少报购买的棉花数量，这样他们就可以向赞比亚棉花委员会支付更少的费用。

⑥ United States Department of Agriculture, https://www.fas.usda.gov/commodities/cotton (accessed July 14, 2020).

措施推广玉米等其他作物。因此，在各种作物之间出现了激烈的竞争。[①]

其他国家的情况甚至更糟。马拉维政府在过去五年中多次修改棉花承包制度的规定。先是试图由国家机构集中分配种子和农药等投入，然后因为缺乏人手而不得不放弃国家垄断。2016 年，马拉维当局设定了每千克棉花 375 克瓦查[②]的固定购买价格。但该国货币意外地大幅升值，使这个价格变得过高，尤其是当地的棉花质量还非常低。结果，中非棉业这一年在马拉维没有收购任何棉花。[③]在莫桑比克，自 2013 年以来，执政的解放阵线党与反对派全国抵抗运动之间的武装冲突在索法拉省造成了混乱。索法拉省是中非棉业棉花特许权的所在地，政局不稳极大地影响了棉花生产。在冲突之后的几年里，中非棉业每年只收购几千吨棉花，相比最好年份的 18 000 多吨减少大半，在贝拉建立纺纱厂的计划也只得取消。[④]

不过，公司的稀硫酸脱绒机凭借高发芽率而迅速受到当地农民的欢迎。起初，中非棉业只给本公司的签约农民分发处理过的种子。后来，其他棉花公司也将种子带到中非棉业进行脱绒，并支付费用。尽管农民非常普遍地欢迎这种新技术，但无法用数据证明其显著提高了生产效率。历史比较显示，2012 年中非棉业的平均产量为 450 千克 / 公顷，而 2015 年公司的平均产量仅为 250 千克 / 公顷。与不使用稀硫酸给棉种脱绒的嘉吉相比，中非棉业在 2015 年的产量也要少近 30%。[⑤]我问时总，为什么稀硫酸脱绒棉种虽然受欢迎，但产量却没有明显提高。他解释说，种子只是提高棉花产量的三大关键因素之一，另外两个是投入（包括农药、化肥、除草剂、工具等）和田间管理。赞比亚农民的财力有限，轧花厂必须预先给他们种子和投入。此类合约种植的安排对轧棉厂风险较高，因为他们可能无法从签

---

① 访谈，Emmanuel Mbewe，嘉吉赞比亚公司项目和公关经理，赞比亚奇帕塔，2016 年 8 月。

② 2016 年时，1 克瓦查 ≈ 0.7 元人民币。

③ 访谈，时敬然，中非棉业总经理，赵祥军（译音），马拉维总经理，马拉维巴拉卡，2016 年 8 月。

④ 访谈，时敬然，2014 年 8 月，2016 年 8 月。

⑤ 赞比亚棉花委员会基于各轧棉厂报告的数据，2016 年 8 月。

约农民处收到足够的棉花来补偿他们的前期投资。所以，中非棉业不愿在农药和工具上投入过多。此外，由于在中国并没有类似的合约农户，中方管理层缺乏对这一体系的管理经验。在田间管理方面，中国和南部非洲也有很大差异。“中国几乎每个城镇都有国有农场，很容易就能找到技术人员。农民能够从技术人员那里学习如何种植棉花。”时敬然说。而在赞比亚，棉花种植的知识必须由轧花厂传授。中非棉业的一位赞比亚经理说：“农民几乎没有受过什么教育，需要反复提醒他们如何除草、如何播种、如何使用杀虫剂、作物何时成长等等。”（轧花厂的）收购员需要经常走访农户，提醒他们按时去田间巡查。公司的赞比亚雇员实施了田间管理的培训，而中方员工几乎没有参与实施这方面的培训。“中国种棉花的方式（与赞比亚）完全不同。我们不知道该如何教他们（赞比亚农民）。”一位中方主管解释。

虽然三年来，中非棉业的进展没有预期的顺利，时敬然依旧看好赞比亚棉花行业的增长空间。他回忆说：“在过去几十年里，中国的棉花产量提高了好几倍。非洲看起来像 20 世纪 80 年代的中国。它有发展的潜力。”[①] 中非棉业将继续专注于改良当地棉花品类的种子。马拉维的农业技术示范中心是中国政府的援助项目，由中非棉业管理，2015 年落成。自 2016 年 4 月以来，一位拥有农业科学博士学位的中方科研人员开始在该中心工作。时总希望中心的研究能力能够加快良种的开发。但是，他不再计划近期扩大中非棉业在赞比亚和邻国的业务规模。中国在非洲农业领域投资失败的几个例子警示他，这一行业存在高风险。山东省一家企业在苏丹也种植棉花，第一年丰收，可第二年棉花质量就急剧恶化。在另外两个案例中，中国企业在埃塞俄比亚和莫桑比克进行了大量投资，但艰难的市场环境最终导致它们陷入财务困境。“不管怎样，这些年来我们还是保证了盈利，尽管利润很小。”与三年前相比，时总的雄心小了些，但也变得更加务实，更加适应非洲的环境。在对非洲的长期发展保持信心的同时，他意识到转型需要付出更多的努力和更长的时间。

---

① 访谈，时敬然，赞比亚奇帕塔，2016 年 8 月。

图 4.1　中非轧棉厂的赞比亚工人（2016 年）

4.2　小农经济与农业现代化的困境

中非棉业的案例展示了中国人如何理解和应对非洲农业领域的众多挑战。在非洲工作过的中国农业专家对这一领域的发展前景存有矛盾的心情。一方面，非洲广袤的未开垦土地对他们有特殊的吸引力；另一方面，农村地区的低生产率和诸多障碍令投资者望而生畏。在非洲，我常听中国专家感叹那里的土地资源如此丰富，却又如此落后。据估算，非洲拥有世界上一半以上的未开垦耕地。[①] 然而，非洲的农业生产力和作物产量仍处于较低水平，非洲每公顷作物产量不到世界平均水平的一半，人均农业生产指数仅从 1961 年的 93.64 提高到 2016 年的 98.86。

非洲的地理和气候条件对中国人来说显然是陌生的，但新来者只需一段时间就能了解和适应新的自然环境。农业企业的中方经理也能找到了解情况的本地员工提供相关帮助。更严峻的挑战是非洲农村地区政治、社会

① *African Transformation Report 2017: Agriculture Powering Africa's Economic Transformation*, African Center for Economic Transformation (ACET), 2017.

和经济的广泛背景，限制了当地农业生产的变革。特别是传统自给自足的小农经济在撒哈拉以南非洲占主导地位，固化了生产力低下、投资环境恶劣、变革困难的怪圈。[①] 各种障碍形成恶性循环，阻碍农业现代化转型。

首先，非洲市场不发达严重制约了农业部门的增长。尽管许多非洲国家推进市场自由化政策，但农业生产资料和农产品市场仍然支离破碎，也不稳定。自给自足的农户占非洲农民的大多数，他们分散在落后的农村地区，经常遭遇交通基础设施失修、仓储不足、资金短缺、信息渠道有限、缺乏规模等问题。[②] 因此，大多数农户很少有市场活动，而是主要自力更生种植农作物并消费自己的产品。自足的生产方式必然伴随着低生产率和低收入。这进一步导致交通基础设施、财政支持和市场建构的发展迟缓，使农民无法进入高附加值市场。

与此相关的是，由于与市场体系脱节，自足型小农的社会行为是保守而难以改变的。研究人员发现，大多数自足农民的动力只是为了生产足够的粮食来供给他们的家人整年的生活，并为下一季的生产提供足够的投入。[③] 与此相应，自给自足的农民更不愿承担风险，他们倾向从事以保证生存为目标的活动，而不是追求效率更高和更有创新性的生产。[④] 因为容易受健康因素和自然灾害冲击，农民畏惧在农业外寻找更有利润的谋生机会，或者排斥种植有更大经济价值但需要更多资源投入的作物。这使他们

---

① 自给农民可以在满足家庭需求后出售剩余产品，但他们的主要动机不是商业性的；他们并不把农业经营作为一项业务。

② Chilowa W., “The Impact of Agricultural Liberalization on Food Security in Malawi”, *Food Policy*, 1998. George Daniel Lulandala, *Analysis of Factors Affecting Agricultural Productivity in Selected Subsistence Farming Villages in Tanzania*, Dissertation, University of Maryland College Park, 1994.

③ George Daniel Lulandala, *Analysis of Factors*, p. 158.

④ Dercon. S. “Risk, Poverty, and Insurance,” 2009. Brief 3 in *Innovations in Insuring the Poor*, edited by R. Vargas Hill and M. Torero. 2020 Vision Focus 17, Washington, DC: International Food Policy Research Institute; S. Fan and R. Pandya-Lorch, eds., *Reshaping Agriculture for Nutrition and Health*, Washington, DC: International Food Policy Research Institute (IFPRI), 2012.

陷入了贫困脆弱、生产低效和发展缓慢的恶性循环。[①] 此外，许多农村有其自己的一套社会生产认知体系，这些认知并不符合现代科学知识，有时甚至会起反作用。[②]

最后值得一提的是，由于农业在国民经济和社会中的重要性，非洲的农业发展被高度政治化。在从土地所有权、种子分配、粮食定价、投入到信贷补贴等的一系列问题上，都常会有国家干预。[③] 小农的脆弱地位固然需要政府保护，但出于政治动机的措施，如土地政策和固定定价，偏离了市场机制，无助于生产力提高。长远来看，农业中过多的政治影响实际上助长了该部门的落后，使农民更依赖政府保护，而不是他们自己的竞争力。政治化、落后生产和国家干预形成了另一个恶性循环，阻碍了非洲农业部门向现代市场经济的转型。

所有这些经济、社会和政治挑战同时相互关联，并在更高层次上相互循环约束。[④] 如果没有适用的劳动力与恰当的市场监管，就无法吸引对农业技术现代化的投资。如果数以百万计的农民仍然依靠自己的土地维持生计，而且无法承受任何商业风险，那土地产权和农产品的市场就无法建立运行。此外，前面提到的障碍尚未穷尽现实中遇到的所有挑战。国际市场波动、气候变化、区域市场分散等因素也极大地影响了非洲的农村发展。[⑤] 因此，尽管非洲农业部门的人均附加值在过去几十年中的大部分时间里都

---

① Shenggen Fan, Joanna Brzeska, Michiel Keyzer, and Alex Halsema, *From Subsistence to Profit: Transforming Smallholder Farms*, July 2013, Washington, DC: IFPRI.

② George Daniel Lulandala, *Analysis of Factors*, p. 158.

③ Ruth Hall, "Land Grabbing in Southern Africa: The Many Faces of the Investor Rush", *Review of African Political Economy,* 2011, 38(128), pp.193-214; Jane Harrigan, "U-Turns and Full Circles: Two Decades of Agricultural Reform in Malawi 1981-2000", *World Development,* 2003, 31(5), pp. 847-863.

④ P. Hazell, C. Poulton, S. Wiggins, and A. Dorward. "The Future of Small Farms for Poverty Reduction and Growth", 2020 Discussion Paper 42, Washington, DC: IFPRI; World Bank, *World Development Report 2008: Agriculture for Development,* Washington, DC, 2008.

⑤ International Food Policy Research Institute, "China-Africa Agricultural Modernization Cooperation: Situation, Challenges, and the Path Ahead", September 27, 2018, pp. 42-43.

在增加，但其增长率明显低于其他大陆的参照国（见图 4.2），这导致非洲与其他国家之间的生产力和收入差距不断扩大。

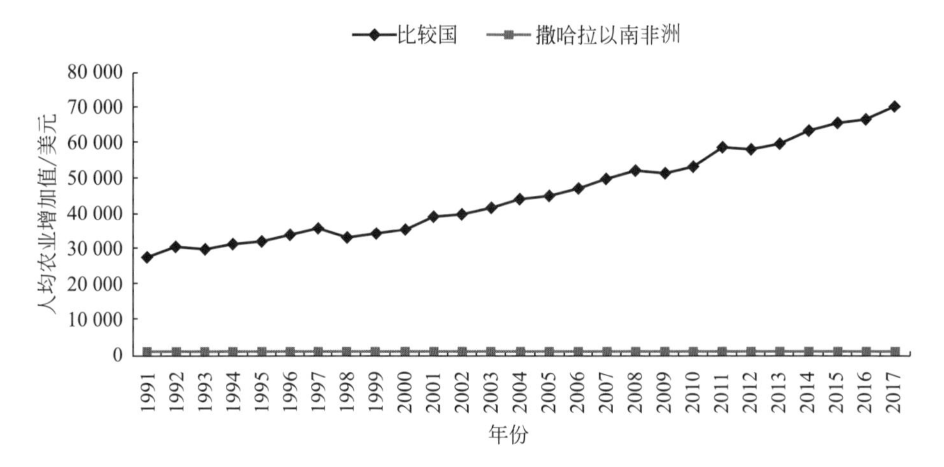

图 4.2　1991—2017 年撒哈拉以南非洲和参照国年人均农业增加值（三年移动平均值）

注：比较国包括巴西、智利、印度尼西亚、马来西亚、韩国、泰国和越南。

数据来源：World Development Indicators。

类似于其他部门，世界银行和国际货币基金组织主导的结构调整计划对 20 世纪 80 年代和 90 年代非洲农业部门的发展产生了巨大影响。这些计划迫使非洲国家尽量减少政府的作用，放宽价格政策，削减基层服务和基础设施投资方面的公共支出，并将国有农场和企业出售。私有化路线并没有取得很好的效果，因为私营部门认为在欠发达市场投资的风险和困难太大。[①] 以前，虽然没有效率，但政府资助的机构和服务仍然可以提供支持来弥补基础设施、技能培训或社会福利方面的缺失。随着这些设置安排被一轮轮的结构调整清除，非洲绝大多数农户变得孤立无援，只能单独面对错综复杂的挑战。尽管一些厂家、生产商组织和非政府组织努力填补空白并接手以前由公共机构履行的职能，但他们的服务取决于外部所提供的

① African Center for Economic Transformation (ACET), “African Transformation Report 2017: Agriculture Powering Africa’s Economic Transformation”, pp. 144-189.

资金，很少能够长期持续。[①]

农业部门乏善可陈的现状迫使非洲国家和西方援助国修改其市场自由化政策。在此后一段时期，政府与市场之间进行了更细致的互动，以应对实际挑战。重新引入政策支持，以克服非价格因素的困难，如及时获得农药化肥、提供技术辅导、市场信息与组织等。[②]世界银行将政府看作市场的支持与补充，并减缓了自由化的进程。[③]然而，由于缺乏公共资金、经济机制，加之农民组织薄弱，非洲农业生产和市场的现代化尚未取得稳定和广泛的进展。[④]

中国在非洲农业领域有长期的参与，可以追溯到20世纪50年代和60年代。与西方援助国不同，中国从不干涉非洲国家的政策决定，而是专注于援助和投资项目。不过，这些基于项目的方法具有明确的政策影响。中非合作论坛行动计划显示，中国主要与非盟2003年通过的“非洲农业综合发展计划”（CAADP）合作，促进非洲农业增长、转型、升级和现代化。[⑤]中非农业合作项目大致可分为两类：官方援助和商业投资。前者应该不考虑商业利益，而后者则以营利为目标。可中国自身的市场化改革经验模糊了这两类之间的界限。中国的成功发展主要依靠培育商业活动和构建有效市场，因此很多中方人员都相信发展与商业之间存在密切联系。但是，他们强调通过实践和项目进行渐进式变革，而不是开市场自由化的政策药方。这种务实方法有什么效果？中方的努力能否为非洲自足小农生产和农业现代化之间的困境提供解决方案？以下几节将探讨中国在非洲农业部门援助和投资的各类实践及其影响。

---

① African Agriculture, “Transformation and Outlook”, *NEPAD*, November 2013.

② T. S. Jayne, and S. Jones, “Food Marketing and Pricing Policy in Eastern and Southern Africa: A Survey”, *World Development,* 1997, 25(9); Jane Harrigan, “U-Turns and Full Circles”, pp. 847-863.

③ “Report on Adjustment Lending II: Policies for the Recovery of Growth”, Document R90-99. Washington DC: World Bank, 1990.

④ African Agriculture, “Transformation and Outlook”, *NEPAD*, November 2013.

⑤ FOCAC action plans 2010-2021. www.focac.org (accessed July 14, 2020) .

4.3 从援助到商业

在中国对非洲的官方援助中，农业援助占了很重要的一部分。据统计，自1960年至2010年的半个世纪中，中国共在非洲援建了约220个农业类项目，约占所有援非的成套项目数量的五分之一。[①] 在20世纪60年代，中国在非洲的农业援助项目多为大型农场和农业技术推广站，至80年代初总共兴建了87个农业项目，耕种面积达4.34万公顷。其中比较有名的有坦桑尼亚的姆巴拉利农场和鲁伏农场、乌干达奇奔巴农场和多禾农场、刚果（布）贡贝农场、扎伊尔恩吉利实验农场、加纳的水稻和棉花农场、马里的甘蔗种植园以及毛里塔尼亚姆颇利农场等。[②] 可是这些项目的运行都没能维持很长时间，不少项目在运营一段时间后都陷入了亏损，渐渐荒废，或是勉强支撑，或是倒闭出卖。[③] 中国研究者后来总结原因，指出当初援助这些农业项目时，"过于强调上档次、上规模，过多考虑示范作用，很少考虑经济效益"。[④] 结果在农场经营中如果受援国政府资金短缺，没有足够投入来维修保养，便难以保证农场长期可持续运转；而技术推广站则规模小、开支大，经济上不能自足；一些农业科研项目更是花费巨大，但见效缓慢，令受援国负担沉重。[⑤] 加之在中方专家离开后，农场管理运营往往会出现变化波动，也可能导致项目失败。

为了增强援助项目的可持续性，中国政府考虑了各种方式让中国技术人员长期留在非洲，在当地扎根，而不是只产生短期的表面效应，从而能

---

① Tang Xiaoyang, Deborah Bräutigam, "China's Engagement in African Agriculture", *China Quarterly*, 2009, 199(10), pp. 686-706; 李嘉莉，《中国对非经济参与发展合作的形态与成效》，中国国际扶贫中心，2010年5月，第2页。

② 郧文聚，《中非合作开发农业的战略选择》，《中国软科学》，1998年第12期，第96页。

③ Mahmud Duwayri, Dat Van Tran, and Van Nguu Nguyen, "REFLECTIONS ON YIELD GAPS IN RICE PRODUCTION: HOW TO NARROW THE GAPS", http://www.fao.org/docrep/003/x6905e/x6905e05.html; 马建华，《乌干达奇奔巴农场重现生机》，《国际经济合作》，1992年第12期。

④ 李嘉莉，《中国对非经济参与发展合作的形态与成效》，中国国际扶贫中心，2010年5月，第6页。

⑤ 薛宏，《中国对非农业发展与经济合作》，中国国际扶贫中心，2010-03-17，第10页。

更深层次地改进受援国的农业生产状况。方法之一是将援助与市场相结合，让企业来运作援助项目。1996 年，时任几内亚总统兰萨纳·孔戴（Lansana Conté）访华时提出请求，希望中国能帮助几内亚发展农业生产，实现粮食自给。[①] 第二年，在国务院的协调下，农业部专门为此成立了非洲农业开发中心，以企业的身份与几内亚农业部农业工程局合资组建了中几农业合作开发公司，又称科巴农场。农业部为项目定下的基本思路是"政府扶持，企业经营；积极慎重，由小到大；平等互利，注重实效；以粮为主，多种经营"。[②] 遵循这一原则，公司开发建设了一个占地约 2 000 公顷的农场，种植高产杂交水稻；并根据市场需要兴办了 1 万套父母代种的鸡场、5 万只商品蛋的鸡舍、年产 5 000 吨的小型饲料加工厂、塑料编织袋厂、大米加工厂、农机修配厂等。[③]

从援外工作的大背景来看，20 世纪 90 年代中期援外改革后，国家大力推行优惠贴息贷款的经援方式并鼓励援助与投资贸易等市场活动相结合。不少农业企业因此谋划利用政策的扶植"走出去"，有的在非洲新建农场，也有的改造振兴以前的援助项目。1994 年中垦集团申请了原外经贸部的多种援外基金，总共借了 60 万美元贷款在赞比亚买下了一座面积为 3 600 公顷的废弃农庄，建起中垦农场。根据当地情况和自身实力，从周期短、回收快的肉鸡项目起步，逐步壮大，只用了三四年就还清了贷款本息。1998 年农场再次获得原外经贸部 150 万美元贷款，扩大了生产规模，到 2010 年已经拥有 1 200 头牛、1 000 余头猪，种植 2 000 公顷玉米和小麦，雇用 7 名中方员工和 260 名当地工人，资产总额超过 350 万美元。农场生产的农副产品占赞比亚首都卢萨卡 20% 的市场份额。[④]

---

① 夏泽胜，《总统关怀下的中几农业合作开发项目》，《中国农发报》，2007-11-08。

② 《到非洲办农场——中几科巴农场访问记》，《人民日报》，1998-01-22，九版。

③ 几内亚世纪高大公司，中国农垦集团总公司网站，2010-11-10，http://www.mofcom.gov.cn/article/i/jyjl/k/201412/20141200815297.shtml（访问日期：2020-07-18）。

④ 《中垦集团：非洲是最理想的农垦区》，中国投资，2007-11-01，http://trade.ec.com.cn/channel/print.shtml?/tradehwtz/201011/1105963_1（访问日期：2020-07-18）；《在非洲开一个农场》，《南方周末》，2010-04-08，http://www.infzm.com/content/43574（访问日期：2020-07-18）。

1996年，中国轻工业对外经济技术合作公司参与了对20世纪六七十年代援建马里的两处甘蔗农场和两座糖厂的改制，与马里政府组建了合资企业。糖厂至2005年时种植面积扩大到5 000公顷，产糖3万多吨，农忙时雇用劳力近万人。[①]2006年糖厂决定建造更大的第三糖厂，并得到了5亿元人民币的优惠贷款支持。[②]

这些早期商业项目相对较小，也没有积极与当地小农户联动。然而，它们的成功帮助中国政府思考如何能向更大范围的非洲农民提供援助并同时探索农业领域的商机。在2006年的北京峰会上，中国承诺在非洲建10个农业技术示范中心，后应非洲国家要求增至14个。在2009年的沙姆沙伊赫会议上又再次增加，总计20个。而到2016年11月在非洲已有25个农业技术示范中心。[③]建设这些示范中心有三个主要目的。一是运用先进技术和机械设备，示范高产作物、良种繁育和各类蔬菜牲畜的生产；二是培训所在国的技术人员和农民，传授实用技术；三是希望中心能长期持续地运转。中国政府只提供项目的建设费用（每家4 000万元人民币）和前三年示范培训等援助活动的资金（每年500万元人民币）。三年过后，如果所在国政府愿意，中方可以继续管理示范中心，但会以实施企业为主体，进行市场化经营，将示范中心建设成能收支平衡甚至盈利的商业性农场。从表4.1中可以看到，有几个国家的示范中心的实施主体是研究院或高校，我曾就此询问过中国农业部的官员，这是否会影响到项目可持续运营的能力。他回答说政府确实有这方面的顾虑，不过因为这些院校的技术能力突出，可以在一定程度上弥补其商业经验的不足。他们不会得到特别照顾，将和其他企业一样学习在市场中生存成长。[④]

---

① 中华人民共和国驻马里共和国大使馆经济商务处，http://ml.mofcom.gov.cn/aarticle/jmxw/200603/20060301709328.html.

② 中华人民共和国驻马里共和国大使馆经济商务处，http://ml.mofcom.gov.cn/aarticle/jmxw/200811/20081105918517.html.

③《我国已在非洲援建25个农业技术示范中心》,《农民日报》，2016-11-23。finance.china.com.cn/roll/20161123/3999008.shtml（访问日期：2020-07-14）。

④ 访谈，农业部合作司官员，北京，2008年9月。

表 4.1 中国在非洲的农业技术示范中心（2006—2017 年）

国家	实施企业	状态	占地面积
莫桑比克	湖北联丰海外农业开发有限公司	运营中	52 公顷
苏丹	山东对外经济技术合作集团公司和山东省农业科学院	运营中	65 公顷
坦桑尼亚	重庆市农科院中一种业有限公司	运营中	62 公顷
埃塞俄比亚	广西八桂农业科技有限公司	运营中	52 公顷
喀麦隆	陕西省农垦集团，后转为陕西海外投资	运营中	100 公顷
多哥	江西华昌基建有限公司	运营中	10 公顷
赞比亚	吉林农业大学	运营中	120 公顷
利比里亚	隆平高科集团	运营中	建筑面积 26 000 平方米
贝宁	中国农业发展集团总公司	运营中	51.6 公顷
南非	中国农业发展集团总公司	运营中	建筑面积 3 000 平方米
乌干达	四川华侨凤凰集团	运营中	建筑面积 3 000 平方米
卢旺达	福建农林大学	运营中	22.6 公顷
刚果（布）	中国热带农业科学院	运营中	59 公顷
津巴布韦	中国农业机械化科学研究院	运营中	109 公顷
安哥拉	新疆北新集团	运营中	54 公顷
马里	江苏紫荆花纺织科技公司	建设中	
刚果（金）	中兴能源	运营中	60 公顷
毛里塔尼亚（农业中心）	牡丹江市燕林庄园科技有限公司	运营中	50 公顷
毛里塔尼亚（畜牧中心）	待定	建设中	
马拉维	中非棉业	运营中	50 公顷
中非	山西国际经济合作公司	建设中	
厄立特里亚	待定	建设中	
科特迪瓦	待定	建设中	

续表

国家	实施企业	状态	占地面积
赤道几内亚	江西赣粮实业有限公司	运营中	无数据
布隆迪	中国电建市政集团	建设中	

信息来源：媒体报道、企业内部报告、在非洲与北京的实地考察与访谈，截至2018年11月。

2011—2018年，我走访了赞比亚、马拉维、莫桑比克、坦桑尼亚、喀麦隆和埃塞俄比亚的农业技术示范中心，研究中国政府设定的三个目标如何得以实现。首先，我看到的示范中心的示范效果与中国政府的预期出入不小。中国专家展示的技术往往并不能在非洲的环境中实施。例如，虽然中国专家自豪地向坦桑尼亚介绍杂交水稻的高产量，但当地一位高级官员对新品种并不感兴趣。她说："（坦桑尼亚）人喜欢吃米饭，但买不起。只能在庆典和圣诞节吃大米……坦桑尼亚人不像中国人那样追求高产量，因为这会导致口味变差。我们希望平衡产量和口味。"① 莫桑比克的示范中心建了一个先进的温室来种植蔬菜以供示范。中心的中方专家表示，所有当地访客都对高水平的设备和技术印象深刻。可一位当地学者却评论，这种示范很难为当地农民带来真正的收益，因为这技术太昂贵、太复杂，他们无法模仿。② 另一份报告引用了莫桑比克一位农民的类似观点："我学到了一些东西，但最终一切都被丢弃了，因为我们没办法实施我们所学到的东西。"③ 当然，莫桑比克的示范中心也进行了调整以适应当地环境。他们看到莫桑比克南部有良好的气候，同时为了避免烦琐的种子认证过程，该中心没有使用杂交水稻，而是用当地的水稻品种进行了种植示范。④

在培训方面，实施过程同样涉及许多意想不到的挑战。坦桑尼亚的示

① 访谈，Sophia Kaduma，坦桑尼亚外交部副常务秘书，2011年9月。

② 访谈，Sergio Chichava，2014年8月。

③ Sergio Chichava et al, "Brazil and China in Mozambican agriculture: Emerging insights from the field", *IDS Bulletin*, 2013, 44(4), pp. 101-115.

④ 访谈，刘厚胜，农业科技示范中心主任，2014年8月。

范中心位于莫罗戈罗地区的达卡瓦，距离达累斯萨拉姆300多千米。中国政府每年提供500万元人民币的培训预算用于支付示范中心的住宿和课程费用，同时认为坦方应该承担往返中心的交通费用。但是，坦桑尼亚政府部门并没有将这部分交通费用纳入预算。结果，其他地区的学员无法来到示范中心，中心只能培训附近地区的农民。由吉林农业大学运营的赞比亚示范中心与赞比亚大学合作，为学生、教师和农技推广员提供培训课程。与赞比亚大学的这种合作关系当然有利中方开始培训工作，但也限制了他们的培训范围。[①] 赞比亚农业部官员表示，他并不太了解示范中心的功能，他强调"要接触农民的话，他们（中心）应该与农业部合作，因为农业部了解农民"[②]，莫桑比克示范中心的当地合作伙伴是科学技术部，农业部没有参与中心的运作和培训。据莫桑比克研究人员透露，各个部门都在争着与中国人合作，因为与中方的联系能使部门得到利益。[③] 可这种权力斗争导致示范中心不能有效接触农民。面对各种财政和行政限制，中方也改变了培训方式。中国政府开始鼓励中方专家到基层田间去，而不是等着农民来中心。据中国农业部的官员介绍，这一转变借鉴了贝宁中心的经验，并在其他国家推广。中方专家将小型发电机带去村庄，一次向数百名农民展示幻灯片，还在田头直接展示各种技术。这种方式也帮助他们用动作示范克服了语言障碍。[④]

第三个目标是通过市场机制保证示范中心可持续运行。由于第一批示范中心至今只运行了数年，评估其可持续性还为时过早。不过，当前的进展表明，这一目标并不容易实现。坦桑尼亚和喀麦隆的示范中心位于偏远地区，中方管理者未能找到良好的商机。在埃塞俄比亚，当地法律禁止外国援助项目开展任何商业活动，从而使该中心无法实施其最初的商业计划。

---

① 另参见 Deborah Bräutigam, *Will Africa Feed China?*, Oxford: Oxford University Press 2015, p. 163.

② 访谈，Malumo Nawa，赞比亚农业部首席田间作物农学家，2013年8月。

③ 访谈，Sergio Chichava，莫桑比克马普托，2014年8月。

④ 访谈，秦路，中国农业部国际合作中心主任，2013年3月。

相比之下，马拉维的示范中心实现可持续商业运营有较好的前景。中非棉业不仅利用示范中心培训自己的合约农户，还为其他农民和农技人员提供培训，以履行企业的社会责任。此外，中非棉业计划依托示范中心的实验室设施培育各类新种子。种子开发不仅限于棉花，也包括粮食作物和蔬菜种子，并能将公司业务扩展到育种出售。[①] 培训和示范活动对中非棉业的运营和发展具有重要的战略意义，公司也因此会继续向示范中心投资。这样商业和援助的双赢结合无疑是中国政府期望农业技术示范中心所能达到的效果，但现实中能够实现这些目标的寥寥无几。没有充足的资金、理想的区位、优惠的政策，大多数企业发现很难利用示范中心开展盈利的业务。

尽管如此，农业技术示范中心通过与别的中国投资者的合作产生了其他效益。湖北联丰公司 2007 年来到莫桑比克建立水稻农场，一年后受委托建设示范中心。囿于资金紧张和企业战略，公司无法扩大投资。不过，这个试验项目引起了国家开发银行湖北分行的注意。该分行撰写了一篇关于莫桑比克巨大农业潜力的报告，并吸引了一批湖北的投资者调研莫桑比克农业部门。截至 2014 年，有万宝、禾丰、鱼米乡三家公司决定在该国投资。莫桑比克的示范中心帮助这些企业调查市场并进行先期投资准备，这使该中心受到中国政府的表彰，2014 年被中国商务部和农业部评为非洲已有的 15 个农业技术示范中心的第一名。[②] 商务部还因此提出了一项新要求，号召所有中心都成为促进中国在非洲农业领域投资的平台。坦桑尼亚、喀麦隆和赞比亚的示范中心也通过开展培训或种植合作，为在各自国家的中国投资企业提供了帮助。

50 多年来农业援非的形态变迁耐人寻味，从不计成本的“纪念碑式”工程到近年来强调盈利和可持续运营，援助与商业似乎越走越近。如上所述，这些转变一方面源于援助本身的要求，以往的经验证明援助项目要长期生存、要产生显著效果，就必须遵循经济规律，与市场经营紧密结合；

---

① 访谈，牟振刚，农业技术示范中心主任，马拉维塞利玛，2016 年 8 月。
② 《湖北农垦“走出去”发展纪略》，《湖北日报》，2014-01-19。

另一方面，援助方式的进化也与中国自身对市场经济认识的不断深入相对应，从早期对市场的排斥，到改革后市场观念的逐渐形成和市场运作的成熟完善，直至近年来经营活动日趋国际化、多样化和综合化，中国社会快速的转变深刻地影响了援助方式。这些市场化的改革正朝着实现生产力持续增长的目标努力。除援助外，相当多的中国企业也直接投资于非洲的农业部门。那么纯粹的商业项目是否能取得更好的效果呢？

4.4 面朝土地的企业家

正如农业援非历史的艰辛曲折，中国农业企业在非洲开拓的历程也远非一帆风顺。中国驻坦桑尼亚的一位经济参赞曾说过“农业的风险很大，很难做到‘双赢’”。[①] 除了非洲农村地区的困难条件外，农业投资往往回报期长，利润率有限，易受气候、政策等不确定因素影响大。所以大多数投资者视其为畏途。中国驻非企业中从事农业的也属少数。在中国对非洲直接投资存量中，农林牧渔业仅占总额的 2.5%。[②] 大量关于中国在非洲投资农业和抢占土地的媒体报道被证明是虚假的。[③]

中国农垦集团公司是较早在非洲农业部门投资的先头企业。自 20 世纪 90 年代以来，它在赞比亚、坦桑尼亚、几内亚、马里、毛里塔尼亚等国创建了一些农业项目。[④] 由于非洲地广人稀，购买力又不高，所以经营时要特别注意控制规模，避免轻率投资于高价设备。[⑤] 在赞比亚的中垦农场创办之初，经营者王驰、李莉夫妇俩只带了 200 只鸡苗，还没有鸡舍，就放在卧室里哺育。后来随着生产销售的逐步增长才架设了电线，修建了

---

① Deborah Bräutigam and Tang Xiaoyang,“Chinese agricultural and rural engagement in Tanzania and Ethiopia”, (unpublished report), IFPRI, 2011 Dec.

② 《中国与非洲的经贸合作 2013》，国务院新闻办公室，2013-08-29。

③ Deborah Bräutigam, *Will Africa Feed China?* Oxford: Oxford University Press, 2015, pp. 76-80.

④ Deborah Bräutigam and Tang Xiaoyang “China’s Engagement in African Agriculture”, *The China Quarterly*, 2009,199, pp. 686-706.

⑤ 《“中垦集团：非洲是最理想的农垦区》，中国投资。

大型现代化的养鸡场，并进口了众多农具。[①]

与此类似，在坦桑尼亚的中垦农场，中方人员在一片荆棘丛林中整出一片空地，自己动手用砖瓦垒起一幢平房，五六个经理不分级别，吃住都在同一屋顶下。几位经理还在住处后面开辟了一块菜地，养些鸡，以省下去远处市集购买食物的人工与费用。在城市里，一个有上千名雇员的企业老总通常都不必为基本的生活需要忙碌，通过市场能够方便买到各种物质和服务；但在尚待开垦的荒野上，市场供应稀少，拓荒的企业家不仅要关注专业的现代化生产活动，还不得不延续传统的自给自足的生活方式。

随着中国与非洲经贸联系的加强，中国在非洲农业项目的投资额也随之增加。4.3 节提及湖北联丰公司由于缺乏资金而无法扩展其在莫桑比克的试验农场。2012 年，年营收达 20 亿元的湖北省万宝粮油公司决定收购位于赛赛地区的联丰农场，并投资扩建。看到莫桑比克每年进口数十万吨大米，万宝对在该国种植水稻的前景充满信心。三年内，万宝耗资高达 8 亿元人民币（超过 1.2 亿美元）开垦了超过 1 万公顷的土地，并建设仓储和加工设施。[②] 他们计划最终将种植面积扩大到 2 万公顷，并让当地的合约农户在另外 10 万公顷的土地上种植水稻。[③]2013 年，中非发展基金签署协议加盟该项目，占 49% 的股份，这进一步改善了公司的财务状况。

作为其商业计划的重要组成部分，万宝设计了与当地农民开展合作的三个步骤。首先，他们启动了培训计划，教当地农民如何种植水稻。完成培训的农民将成为合约农户，耕种总计 10 万公顷的稻田。其次，经过两年培训后，部分农户将成为“示范农户”，自主管理自己的土地。每个示范农户将获得 4 ~ 5 公顷的土地种植水稻。他们需要自己投资种子、工具、

---

① 《耕耘异乡收获希望 赞比亚华人农场经营者的故事》，新华网，2006-10-18，http://news.xinhuanet.com/world/2006-10/18/content_5218584.htm（访问日期：2020-07-14）。

② 《襄阳万宝粮油公司莫桑比克农业开发项目获批》，襄阳市商务局，2012-04-23，http://www.mofcom.gov.cn/aarticle/resume/n/201204/20120408084422.html（访问日期：2020-07-14）。

③ 《万宝公司海外种地 打造莫桑比克最大农场》，农村网，2014-06-20，http://www.nongcun5.com/news/20140620/31420.html（访问日期：2020-07-14）。

除草剂和劳动力。万宝计划给他们一笔贷款，大约是投资金额的 50%，他们需要从当地银行贷款补上另 50%。最后，万宝欢迎当地个体农民和企业成为合约农户，供应稻谷。万宝愿意为合约农户提供种子、技术和机械服务。为表示支持，（赛赛地区所在的）加沙省长的夫人成了当地合约农户之一，开始种植并向万宝供应大米。

为支持合作计划，万宝还在打造完整的机械和技术服务体系。他们对所有提供的服务收取费用，万宝服务的标价还高于莫桑比克现有的由当地政府提供的服务。万宝国家经理罗浩平对现有系统的评价是“虽然收费不高，但服务不好”。由于当地政府无法保证设备的维护和维修，农民无法获得足够的技术支持，导致土地产量很低，这就形成了恶性循环。与此不同，罗浩平谈到了万宝的愿景：“我们收取更高的费用，以启动一个良性循环。同样，我们以更高的价格出售我们的种子。只有当我们盈利时，我们才会投资。关键是要提高农民的收入和产量。”①

可是，预想中高投入、高产出的水稻生产良性循环没有成为现实。首先，林波波河上游连续两年的洪水摧毁了农场。万宝在 2012 年一无所获，2013 年种植的 8 800 公顷土地也只从洪水中挽救了 1 800 公顷。合约农户也遭受严重打击，2012 年入选辅导计划的 25 户当地家庭都受到洪水冲击，颗粒无收。2013 年，68 户家庭入选在 70 公顷的土地上种植水稻，虽然他们没有失去全部收成，但缺乏沟通和信息导致这些农户负债累累。例如，受训农户将粮食卖给万宝后，因为当年提供的培训和服务被计入年费总额，而农户并不知道，反倒成了净亏损。② 当地贷款机构农业发展基金（Fundo Desenvolvemento Agricole）担心万宝无力支持受训农户，也不愿向农户提供贷款。最终，只有少数入选农户和合作伙伴，在项目的前两年获得了利润。由于自然灾害、知识匮乏、资金拮据等因素，大多数农户，特别是受教育程度较低和经济脆弱的农户，在与万宝的合作中亏损。这种不快的经

---

① 访谈，罗浩平，莫桑比克赛赛，2014 年 8 月。
② 访谈，Sergio Chichava，莫桑比克马普托，2014 年 8 月。

历使他们拒绝继续试验。

就连万宝企业本身也陷入了恶性循环。第二次洪水过后，该公司被迫在广阔的试验田周围建起一堵长墙，以保护稻田。由于莫桑比克缺乏基础设施和材料供应，万宝必须操心大米生产供应链上的诸多事项，不仅需要开垦土地和种植水稻，还需要修建仓库和加盖工厂。为了建造这些设施，他们又建了一家小型钢铁厂和一家砖厂，以及可容纳数百名中方和当地工人的新宿舍。赛赛地区有三个加工区都正在建设中。罗浩平说："万宝被拖上一条很长的供应链。一切都需要我们自己完成。这需要巨大的投资。"① 最终，沉重的财务负担迫使万宝在2015年停止了进一步的投资，而它在中国也面临数起债务诉讼。2015年9月，中非发展基金不得不接管该项目的管理。作为股权投资者，中非基金并不擅长农业经营。截至2017年4月，中非基金管理层只是设法维持赛赛项目的基本运行，同时等待新的投资者来重启项目。②

莫桑比克农业技术示范中心的主任观察了联丰和万宝管理赛赛项目的详细过程。他认为，企业在投资前已经做了大量的可行性研究和准备，但农业项目的风险依然很大。"农业经营中不可能没有自然灾害或其他无法预测的事件……工业生产中的风险是可控的，但在农业生产中是不可控的。"③ 万宝的案例表明，"高投入—高产出"的商业模式在普遍存在贫困脆弱、生产低效和发展缓慢恶性循环的非洲农村地区尚难奏效。

现实中，中国农业项目的生存往往取决于管理者的毅力，而不是商业算计。2005年，赞比亚中垦农场的经理王驰不幸遭遇车祸去世，遗孀李莉独自承担起管理农场的重任。她每天工作18个小时，经历过车祸、劫匪、火灾等危险。她承认，许多人曾问过她为什么在非洲一待就是20年，是否值得，她自己也经常思考这个问题。但她没有给出明确的回答，只是说：

---

① 访谈，罗浩平，莫桑比克赛赛，2014年8月。

② 《关于万宝莫桑农业园项目的情况介绍》，四川农业大学，2017-04-01，http://jdxy.sicau.edu.cn/info/1076/6086.htm（访问日期：2020-07-14）。

③ 访谈，刘厚胜，莫桑比克农业技术示范中心主任，2014-08。

“我真的无怨无悔！我所有的日子，无论发生什么事，真的，我都无怨无悔。所有的日子我都觉得过得非常充实，包括比较艰苦的日子。”[①] 同样，坦桑尼亚剑麻农场能够生存同样靠的是一批农垦人的执着。已年近六旬的前总经理贾清泉，回国后仍念念不忘他所为之奋斗多年的农垦事业，感慨道：“非洲的土地太可爱了，我见到未开垦的肥沃土地就‘垂涎三尺’，我喜欢开荒种地。”[②] 贾经理回忆，在2002年银行停止发放贷款后，为了将有限的资金集中用于项目，农场有5年多时间拖欠了中方管理人员的工资，总额超过10万美元。这些经理们尽管自己经济上受到损失，可为了剑麻项目能成功，他们依然勤恳工作，终于使农场进入了收获季节，在当地站稳了脚跟。[③]

这些早期项目的坎坷经历表明，中国企业总体上尚未找到投资非洲农业部门的有效路径。与援助类似，中国投资者一直通过渐进和试验的方式在这个领域寻找合适的模式。无论是援助还是投资，中国政府和企业都不断强调市场的作用，推动商业可持续的项目。[④] 我们可以看到，实用主义继续在农业领域指导中国的活动，虽然挑战更多，成功较少。中方人员不仅根据非洲的实际情况调整自己的做法，还借鉴了非洲和其他国家的商业模式。中非棉业案例中提到，中国国内种植棉花从未使用过合约农户模式，中国公司是从当地市场实践中学习并完善了自己的合约农户计划。因为环境条件严峻，投资农业的外国企业需要很陡峭的学习曲线。从发展的角度来看，农村向市场经济和现代生产的转变需要大量依旧保持传统生活生产方式的人们开展广泛的变革，仅靠少数外国投资者很难完成必要的转型。

在中国自身发展的过程中，农业和农村很长一段时间内也是改革者

---

① 《感动非洲的李莉》，中国农业发展集团有限公司网站，2012-05-17，www.cnadc.com.cn/xwdt/2012/5/6905dnov25.htm（访问日期：2012-05-24）。

② 贾清泉，《八一农大毕业三十周年有感》，网易博客，2009-08-20，http://nj1976j.blog.163.com/blog/static/173876374200972205844103/（访问日期：2020-07-18）。

③ 同上。

④ 认为中国对非的农业投资是由政府赞助的，以掠夺土地并将粮食作物运回中国为目标是没有根据的无稽之谈。见 Bräutigam，*Will Africa Feed China*，第151-158页。

所面临的头号挑战。诚然，中国的市场化改革在20世纪70年代后期始于农村地区，直至1984年农业都取得了迅猛发展。但80年代中期后，农业部门势头减缓，在接下来的20年里，平均每年仅增长2% ~ 4%，而工业和信息化部门则年均增长超过11%（见图4.3）。随着工业的蓬勃发展，数以百万计的农民离开土地，涌入城镇。即使在农村地区，主角也不再是农民，而是从事农产品加工和初级制造业的乡镇企业。这些企业飞速成长，为农村人口创造了无数的就业机会，扩大了农产品市场。此外，他们为专业化种植创造了条件，去工厂和城市工作的人们将土地租赁给专业农户，从而使土地整合在一起，可以逐步实施机械化大规模农业，提高农业生产力。这一过程符合发展经济学的一个基本模型，即低生产率自给自足农业的解决手段不来自农业部门本身，而来自从农业到工业化和城市化的全面转型。①

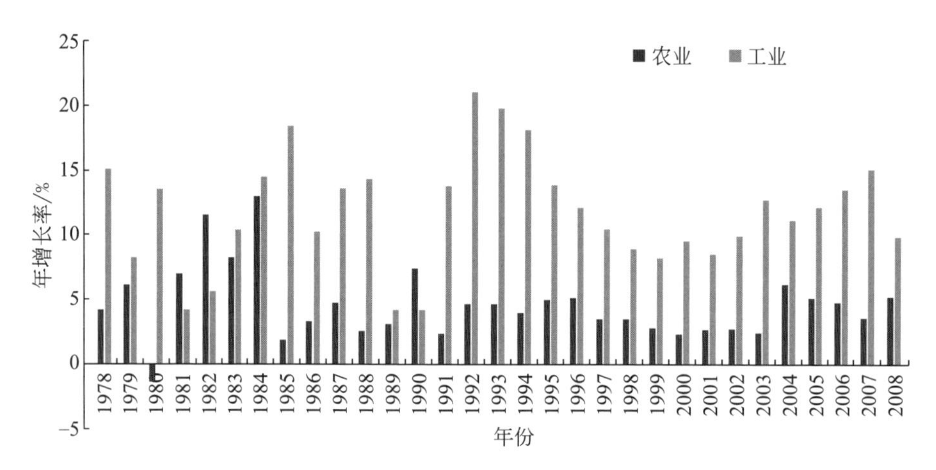

图4.3　1978—2008年中国农业和工业增加值（年增长率）

数据来源：世界银行。

在实践中，中国和非洲的决策者们越来越重视双边农业领域的跨部门合作。《中非合作论坛——沙姆沙伊赫行动计划（2010—2012年）》仅涉及“增长导向型农业议程”，其中包括粮食生产、技术转让、农产品加工和储存

① Shenggen Fan et al., *From Subsistence to Profit*, p. 3.

等方面的合作。九年后，《中非合作论坛——北京行动计划（2019—2021年）》对非洲农业现代化有了更全面的愿景。中国承诺“帮助非洲推动农业升级，改善农业基础设施，提高农业产量和农产品附加值，提升粮食安全保障能力，调试农业机械适应非洲本土情况，培育有售后服务保障能力的非洲经销商，支持非洲乡镇产业发展，促进包容性增长和共同繁荣”。新文件既融合了中国自身农村转型的经验，又借鉴了以往非洲农业项目的经验教训，明确指出建立有效的市场机制和工业化是农业发展的重点合作方向。因此，随后几章将探讨中国在非洲工业部门的合作，以深入了解各个部门间的共同进化以及结构转型的趋势。

第 5 章
制造业

5.1　原野上的新灯塔

距离埃塞俄比亚首都亚的斯亚贝巴 30 多千米的杜卡姆镇附近有一片新兴的工业园区。平整开阔的土地上六排黄绿相间的标准厂房一字排开，在四周大片农田的围绕中十分引人注目。这个由中国企业开发运营的东方工业园已经在埃塞俄比亚小有名气。2012 年 6 月，当我走访东方工业园时，看到工业园的大门外时常排起长队，许多年轻人趴在栏杆上，踮着脚伸长脖子往园中探望，焦急的神情中带着强烈的期盼和向往。他们都是读了招工广告后前来应聘的，其中既有来自工业区方圆 10 千米内村镇的居民，也有从 30 几千米外的亚的斯亚贝巴专程赶来的求职者，甚至有来自数百千米外的偏远地区，想在首都周围寻找机会的应届毕业生。他们的目标都是同一家公司，一家来自广东东莞的制鞋企业——华坚集团。

2011 年 11 月，华坚刚刚决定在当地投资建厂，他们不仅租下了东方工业园中的一整排厂房，更挑选了近百名埃塞俄比亚员工送其前往在中国的工厂进行为期两个月的培训。如此大规模的一次性海外培训项目不但在埃塞俄比亚的中资企业中绝无仅有，而且在整个非洲的外资制造类企业中也鲜见类似的例子。华坚工厂也因此引起了当地媒体、中国媒体，乃至美国商业周刊、英国 BBC 等西方新闻机构的广泛关注和报道。

仅过了半年时间，华坚的厂房内已是人头攒动，机器轰鸣。当时负责此项目的华坚集团副总裁海宇女士只不过 30 来岁，曾在英国和瑞士学习工作了十几年，获得了四个硕士学位，并成为一家瑞士银行的副总裁和首席精算师。但她在 2011 年决定接受华坚的邀约来到埃塞俄比亚，担起建设集团第一家海外工厂的重任。她说起华坚到埃塞俄比亚投资缘自 2011 年 8 月埃塞俄比亚总理梅莱斯访华时，会见了华坚集团的总裁张华荣并邀请他前往埃塞俄比亚考察投资。一个月后华坚的高管们便应邀前来，在了解投资环境后，觉得非常满意。一是因为当地劳动力价格极其便宜，只有中国沿海地区水平的十分之一；二是因为埃塞俄比亚存栏的牲畜数量据称为非洲最多，有充足的皮革供应，能保证制鞋企业的原材料；三是埃塞俄比亚政局稳定，政府又积极推行市场经济改革。于是在 2011 年 10 月，华坚的董事会通过了投资决定。随后，企业紧锣密鼓地安排开工事宜。凭借当地政府的大力支持和东方工业园现有的设施，仅用了 3 个月时间便完成了注册登记、厂房建设、机器安装、招工、赴华培训等一系列环节，在 2012 年 1 月 5 日正式开始试生产。外国投资能如此迅速建厂投产，在当地又造成了不小的轰动效应。[①]

不过，通向成功的道路注定不会轻松。尤其在埃塞俄比亚这个工业基础薄弱、经济水平落后的国家，要保证一家大型工厂正常运转需要顾及方方面面的细节。比如，我在华坚时看到，工厂需要进口几乎所有生产用的机器设备和大部分原材料。按埃塞俄比亚政府的政策，所有进口可以免除关税，可是在实际执行中，当地海关工作人员不清楚如何操作，还是要征进口税。于是，海宇前往海关总局，找出海关的组织结构图，并用了 6 个多小时逐一与相关人员沟通，最后终于厘清了过程，解决了问题。还有一次，中资企业间都传闻埃塞俄比亚禁止外企回寄利润。为了搞清这一关键性问题，她详细询问了所有关联的主管机构，并逐词逐句分析法规，确认只要所有文件齐全，利润汇出是没有限制的。不仅与政府打交道费时费力，而且后勤供应也问题层出。大至水电供应，小至淋浴花洒的数量，都会对工厂的生产和员工的效率造成不小的影响。海宇感叹道，在埃塞俄比亚建厂一定要做好所有的烦琐工作，只有与各方深入沟通，了解各方面的细节，才能确保计划顺利执行。

第二天清晨，我早早来到工厂，近距离跟踪观察生产线上两国工人一天的生活。七点半不到，大批的当地工人开始涌进工业园的大门，门外还聚集着数量同样众多的另一大群人，他们是来等待招工的求职者。可以明显感到，等在门外的人们眼神中带着羡慕，而走进门内的人们脸上带着几

① 访谈，海宇，埃塞俄比亚的斯亚贝巴，2012 年 7 月。

分得意。七点四十分，尽管天上飘着蒙蒙细雨，全体中埃员工身穿制服，随着《运动员进行曲》踏步列队而出，在厂房前的空地上集合早操。我粗略估算了一下，有 800 多名埃塞俄比亚工人和 200 多名中国人，除了一小部分管理人员外，其他都是 20 岁上下的青年男女。在几轮队列操练之后，主管生产的叶协理简短总结了上周的生产情况，并向表现优秀的班组颁发了锦旗并宣布了奖金。

将近八点，全体工人已经各就各位，流水线上方一排排的荧光灯把每个工位照得通明，成型线上的大型机械缓缓启动，发出低沉的轰响，身着黑衣的生产线主管背负双手，站在各自的生产线前，做开工前最后的检视。随着一声清脆的哨音，厂房内顿时沸腾起来，切割、削皮、缝纫、成型、包装等各组队伍各司其职，井然有序。每个生产组有 15 ~ 25 名工人，这些员工之间又有清晰的分工和紧密的合作。比如在缝纫组中穿绿衣的普通工人或准备面料，或踩针车缝线，或用小锤敲边；穿黄衣的质检员坐在最后，清点数量，查校质量；穿红衣的小组长则跑前跑后，督促解疑，并负责将待加工的面料领来和将加工完的面料送到下一道工序。

在一组之中，总会有 3 ~ 5 名中国工人，与埃塞俄比亚的同事并肩工作，担负相似的任务。其中一位工人告诉我，刚投产时中国工人的比例更高，厂里总共有 300 多名中国人。通过半年的示范和磨合，埃塞俄比亚工人的技能已大有提高。现在剩下的约 200 名中方工人主要安排在技术要求较高的针车和机械操作等岗位，以确保进度和质量。他估计，再过几个月，会有更多的中国工人被当地人顶替。本地化不仅在生产岗位迅速展开，而且也在管理层启动。目前每组都会有两名组长，一个中国人和一个埃塞俄比亚人。虽然中方组长仍然起主导作用，但当地的见习组长在非常认真地学习。我见到一个穿红制服的埃塞俄比亚姑娘整个上午没落座，站在不同的工位边，弯着腰帮助组员。我上前问她：“你不累吗，为什么不坐？”她抬起头，用仍带着几分稚气的大眼睛看着我，一边继续着手上的工作，一边回答：“因为我是组长。”

中午休息时，我抓住机会和几位当地工人聊了起来。他们都是刚毕业不久的学生，不少还是大学本科生，也有大专生。在学校里他们曾学习生物、地理、新闻、建筑、会计等专业，可毕业后却发现难以找到工作。[①]现在，他们都开始从头学习做鞋。他们中有一小部分曾去中国受训，但更多的是在生产实践中学习。他们发现公司并未对高学历的员工给予特殊优待，在生产线上，只要表现出色、服从纪律、愿意多工作就可能会被提拔为组长。不过，做组长以后他们的责任就更重了，除了监督生产外，还要参加额外的培训。周一至周六，他们和中方的主管们一同住在公司的宿舍。每天早上七点，所有中埃管理人员要跑步30分钟到工厂上班，这令以中长跑著称于世的埃塞俄比亚人也抱怨辛苦。但他们对每周两次的中文课程却很感兴趣。一位女孩说，她以前对中国一无所知，但现在非常盼望能在不久的将来去中国。

正说话间，听到厂房里隐约传来口令声，工人们匆忙告辞，我也随他们回到车间。生产线前各个小组正在整队集合，有几位埃方的见习组长已经能用汉语指挥队列，“一二一，一二一”“向左转”“向右看齐”。待队伍站定后，中方或埃方的组长对全组成员总结上午的工作情况，指出需要改进的方面。成型组的一位中方主管告诉我，别看制鞋是传统行业，其实生产过程比制造计算机还要复杂。因为计算机的生产线已经完全机械化、自动化了，可做鞋还需要许多手工操作。生产鞋的过程中永远会有问题，例如胶水的数量是否得当，皮鞋怎样摆放能使流水线更有效率，机器的温度要根据面料和底料适当调节，等等。所以，华坚的工厂每天要开两三次小组会，及时总结。他指着正在向全组讲话的一位埃塞俄比亚小伙子对我说：“这是我徒弟，很聪明，学得挺快。”

我注意到在车间醒目的位置挂着一块大牌子，上面列着当日所有生产小组的计划产量，下方空白处则可填入每小时的实际产量。每隔一小时，物流部门的统计员就会写上最新的统计结果。在休息间隙，组长们和

① 据官方抽样调查，2009—2011年亚的斯亚贝巴地区的失业率达25%以上，15~29岁的年轻人中失业率更高（埃塞俄比亚中央统计局2011年城市就业失业调查的主要结果）。

一些普通员工会走到牌子前，看看自己小组完成的计划量，也和其他小组作比较。领先的小组自然喜笑颜开，落后的小组则急忙回去找问题，加紧追赶。

生产线上的埃方员工每月基本工资仅有 600 比尔（约 35 美元），所以任何额外的收入对他们都有相当的吸引力。除了生产表现突出者能多拿奖金外，没有迟到缺席也能得到全勤奖，晚上或周日加班还有加班费。当然，即使加上这些所得，员工的经济收入在当地依然算不上很好。华坚也清楚这方面的局限，海宇坦陈，埃塞俄比亚工厂的运营尚未实现收支平衡，从财务角度考虑难以立刻增加工资。但她强调在企业开始阶段必然会相对艰苦，大家应该有耐心，要着眼长远发展。

晚上七点半，中埃工人们仍在车间内加班，埃塞俄比亚的见习小组长们则在食堂里跟着老师一字一句学中文，我独自走出了工厂大门。从车上回头远眺工业园，四周已是漆黑夜色，唯有华坚的厂房灯火通明，继续不知疲倦地运转。在这片古老宁静的大地上，它仿佛一座灯塔，标示着现代化和工业化在非洲的最新足迹。然而，这究竟只是荒原上一堆孤立的篝火，还是将引领千舟万舸的先锋哨？中国工厂来到非洲将对当地的长远发展产生怎样的影响？本章以下各节将全面回顾中资企业在非洲制造业领域的活动轨迹，分析最新的变化趋势。

5.2　崎岖的制造业之路

在过去的半个世纪中，非洲大陆的制造业发展走过了一条不平坦的道路。20 世纪六七十年代，许多刚独立的国家在摆脱了殖民宗主国统治后不约而同地扶植本土制造工厂，尤其是制造日用消费品的工厂，以减少历史造成的对进口商品的依赖，同时也希望以这些工厂为基础，逐步推进全社会的工业化和现代化。然而，这种“进口替代”的政策仅在初期短暂地刺激了制造业的高速增长（见图 5.1）。受到扶持的工厂普遍效率不高，缺乏竞争力。而为这些工厂购置设备和进口配套的能源及材料供应耗费了大量宝贵的外汇，加之石油危机的冲击，不少非洲国家都陷入了外债高筑的窘境，原先的工业模式难以为继。①

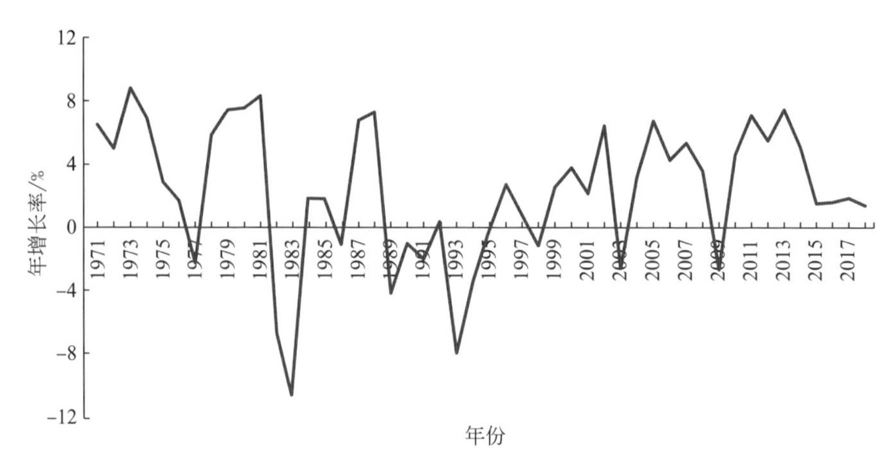

图 5.1 撒哈拉以南非洲制造业附加值年增长率（1971—2018 年）

数据来源：World Development Indicators。

此后，西方援助国促使非洲国家推行“结构调整”，取消对本国制造业的保护和补贴，将国有企业私有化并放开市场，希望通过市场自身，优胜劣汰，培养出真正有竞争力的企业。可事与愿违，在 20 世纪 80 年代和 90 年代，除了毛里求斯、莱索托、斯威士兰等少数国家外，非洲制造业总体停滞不前，甚至出现了衰退。按世界银行统计，撒哈拉以南非洲地区的制造业附加值占其 GDP 的比例在 1982 年为 16.53%，但到 2000 年则仅为 12.62%（见图 5.2）。研究者指出，市场自由化后来自其他地区的激烈竞争与本国政府支持措施的同时减少对非洲制造业造成了双重负面打击，进一步削弱了当地的工业基础。②

在 21 世纪，非洲国家重新规划了工业化的路径。实现经济多元化，通过出口加工增加外汇收入，改变严重依赖初级农产品和矿产的出口结构成为发展制造业的主要目标。然而，这些新战略和新行动的效果仍有待检

① “Economic Development Report in Africa Report 2011”, UNIDO & UNCTAD, pp. 10-11.

② “Economic Development Report in Africa Report 2011”, UNIDO & UNCTAD, pp. 2,12.

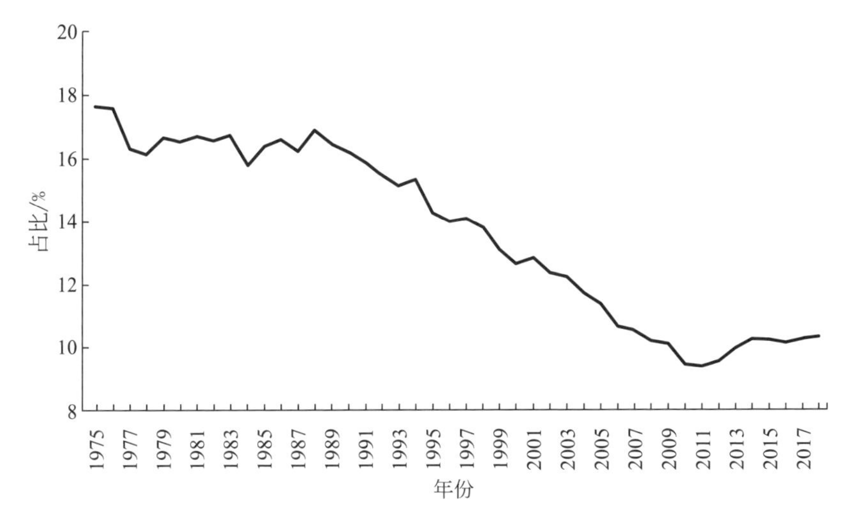

图 5.2　撒哈拉以南非洲制造业附加值占其国内生产总值百分比（1975—2018 年）

数据来源：World Development Indicators。

验。虽在过去十年中的大多数年份非洲制造业的绝对产值保持增长，但增速缓慢，导致其在 GDP 中的比例在 2011 年前反而下降（见图 5.2）。与其他地区的横向比较，更可以看出其在世界范围内的落后。2000 年撒哈拉以南非洲在全球发展中国家的制造业产值中占 4%，到了 2010 年则只有 2%，2017 年才反弹到 3%；与之相对，中国所占比例从 2000 年的 34% 飙升到 2010 年的 47% 和 2017 年的 58%（见图 5.3）。

早在 20 世纪六七十年代，顺应非洲政府发展民族工业、替代进口的要求，中国就开始向非洲国家提供制造业方面的援助。截至 1987 年，中国共为几内亚、马里、索马里、坦桑尼亚、乌干达、卢旺达、扎伊尔、毛里塔尼亚、马达加斯加、埃塞俄比亚、尼日尔、塞拉利昂等国建设了香烟火柴、农具化肥、砖瓦家具、服装皮革以及农产品加工等五六十个工厂项目。而其中最多的则当属纺织厂，共在 13 个非洲国家援助了此类项目。[①] 这既是因为中国自身的纺织业发展较早，技术较成熟，也因为纺织是各国普遍需要的基本工业产品。

---

① W. Bartke, *The Economic Aid of the PR China to Developing and Socialist Countries*, 2nd ed., Munich: K. G. Saur, 1989, pp. 25-28.

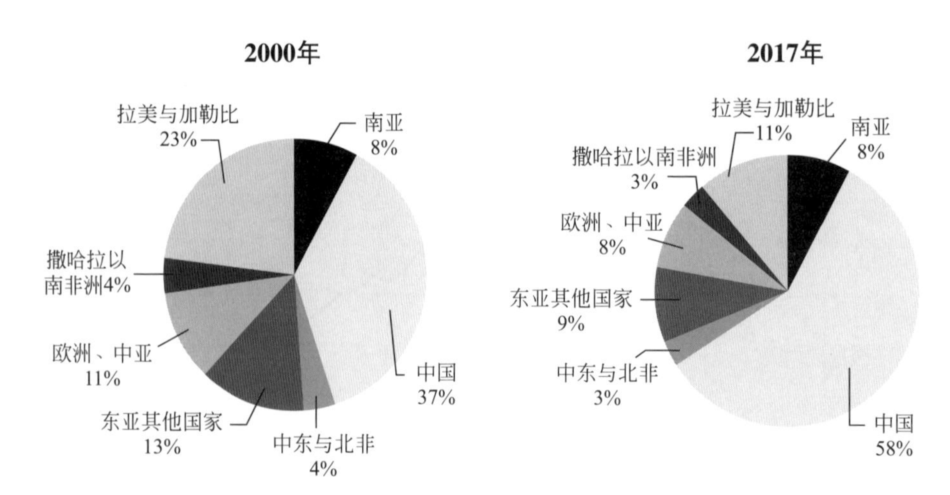

图 5.3 发展中国家制造业附加值比较（2000—2017 年）

数据来源：World Development Indicators。

可是，在非洲整体制造业停滞不前的大背景下，当时中方援助的工厂项目表现也普遍乏善可陈。最初，中国政府着重建设“交钥匙工程”，要求在工厂建成后能尽快完成技术培训，将工厂的运转和管理完全转交给非洲当地员工，受援国只需“收钥匙”即可开始生产。[①] 但结果往往是在中方人员撤走后不久，工厂的管理便松懈下来，或有当地官员大肆索取产品作为礼物，或有员工邻人任意窃取设备物资。[②] 即使有工厂能勉强维持，也由于水电供应不稳、机器老化失修而亏损严重。

1987 年中国外贸体制改革开始后，中国政府重新审视了这些效果不佳的传统援助方式，并尝试新的援助模式来提高项目的成功率。一种方式是采用承包与技术合作等方式为在非洲的制造业项目提供必要的技术支持和管理人才。例如援建的贝宁纺织工业公司（SITEX）于 1987 年正式投产后，中国纺织对外公司先后与其开展了 8 年管理承包和 6 年技术合作。在埃塞俄比亚，来自无锡、唐山和大连的纺织企业于 1999 年分别与当地的

① 石林，《当代中国的对外经济合作》，北京：中国社会科学出版社，1989 年，第 42 页。

② Deborah Bräutigam, *The Dragon's Gift*, pp.195-196.

哈瓦萨、孔博尔查与阿达马纺织厂签署了为期5年的管理承包协议。[①]另一种方式是随着非洲国家私有化的潮流实行改制合资。1995年，时任国务院副总理的朱镕基访问坦桑尼亚和赞比亚时，提议将中方企业引入以前的援助项目进行合资，来挽救这些奄奄一息的工厂。通过协商，常州纺织工业局参股坦桑尼亚的友谊纺织厂成立合资企业，青岛纺织总公司则接手组建与赞比亚合资的穆隆古希纺织公司。

参与合作的这些中国企业刚在国内经历了市场经济的启蒙运动，它们希望能把新的经验和模式带到非洲，也同时利用合作机会打开国际市场。可是，在合作试验中不少企业发现实际情况大大出乎他们的料想。一位曾参加了孔博尔查纺织厂管理合作项目的经理举了个例子：埃塞俄比亚政府鼓励企业多出口以换取外汇，即使这样会导致企业亏损。中方管理者于是询问埃方业主即当地政府是要利润还是要出口，埃方官员思考了一番后最终还是选择要出口。中方虽然尊重了他们的选择，但在五年承包期满后便不愿再延长合作，因为他们作为企业必须以利润为先。合作伙伴的利益无法一致，这样的合作“不能令双方都得益”，他说道。[②]

合资项目也遭遇了巨大的挑战。友谊纺织厂的总经理吴彬向我介绍，1997年合资企业成立伊始，倚靠着中国进出口银行提供的1亿美元商业贷款作为启动资金，进行设备翻新、人员调整，使工厂生产运营迅速重新走上轨道，产品在当地市场上取得了良好的销售业绩。他们的成功也令当时一片萧条的坦桑尼亚纺织工业为之一振。但在坦桑尼亚的纺织业逐渐复苏、竞争日趋激烈后，友谊厂的结构缺陷开始显现。合资企业必须保留老厂的1 900名工人，冗余严重，而其中还有近一半是不能解雇的终身制工人。这些终身制工人倚老卖老，不愿加班，工作效率低。

另一个问题是经营理念的分歧。不少竞争企业开设了多种经营，比如向棉纺产业链的上游或下游延伸，以有效控制原料和市场。友谊纺织厂的中方经理也曾提议拓宽经营形式，但坦方合作伙伴对此不感兴趣。吴经理

①② 访谈，前唐山华新纺织集团员工，埃塞俄比亚亚的斯亚贝巴，2011年9月。

觉得，由坦方政府委派的坦方经理关心的只是工厂能为当地解决就业问题和能向当地政府上缴税款，而对企业自身的健康发展并不在意，因为他们相信中方不会任由这一历史悠久的援助项目终止，而会继续提供援助。当地人曾亲切地称这一项目是“毛主席与尼雷尔（坦桑尼亚开国总统）的儿子”。青岛纺织总公司在赞比亚的合资企业穆隆古希纺织公司同样遭遇了严峻的劳动人事问题，在勉强支撑了10年后，终于在《多种纤维协定》废止、国际竞争增大以及赞国工资上涨的双重压力下无法坚持而于2006年决定关厂撤离。[①] 黛博拉·布罗蒂加姆研究了中国在20世纪90年代后期在科特迪瓦、加纳、纳米比亚等国类似的合资合作援助项目，发现其表现都不如人意。[②]

中方在自身发展历程中已认识到企业必须以利润为目标来持续不断提高生产率，从而在市场竞争中立足发展。可非洲合作方由于政治和社会的特定需求，并不把援助项目的经济效益放在首要地位，他们宁愿牺牲利润产出来换取就业、税收、外汇等方面的收益。但问题是如果企业无法在竞争中生存，这些方面的收益都会随之消失。因此，忽略市场和利润，只顾其他政治社会收益无异于杀鸡取卵。如此管理方式下，援助项目往往难以长足发展或维持经营。其实非洲国家的政府并非不知道市场规律，然而，他们对中国的援助项目没有完全采用市场经济的尺度，而寄希望于中方能出于政治角度为其提供超越市场规律的优待。可中国已经改变了原先只讲政治的援助方式，参援企业也更多考虑经济效益。由于目标不一致，援助项目普遍表现不佳，对非洲制造业总体的推进作用也相当有限。

5.3　价值链的困境

除了政府援助项目外，中国对非洲制造业的投资是最近才出现的现

---

① Brooks, Andrewm, “Spinning and Weaving Discontent: Labour Relations and the Production of Meaning at Zambia-China Mulungushi Textiles”, *Journal of Southern African Studies*, 2010, 36(1),pp. 113-132.

② Deborah Bräutigam, *The Dragon's Gift*, 2009, pp. 201-204.

象。拉斐尔·卡普林斯基（Raphael Kaplinsky）在 2008 年仍然写道："没有证据表明中国公司将把撒哈拉以南非洲作为制造基地。"① G. A. 多诺万（G. A. Donovan）和迈克·麦戈文（Mike McGovern）也断言："几乎没有任何中国制造业企业建立雇用当地工人的工厂。"② 统计数据显示，从 20 世纪 90 年代到 21 世纪初，中国大陆只有少量制造业投资进入非洲，而且主要在南非。③ 自 2009 年以来，中国在撒哈拉以南非洲许多国家的制造业投资增长加速。④ 根据中国商务部的数据库，截至 2015 年 1 月，在对非洲投资的 3 049 家中国企业中，有 1 418 家从事制造业；也就是说，中国在非洲的投资企业中有近一半涉及制造业。⑤

这些投资的原因是什么？一些学者观察到，中国在非洲的制造业投资旨在占领当地市场并替代进口。宋红发现，几家来自上海和香港的商业家族在尼日利亚经营了 40 多年，在尼日利亚国内的搪瓷器皿、塑料凉鞋和建筑材料市场中占据主导地位。在 21 世纪，更多轻纺行业的中国投资者来到尼日利亚，在竞争尚不十分激烈的市场中建立了领先优势。⑥ 顾静的

① Raphael Kaplinsky, "What Does the Rise of China Do for Industrialization in Sub-Saharan Africa? ", *Review of African Political Economy*, 2008, 35(1),p.20.

② G. A. Donovan and Mike McGovern, "Africa: Risky Business", *China Economic Quarterly,* 2007, pp. Q2, 24.

③ Wang, M. Y. "The motivations behind China's government-initiated industrial investment overseas", *Pacific Affairs*, 2002, 75 (2): 187-206; "Asian Foreign Direct Investment in Africa: Towards a New Era of Cooperation Among Developing Countries", Geneva, UNCTAD, 2007.

④ Shen Xiaofang, "Private Chinese Investment in Africa: Myths and Realities", World Bank Policy Research Working Paper 6311, January 2013; Chen Wenjie, David Dollar, and Tang Heiwai, "Why Is China Investing in Africa? Evidence from the Firm level" (June 13, 2016), CESifo Working Paper Series No. 5940, Available at SSRN, https://ssrn.com/abstract=2805863 (accessed July 15, 2020).

⑤ Tang Xiaoyang and Irene Sun, "Social Responsibility or Development Responsibility?" , *Cornell International Law Journal*, 2016,49(1), pp. 69-99. 然而，商务部的数据库并没有涵盖中国在海外的所有投资。一方面，1 亿美元（2014 年 4 月之前）或 10 亿美元（2014 年 4 月之后）以下的投资无须向商务部登记，但可以在自愿的基础上登记；另一方面，名单上的一些公司可能没有实际投资或已经停止运营。

⑥ Song Hong, "Chinese Private Direct Investment and Overseas Chinese Network in Africa", *China & World Economy*, 2011,19 (4), pp. 109-126.

调查显示，许多中国私人投资者从贸易开始，逐渐转向设立制造工厂。受访的投资者提到的最常见原因就是非洲市场的吸引力，以及被激烈竞争挤出不断升级的中国市场。[①]中国政府还鼓励投资者在非洲建立生产基地，以减少大量来自中国的进口商品对当地工业的负面冲击。[②]

还有研究者认为，相当数量的中国投资者在非洲建工厂是为了更好地获得原材料。顾静记录到，20 世纪 90 年代末和 21 世纪初，中国在非洲的大型制造业项目往往与资源采掘和基础设施投资有关。[③]例如，中国有色金属集团在赞比亚谦比希开辟了一片工业区，主要进行铜钴冶炼及其他冶金业务。最近几年，有报道说中国企业在埃塞俄比亚建了制革厂，在坦桑尼亚建了织布厂，以分别保障皮革和棉花的供应。[④]

中国投资者的另一个重要目的是利用非洲国家出口到欧美市场的优惠条约。UNCTAD（联合国贸易和发展会议）的统计数据显示，中国服装制造商甚至在 2000 年前就在非洲投资，以利用《多种纤维协定》配额出口。[⑤]2001 年后，《非洲增长和机会法案》给予非洲产品优惠待遇以出口美国市场，进一步激励制造企业在非洲投资。[⑥]然而，此类投资很容易"随处漂流"，只要非洲国家的优惠条约或财政鼓励发生变化，外国投资者就会迅速离开。例如，当《多种纤维协定》在 2005 年失效后，南部非洲大多数出口导向

① J. Gu, "China's Private Enterprises in Africa and the Implications for African Development", *European Journal of Development Research,* 2009, 21(4), pp.570-587 (pp. 575-577).

② R. Kaplinsky, "What Does the Rise of China Do for Industrialisation in Sub-Saharan Africa?", *Review of African Political Economy*, 2008, 35(115), pp.7-22 (pp. 11-13).

③ J. Gu, "China's Private Enterprises", p. 572.

④ Deborah Bräutigam, Margaret McMillan, and Tang Xiaoyang, "The Role of Foreign Investment in Ethiopia's Leather Value Chain", PEDL Research Note-ERG project 106, June 2014; Tang Xiaoyang, "The Impact of Asian Investment on Africa's Textile Industries", Carnegie-Tsinghua Center for Global Policy, August 2014.

⑤ "Asian Foreign Direct Investment in Africa: Towards a New Era of Cooperation Among Developing Countries", Geneva, UNCTAD, 2007.

⑥ R. Kaplinsky and M. Morris, "Do the Asian Drivers Undermine Export-Oriented Industrialisation in SSA? World Development Special Issue on Asian Drivers and their Impact on Developing Countries", *World Development*, 2008, 36(2), pp.254-273.

型服装厂停止运营，主要来自中国和其他亚洲国家的工厂主一部分离开非洲，另一部分将重心从出口市场转向非洲国内市场和区域市场。[①]

2011年以来，新一轮中国制造业投资来到几个东非国家，旨在面向全球市场生产出口。华坚就是这批新投资者中的一例。林毅夫和王燕指出，此类投资是由结构性经济因素驱动，而不是为了非洲的优惠条约。随着中国劳动力成本上升，中国制造企业计划将生产基地转移到非洲，并可能成为推动非洲制造业发展的“领头龙”。[②]他们的想法源于“雁行”模型，认为各国成为全球价值链生产的引领者或追随者取决于其比较优势。[③]

然而，非洲国家的税收优惠和成本优势在很大程度上被恶劣的商业环境所抵消。非洲不稳定的安全局势、任意多变的政策、碎片化的区域市场和欠缺的基础设施构成了制造业的外部挑战，而工人技能差、管理经验不足以及上下游支持缺乏是行业内障碍。正如尼古拉斯·卡尔多（Nicolas Kaldo）所分析，所有这些行业内外的因素都与制造业的发展具有循环因果关系。[④]在第2章，我们讨论了政府管控如何影响市场活动以及经济增长如何提高政府能力。在第3章中，我们看到了基础设施建设与工业发展之间的相互关联。由于这些行业外因素受大背景的影响，本章暂不讨论。

在行业内因素中，管理和工人培训问题将在第7章中讨论。本章聚焦在非洲制造业价值链的“鸡与蛋”困境。如前所述，越来越多的中国企业被非洲的丰富资源、巨大潜力、优惠关税和廉价劳动力所吸引，前往投资开厂。可是，许多公司在实际运营中寻找上游供应商或下游客户时遇到了

---

① Tang Xiaoyang, “The Impact of Asian Investment on Africa’s Textile Industries”, Carnegie-Tsinghua Center for Global Policy, 2014, http://carnegietsinghua.org/publications/?fa=56320 (accessed July 15, 2020).

② Justin Yifu Lin and Wang Yan, *Going Beyond Aid: Development Cooperation for Structural Transformation*, Cambridge: Cambridge University Press, 2017, pp. 45-51.

③ K. Akamatsu, “A Historical Pattern of Economic Growth in Developing Countries,” *Journal of Developing Economies*, 1962, 1(1): 3-25.

④ Nicholas Kaldor, *Causes of the Slow Rate of Economic Growth in the United Kingdom,* Cambridge: Cambridge University Press, 1966. Reprinted in Nicholas Kaldor, Further Essays on Economic Theory, Teaneck, NJ: Holmes and Meier Publishers, 1978, pp. 110-112.

无数困难。配套产业的缺失严重制约了制造业投资的增长。但由于现有制造企业的数量和规模都较小，又很难说服上下游企业与他们一起投资非洲。在下文中，我将用在非洲投资的中国制造业企业的真实案例来具体说明这一困境。

5.3.1 下游限制

一些中国制造业企业加工初级农产品，如棉花、皮革和剑麻，并出口到中国和其他国家进行深加工。事实上，他们更愿意扩大在非洲的加工流程，以享受优惠政策和低成本，但价值链的限制往往阻碍他们的生产升级。例如，在2008年和2011年，埃塞俄比亚政府对半成品皮革（蓝湿皮）和未加工皮革（生皮）两次征收惩罚性出口税，以鼓励制革厂在本国内加工皮革，只出口附加值更高的成品皮。同时辅以其他奖励措施，例如机器进口免税和免费培训升级。中国投资者对这些政策反应积极。截至2018年，来自中国大陆的六家企业，以及来自中国台湾和中国香港的各一家企业，在埃塞俄比亚建立了制革厂，使中国成为该行业遥遥领先的最大投资国，其次是印度的两家公司和英国的一家公司。统计数据显示，在中国投资到来后，埃塞俄比亚对中国的皮革出口迅速增加（见图5.4）。

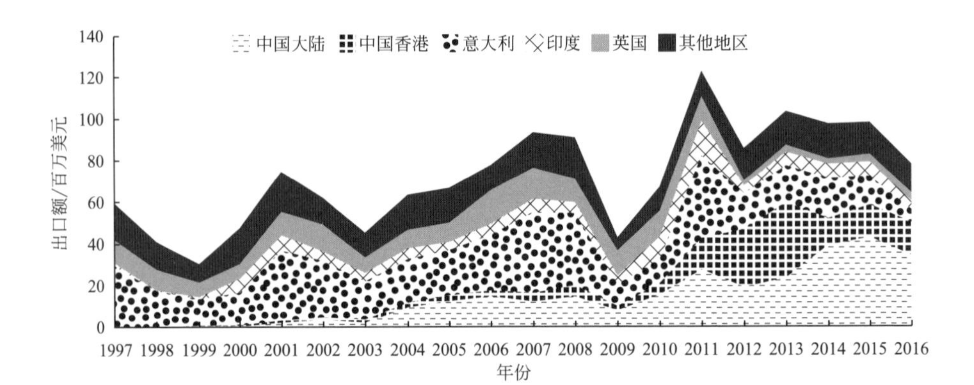

图5.4 埃塞俄比亚对主要国家（地区）的皮革出口（1997—2016年）

数据来源：United Nations Comtrade Database。

然而，对于要延伸复杂加工环节的制革厂来说，埃塞俄比亚缺少下游皮革制品企业是个瓶颈。皮革制品生产商需要紧随最新时尚，因此，生产商要求其皮革供应商根据市场需求作出快速反应和调整。而埃塞俄比亚的成品皮要几个月才能送到中国制造商手中，所供的货可能不再符合最新制品的需要。制革厂老板张建新说："（从埃塞俄比亚出口成品皮）风险很高，因为与市场脱节。成品皮送到市场耗费太多时间，皮革的颜色和样式会不匹配。例如，棕色皮革有很多种，微小的差异都会导致其滞销。生产必须灵活并与市场联系。"[①] 所以，出口到中国的成品皮的颜色和样式需要中国的制革厂再一次调整以满足客户的需求。[②] 同样，棉纺产品从非洲出口通常仅是简单的轧花皮棉或至多是纱线，因为纺织品的进一步编织、染色和加工需要与服装成衣企业密切联系，而服装成衣业在非洲大陆规模很小。

5.3.2　上游限制

不完整和不可靠的供应链是非洲在国际市场竞争中最致命的缺陷之一。例如，南非在 20 世纪 90 年代之前曾提供大量补贴和税收减免，以吸引来自中国香港和中国台湾的成衣制造企业。可当优惠政策停止时，这些投资者中的大部分都随即离开了南非。一个主要原因是南非只有少数几家纺织厂，生产的面料种类非常有限。南非服装制造厂家的体量太小，无法吸引面料供应商在当地投资和生产。成衣制造厂使用的面料大多必须从亚洲进口。对进口供货的依赖增加了当地的生产成本，阻碍了行业的发展。相比之下，中国和其他亚洲国家拥有完整的价值链，纺织厂和配件供应商数量众多。尽管自 2000 年以来中国的劳动力成本持续上升，但中国服装产业的竞争力并未受到太大影响。南非生产企业不仅在美国等出口市场落败，而且在其国内市场也输给了中国进口产品（见图 5.5）。

---

① 访谈，张建新，Koka Addis 制革厂的所有者，埃塞俄比亚莫焦（Modjo），2015 年 1 月。

② 访谈，蒋乐乐，Pelle 制革厂副总经理，2018 年 8 月。

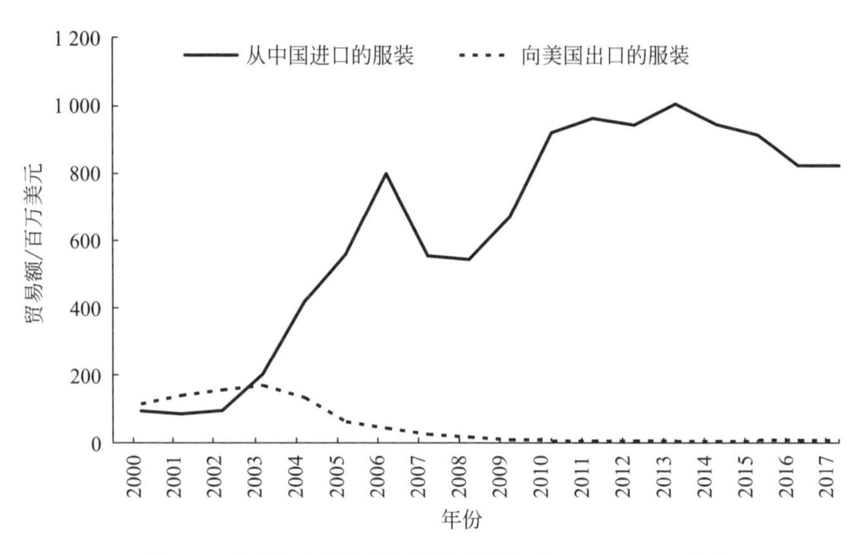

图 5.5　南非与中国和美国的服装贸易（2000—2017 年）

数据来源：United Nations Comtrade Database。

产业规模和生产质量都阻碍了在非洲形成完整的供应链。尽管中国和其他外国投资者近年来开始在非洲生产鞋类、手套和服装，但除了一些普通皮革和面料外，他们从当地供货商处采购的物资很少。几乎所有其他材料和配件，无论是优质特制的皮革和面料，还是纽扣、鞋带和拉链，甚至包装材料，都来自中国或其他工业化国家。即使进口大大增加了生产的成本和复杂程度，中方经理也认为必须如此。保证质量是国际市场中生产厂家的头等大事。“如果一个组件不符合欧洲或美国标准，整个集装箱（成品）将被拒收退货。”一位中方经理解释道。[①]

5.3.3　交织的阻碍

上述问题通常是由供应链各个环节相互交织的挑战造成的。复合的阻碍包含循环因果关系，不能简单通过单边措施改善。以下关于埃塞俄比亚皮革和皮制品价值链的案例研究展示了此类环环相扣的复杂性。在原材料

① 访谈，Billy Young，Pittards 制片总监，埃塞俄比亚亚的斯亚贝巴，2015 年 1 月。

供应环节，虽然政府鼓励皮革加工行业，但制革厂抱怨羊皮和牛皮短缺，质量下降。羊皮和牛皮的供应困难主要源于饲养牲畜、屠宰动物、收集保存皮料的不当方式。可饲养和屠宰牲畜都是农业部主管，工业部和皮革产业发展研究所（LIDI）等行业政策制定者对这些问题鞭长莫及。

在皮革加工环节，埃塞俄比亚必须进口加工所需的几乎所有化学药品。但可用的化学品种类依然受限，由于运输复杂和昂贵，小剂量特殊化学品无法进口，且化学品的运送需要很长时间。这导致制革厂常常无法获取所需的化学品来进行精细加工。① 原材料和化学品的短缺严重限制了埃塞俄比亚制革厂的增长空间。当华坚鞋厂等皮革制品生产企业从当地制革厂采购皮革时，他们只能找到普通款皮革。制革厂无法加工具有特殊颜色或图案的皮革。此外，因为化学品进口延误，制革厂往往无法准时交付所供皮革。机械维修是延误的另一个因素。例如，在埃塞俄比亚，当一台加工机器的轴承损坏后，必须被送到中国或意大利进行维修，耗时一个月。缺乏配套产业，如同缺乏技能和经验一样，导致制革厂效率和生产力低下。

皮革加工的不发达进一步制约了皮制品的发展。对生产皮鞋和手套的中国企业说，他们在埃塞俄比亚的工厂只能选择交货时间较灵活、技术要求较低的订单生产。否则，如果没按时交货或没达到质量标准，他们将面临严厉的罚单。配件供应是另一个制约因素。即使是线、胶水、纸箱等简单的配件也必须进口，不是因为有些配件在当地没有生产，就是因为一些本地生产的配件（如纸箱等）不符合国际标准。进口配件又要花费大量的时间和金钱。故此，制造业规模无法迅速扩大。2011—2018 年，外国投资者仅建立了三家鞋厂（包括华坚）和三家手套厂。2018 年 7 月，这六家厂的员工总数才 11 000 多人，而华坚在中国国内的一家工厂就有超过 20 000 名工人。②

---

① 访谈，张乃之，东非制革厂，2016 年 6 月。

② 笔者调查，2018 年 7 月。值得注意的是，这六家厂都与中国有关：四家工厂（华坚、新翼、George、LYU）属于中国所有者；德国手套厂 Ottokessler 在中国有工厂，派遣中国技术人员培训埃塞俄比亚工人；英国手套制造商 Pittards 用中方合作伙伴培训埃塞俄比亚工人并供应配件。

反过来，皮鞋和手套生产的停滞也影响了皮革加工行业的升级。如前所述，制革厂与生产厂距离太远，以至于无法及时供应符合市场需求的成品皮。那些囿于加工普通低附加值皮革的制革厂只能向原材料供应者支付非常低的价格，出售牛羊皮仅能获得微薄收入的农户没有动力和能力来改进牲畜饲养与毛皮保存。此外，配套部门诸如配件和化学品生产、机械维修和农业服务的缺失都制约了皮革和皮制品行业，而落后的皮革行业无法吸引更多在这些配套领域的投资。埃塞俄比亚皮革加工和制造的产业价值链因而陷入多重恶性循环（见图 5.6）。

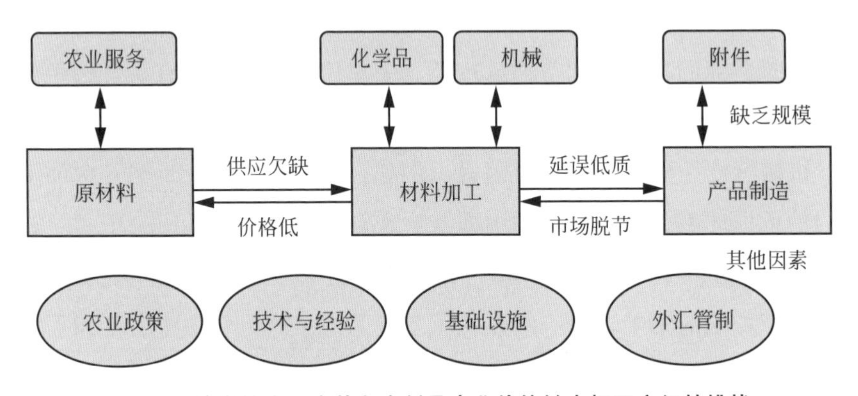

图 5.6　埃塞俄比亚皮革和皮制品产业价值链中相互交织的挑战

来源：笔者绘制。

通过埃塞俄比亚皮革和皮制品行业的例子呈现的价值链恶性循环是非洲工业化的普遍现象。许多非洲国家仅能对原材料进行初级加工，而不得不将棉、皮的半成品出口到其他国家进行深加工。同时，当非洲国家吸引外资设立服装厂和制鞋厂时，他们不得不进口几乎所有生产用的工业材料。尽管非洲具有资源丰富、劳动力廉价等比较优势，但材料加工环节和配套产业的不足阻碍了非洲形成一条连续的供应链。缺失的工业加工环节给非洲其他制造业活动增添了巨大的时间和运输成本，严重制约了工业整体发展。中国投资企业能否找到解决方案，克服这一关键困难？

5.4　建立本地联动

为了加强非洲的供应链，必须在制造业的所有相关部门和参与者之间建立发展协同机制。此外，协同机制显然不能依赖少数来自中国和其他国家的投资者，而应该让越来越多的本地生产商参与进来，以保证制造业和支持性产业可持续增长。尽管有些研究人员质疑中国投资者是否愿意帮助当地企业成长，但工业发展必定要求外国和非洲企业共同努力，而使各方都能得益。[①] 2017 年对埃塞俄比亚 73 家中国制造商的调查显示，近 2/3 的企业有本地供应商。甚至直接竞争的中埃企业在某些情况下也会有良好合作。例如，当运输发生延误时，制革厂和制鞋厂经常相互支援化学材料和配件。他们还一起游说埃塞俄比亚当局改善产业政策。[②] 一位中国经理说，非洲的制造业仍处于起步阶段，所有公司都应该合作“做大蛋糕”，帮助整个行业发展。[③]

然而，协同机制建设的效果差异很大。2012—2019 年，我对在南非、博茨瓦纳、坦桑尼亚、赞比亚、埃塞俄比亚、加纳、肯尼亚、马拉维、尼日利亚的中国制造业投资进行了实地考察。对实践进行研究后发现，一些投资项目难以将当地企业纳入供应链，无法克服制造加工的瓶颈，而另一些项目则能够逐步增加非洲国家当地的原料供应，并与当地生产商建立协同机制。这两种投资之间的主要区别在于它们所针对的市场。前者瞄准高标准的国际市场，对交货时间和质量的严格要求令本地企业望而生畏。后者主要销售给非洲市场的当地客户，这些市场标准低、规模小，但从长远来

---

① Raphael Kaplinsky, Dorothy McCormick, and Mike Morris, “The Impact of China on Sub-Saharan Africa”, Working Paper, Funded by DFID China Office, February 2007, p. 22; K. Kamoche and L. Q. Siebers, “Chinese Management Practices in Kenya: Toward a Post-colonial Critique”, *International Journal of Human Resource Management*, 2015, 26(21), pp. 2718-2743, DOI: 10.1080/09585192.2014.968185.

② Tang Xiaoyang, “Chinese Manufacturing Investments and Knowledge Transfer: A Report from Ethiopia”, Working Paper No. 2019/3, China Africa Research Initiative, School of Advanced International Studies, Johns Hopkins University, Washington, DC.

③ 访谈，海宇，埃塞俄比亚杜克姆，2012 年 7 月。

看，将越来越多的本地生产商纳入制造业供应链有利于行业的可持续增长。下面我将用实地收集的真实案例来阐述这两类项目的发展趋势和影响。

5.4.1 出口加工

旨在出口的大型中国制造企业投资受到当地政府和公众的欢迎，因为它们可以带来外汇和数以千计的就业机会。然而，这些制造企业与当地生产企业间的互动有限。为了确保供应的质量和时间，出口制造商更愿意建立自有的上下游供应链。在埃塞俄比亚，三家中国鞋厂中有两家设立了自己的制革厂，另有一家中国制革厂和一家英国制革厂则添置生产线，加工出口皮手套。总部位于美国的PVH集团将一家中国纺织厂带到埃塞俄比亚，为PVH及其合作伙伴在Hawassa工业园的服装厂供货。大宏集团和中非棉业分别在坦桑尼亚和马拉维建立了纺纱厂，对在非洲收集的棉花进行深加工。中国有色矿业集团（CNMC）在赞比亚建起了十几家冶炼厂、化工厂、电缆制造厂以及贵金属回收设施，在出口前对铜和钴进行加工。诚然，高质量的供应链延伸有利于非洲的工业发展，可是当地企业很少能参与这些高水平的制造业务。

此外，很少有本地制造企业能学习外国投资者的榜样而从事出口业务。因此，在吸引外资的政策“大推进”过后，出口加工部门的规模会萎缩。例如，在当地政府鼓励措施和《多种纤维协定》的配额制度帮助下，南部非洲的出口加工行业有过短暂繁荣。然而，当这两个条件消失后，大量来自亚洲的投资者离开了该地区，很少有当地服装厂有兴趣从亚洲厂家手中接过出口业务，因为他们在非洲环境下无法保证交货时间和质量，难以应对相关的复杂挑战。[①]

自2010年以来，部分东非国家也采取了鼓励出口加工的产业政策。本土企业最初渴望向外国投资者学习面向出口的制造工业，可事实上，学

---

① Tang Xiaoyang, “The Impact of Asian Investment on Africa’s Textile Industries”, 2014, Carnegie-Tsinghua Center for Global Policy, p. 18, http://carnegietsinghua.org/publications/?fa=56320 (accessed July 15, 2020).

习的过程远比他们料想的要困难。还是以埃塞俄比亚的皮鞋制造业为例，当地企业已经有较长的制鞋传统，他们在 21 世纪初甚至已经能够试水出口市场。[①]然而，当华坚和其他外资鞋厂到来时，当地制鞋企业惊讶地发现，他们有截然不同的经营模式。埃塞俄比亚企业以往只是季节性地少量出口。当地一家鞋厂的经理告诉我他的经历："我去华坚时，看到他们的大规模生产，我感到震惊。那是一支工人大军，每个人都在'奇克奇克'（缝纫和工作），这太不可思议了！埃塞俄比亚人不习惯这样干，我们没法那样做，这是我们第一次看到这种场面。"[②]看到管理和生产效率的差距，2014 年他的公司决定从意大利购买机器，并雇用 5 名意大利人来培训他们的工人。这位经理相信，他的工人两年后就能赶上华坚的工人。而且公司不久就幸运地收到了美国买家的试产订单，因而当时他对出口业务前景充满信心。

然而，两年后当我再次访问该公司时，这位经理告诉我，公司后来没有收到更多的出口订单。履行试产订单时遇到的关键问题是配件供应，埃塞俄比亚没有合格的皮鞋配件制造厂家。美国买家让其所认证的在中国的配件供应商与埃塞俄比亚厂家对接。但是，中国供应商要求在发货前支付首付款。由于埃塞俄比亚的厂家已经贷款购买设备，无法一次性购买大量配件，只能分几批进口配件。可货运经常延误，干扰了生产。当美国客户派专家来巡查时，工厂恰好因配件短缺而停产。这位客户也就再没有回来。同样，由于资本、供应链、营销等各种限制，其他埃塞俄比亚鞋厂也没能成功扩大出口业务。当地企业转而将注意力转向本国国内和非洲区域市场。

除毛里求斯等少数例外，非洲的出口加工行业都由外国投资者主导。[③]他们拥有远超本地制造企业的生产和管理技能，因为他们要在全球市场上

---

① Girum Abebe and Florian Schaefer, "High Hopes and Limited Successes: Experimenting with Industrial Polices in the Leather Industry in Ethiopia", EDRI Working Paper 011, December 2013.

② 访谈，Girma Ayalew，Fontanina 副经理，埃塞俄比亚亚的斯亚贝巴，2015 年 2 月。

③ Deborah Bräutigam, "Close Encounters: Chinese Business Networks as Industrial Catalysts in Sub-Saharan Africa", *African Affairs: The Journal of the Royal African Society*, 2003, 102(408), pp. 447-467.

竞争，但这阻碍了他们与当地产业构建协同联系。他们只对非洲的自然资源、廉价劳动力和财政激励措施感兴趣。而当没有了这些要素，外国投资者往往会选择离开。

5.4.2 瞄准非洲市场

相比之下，当外国投资者瞄准非洲国家新兴的市场时，他们与当地产业的相互联系要紧密得多。这类外国投资者的成长实际上取决于他们与当地经济的共同进化。

中国针对非洲国家国内和区域市场的投资项目数量远大于出口加工项目。在 2014—2016 年约翰斯·霍普金斯大学保罗·尼采高级国际研究学院（SAIS）中非研究计划（CARI）对 4 个非洲国家的调研中，发现只有 12 个中国项目专注于向全球市场出口，而有 77 家中国制造企业主要针对非洲当地市场生产。[①] 关注本地市场的企业的地理和行业分布也更为广泛。在每一个我所考察过的非洲国家中，至少可以找到十几家这样的公司。他们的产品包括塑料、钢铁、水泥、家用电器、汽车装配、服装、鞋类、餐具、纸张、食品、家具和其他各种工业品与消费品。与此相对，中国出口加工企业仅集中在服装、制鞋和资源相关行业，而没有落户在加纳和尼日利亚等重要国家。关注本地市场的生产企业平均规模较小，从十几名员工到数百名员工不等，只有几家钢厂有 1 000 名以上的工人。从事出口的服装厂和鞋厂则都至少有数百名工人，截至 2018 年 7 月，华坚拥有 7 000 多名员工。

众多小型制造企业的存在有助于形成能灵活加入和扩展的产业集群。当一家工厂在一个国家建立后，它的成功可能会吸引许多其他中国企业投资同一行业。因此，整个行业将快速增长，并需要更多的供应商。由于供应本地市场的生产技术及资本门槛较低，本土企业也可以以供应商或竞争者的身份成为产业集群的一份子。例如，2005 年 6 名中国商人在加纳合伙

---

① Deborah Bräutigam, Tang Xiaoyang, and Ying Xia, “What Kinds of Chinese ‘Geese’ Are Flying to Africa? Evidence from Chinese Manufacturing Firms”, *Journal of African Economies*, August 2018, 27(Suppl 1), pp. i29-i51. https://doi.org/10.1093/jae/ejy013.

创建了一家企业 Ohuade，将废弃的饮用水袋回收加工为购物袋。随着工厂迅速盈利，少数股东和几位中国技术人员出走，开设了自己的回收工厂。他们还把兄弟、叔伯和朋友们从中国接到加纳开工厂。截至 2014 年，估计有 20 家中国回收工厂在加纳运营。[①] 看到中国企业在塑料回收领域的成功，一些加纳商人也购买了塑料回收机来创业，机器成本只需数千美元。

不少中国加工厂积极扶持加纳企业作为其供应商。起初，中国企业必须负责从废物收集、塑料粉碎再到成品生产的全部事项。随着行业的发展，越来越多的当地人开始为回收企业收集废料。他们每天骑着小车，去各个小型垃圾站找寻。看到本地人收集垃圾拥有无可比拟的优势，中国企业迅速退出了废料收集业务而专注于加工成品。一家中国回收企业首先分包给几个当地垃圾收集者，为它供应废料，后来它还向供料商家出售粉碎机，以便他们能够供应粉碎后的塑料。通过这种方式，它不仅保证了原料供应，还从粉碎机销售中获得了额外的利润。[②] 另一家中国回收企业从中国进口了印刷机和制粒机，分别出售给加纳袋装饮用水制造商和塑料颗粒供应商。这既能促进袋装水和回收行业发展，也能为自己的工厂保证足够的高质量废塑料袋来源（见图 5.7）。[③] 据加纳塑料制造企业协会的协调员介绍，截至 2014 年，约有 50 家较大的塑料袋收集商配备了粉碎机。其中少数本地废料收集商还沿价值链升级，开始生产塑料颗粒。

企业前雇员自己再创业的情况在此类小规模制造领域中很常见，这是在资本密集型的资源类制造业或竞争激烈的出口加工领域所没有的现象。大卫是一名 30 多岁的加纳人，他在阿克拉的一家中国塑料制品公司 Fanpack（见图 5.8）工作时，第一次学会了操作机器。后来，他决定开创自己的废料收集和颗粒加工生意。大卫花了 13 000 塞地（2012 年约为

① Tang Xiaoyang, “Geese Flying to Ghana? A Case Study of the Impact of Chinese Investments on Africa’s Manufacturing Sector”, *Journal of Contemporary China*, 2018, 27, pp. 114, 924-941.

② 访谈，陈仲伟（译音），Haojie 废旧塑料回收，加纳阿克拉，2014 年 7 月。

③ 访谈，金云峰（译音），Yun Feng 塑料制品有限公司经理，加纳库马西，2014 年 7 月。

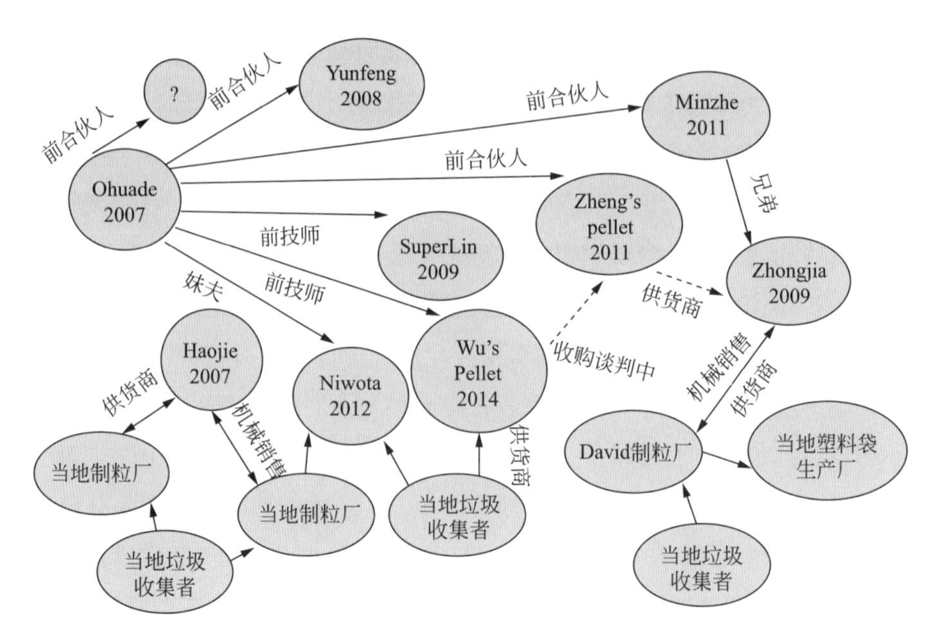

图 5.7　2014 年加纳的中国塑料回收工厂集群

来源：笔者根据采访自画插图。

图 5.8　加纳阿克拉的一家中国塑料回收厂（2014 年）

7 000 美元）从中国回收工厂老板那里购买了 3 台制粒机。截至 2014 年，他已经雇用了 10 名工人。尽管如此，非洲员工转型投资的例子不多，主要是因为资金有限。大多数新企业都是由原来的中国主管或技工创立的，这在加纳的塑料行业和南部非洲的服装行业都得到证明。[①]

最后，但同样重要的是，在针对本地市场的制造业中，中方和非方的合资企业会更多，这成为双方互动的重要渠道。在所考察的九个国家中，除了几个需要当地伙伴以获取许可证的采矿项目外，我在出口加工或资源加工的投资项目中没有发现任何中国与非洲的合资企业。可在针对本地市场的投资项目中，发现了十几家合资企业，占被考察企业总数的 7% ~ 8%。即使这比例依然很小，但这些合资企业的合作更全面深入。通常，本地经理在中国工厂里的作用仅限于生产和人事管理，可在合资企业中，本地合作伙伴在销售、财务、采购和战略管理方面都担起责任，占据更关键的职位。因此，合资企业对东道国的社会经济情况能够有更深的了解，并更好地融入当地市场。

下面将通过中国—埃塞俄比亚联合制药厂的案例，进一步展现合资企业内部的动力机制。埃塞俄比亚合伙人泽芙·萨迪克（Zaf Tsadik）原是一家中国药品贸易公司在东非的销售代理。这家中国公司意识到非洲市场的机会，于 2001 年决定在埃塞俄比亚建立一家胶囊工厂。两家中国投资方持有合资企业 70% 的股份，而泽芙持有合资企业 30% 的股份。泽芙同时被任命为总经理来负责非洲的整体业务。她回忆说，当她在律师办公室看到委任文件时，对两位中国股东给予她的信任感到惊讶和感动。[②] 截至 2015 年，该公司的总投资为 1.4 亿比尔（考虑到汇率波动，约合 1 000 万美元），拥有 170 名员工，其中只有两位是中国人：一位工程师和一位生产经理。在过去十年中，有 6 名埃塞俄比亚员工被派往中国接受为期数月

① Tang Xiaoyang, “The Impact of Asian Investment on Africa’s Textile Industries”, 2014, Carnegie-Tsinghua Center for Global Policy, http://carnegietsinghua.org/publications/?fa=56320 (accessed July 15, 2020).

② 访谈，Zaf Tsadik，总经理，2012 年 7 月。

的培训，回国后他们逐渐取代了中方管理和技术人员。副总经理 Shegaw Aderaw 认为“技术已完全转移”。[①] 埃塞俄比亚员工经营公司的积极性高涨。据称这是撒哈拉以南非洲第一家也是唯一一家胶囊制造企业，并已获得良好生产规范（GMP）认证。其产品不仅在埃塞俄比亚销售，还销往肯尼亚、刚果（金）、苏丹、津巴布韦和也门。中方股东对进展感到满意，并决定扩大投资。2015 年，在此前三条生产线的基础上又增加了两条新生产线，产能翻了一番。中非伙伴之间的这一良好协作是建立在几十年顺畅合作与互信之上的。其他合资企业可能还没那么成功，但它们也在促进深入的交流。

5.5 工业与市场的共同进化

面向本地市场的生产往往被发展经济学家称为“进口替代”。[②] 但如果仔细研究中国投资者的行为及其对非洲市场的影响，我认为这个提法存在问题。中国投资者在非洲无法进口许多商品或生产的商品与进口产品有明显差异。例如，加纳的塑料回收业务只能在当地进行。南部非洲的服装制造商现今则主要服务于当地零售商新采用的快时尚商业模式，该模式需要在一周内快速反馈和行动，只能依靠当地制造商。同样，坦桑尼亚的纺织企业如友谊纺织厂生产 Kanga 和 Kitenge 等传统梭织面料针对当地和区域消费者。Kanga 和 Kitenge 的进口很少，因为工业化国家的大型现代纺织厂不关注这些相对较小的市场。食品加工行业也要满足当地消费者口味的特别产品。一家中国企业 Viju Milk 最初在尼日利亚进口酸奶和饮料，后来成立了一家工厂，只为尼日利亚市场生产一种特殊的酸奶饮料。这款量身定制的产品广受欢迎，以至于其他一些中国商人也在尼日利亚设厂生产类

---

① 访谈，Shegaw Aderaw，副总经理；Liu Engineer，Sino-Ethiop Associates Plc.，2015 年 1 月。

② Ana Mendes, Mario Bertella, and Rudolph Teixeira, “Industrialization in Sub-Saharan Africa and Import Substitution Policy”, *Brazilian Journal of Political Economy*, January-March 2014, 34(1), pp.120-138.

似的饮料。

另一些产品，如水泥、陶瓷、钢管及其他建筑材料，通过长途运输进口到非洲的成本太高，过程也太麻烦。本地生产以取代进口产品是市场发展的自然结果，与“进口替代”政策的关系不大，“进口替代”政策隐含与保护主义和国家干预相关的负面意义。对于大多数其他产品，非洲国家的关税保护总体上也是适中的。例如，2018 年加纳和尼日利亚对塑料产品的进口关税为 20%，坦桑尼亚为 25%，埃塞俄比亚为 35%。尽管这些国家中的生产企业稍许得益于关税保护，但政府政策并没有严重扭曲市场竞争，而且这也不构成中方投资的决定性因素。[①]

许多面向本地市场的制造企业在决定投资之前已经在非洲开展了较长时间的贸易活动。他们转向投资的主要原因不是与进口商品竞争，而是在非洲市场发现了“空白”。换言之，他们发现了已有产品尚未满足的本地市场需求。加纳的一位中国经理说：“这里的市场很空，只有少数产品在这生产。我们不想跟随别人做雷同的事情。我们可以很容易地想出一些还没人在这生产过的产品。”[②] 新产品可以根据市场需求具有新功能、新设计或新等级。因此，面向当地市场的中国制造企业并非只是替代进口商品，而是通过增加品类和补上缺口来刺激当地市场的增长。

中国庞大而齐全的制造业体系为在非洲的中国投资者提供了独一无二的产业支持力量，使他们能够轻松快速地构建生产能力，以满足当地市场需求。中国投资者往往不了解生产技术，可一旦他们发现市场投资机会，就可以在中国找到机械和技术人员。来自福建省的商人翁立成数年前从经营商厦转向在坦桑尼亚生产塑料拖鞋。他说：“（用于塑料制鞋的）技术和机械在中国非常成熟。任何人都能随便购买机器并投入运营。机器供应商会提供技术人员来安装和测试他们的产品。他们甚至可以帮助买家雇用中国技术人员（在非洲工作）。”中国制造的低成本机器也便利了这些小型灵

① Deborah Bräutigam, Tang Xiaoyang, and Ying Xia, “What Kinds of Chinese ‘Geese’”, August 2018.

② 访谈，Oxen Zhang，Shifa Plastic 经理，加纳阿克拉，2014 年 7 月。

活的企业，使他们大大减少了初始投资额。例如，一台 EVA 粉末加工机器在意大利的成本为 200 万 ~ 300 万元人民币，在中国台湾地区约为 150 万元人民币，但在中国大陆仅为 70 万 ~ 80 万元人民币。此外，中国工厂提供的模具也比其他任何国家或地区便宜得多，因而在非洲的中国制造企业可以更频繁地更新产品样式。①

中国的投资项目还有一个特点：快速规模化和集群化。正如加纳回收行业的案例研究（见图 5.7）所显示，中国商人之间的亲属和社交网络可以便利他们在非洲的投资，缩短观望和准备的时间。当一家工厂在一个国家设立后，其成功会吸引大量其他中国人投资同一行业。坦桑尼亚的塑料拖鞋行业也有类似的成长轨迹。翁立成的第一家鞋厂 2005 年大获成功，随后他的姐姐、哥哥、表哥的朋友和女婿的姑妈都相继到来在同一行业投资。与此同时，当他们从家乡成批订购制鞋机时，一些邻居敏锐地察觉到机会，也来到了坦桑尼亚市场。② 中国在一个行业投资的快速发展加剧了竞争，但也增加了该行业的规模，进而可能吸引供应商和相关行业也来投资。中国小型制造企业的聚集在非洲各国的服装、塑料、建筑材料等行业成为了常见现象。③

众多的小型项目以及资本和技术的低进入门槛为本土企业开创了机会，既包括供应链对接，也有创业和竞争。正如 5.4 节所分析，与出口加工项目相比，面向当地市场的投资与当地企业间有更多的交流联系。与当地不同程度的联系反映了外来制造业投资与当地市场之间不同的协作演变机制。出口加工项目主要面向国际市场，与非洲当地市场很少关联，而针对本地市场的投资项目的成长则依赖本地市场的发展壮大。固然，非洲本土市场的容量远小于全球市场，可是面向本地市场的投资的到来与发展刺激了本地市场的扩张。如前所述，这类投资不仅是取代现有产品，还可以发现被忽视的需求、创造新市场，并通过提供价格更低、品种更多的商品

①② 访谈，翁立成，中福国际公司所有人，坦桑尼亚达累斯萨拉姆，2014 年 8 月。

③ Deborah Bräutigam, Tang Xiaoyang, and Ying Xia, “What Kinds of Chinese ‘Geese’”, August 2018.

来增加销售。反过来，不断增长的市场吸引了更多的投资者来供货和提供相关支持与服务，产业环境因此会对后来的投资者更方便。

尼古拉斯·卡尔多（Nicholas Kaldor）和其他学者在西方工业化的背景下曾探讨过工业和市场增长之间的循环累积动态。[①] 强劲的国内需求水平被认为能提振商业信心和刺激投资，投资可以经由规模经济、实践学习、空间集聚、基础建设和创新等途径来提高生产率。根据卡尔多原来的模型，增加投资和生产率可以稳定国际金融体系并扩大全球出口，这反过来又进一步刺激了国内需求和投资，以及后续的创新与生产力提升，并不断推进。[②]

在非洲的环境中，当外国投资建造工厂以满足不断增长的国内需求时，它们不仅改善了非洲国家的国际贸易平衡，而且对当地的社会经济结构产生了变革性的影响。由于大量国内需求被国际制造企业忽视，市场没有充分发展，相当一部分非洲人口仍然依靠家庭成员或当地小作坊的传统手工来缝制衣服、制作鞋子、加工食品、打造家具和建筑房屋。其生产力极低，业务范围基本不超过本地社区。中国工厂为相关行业的生产和消费方式带来了变化。专业机械加工和职业工人取代了体力劳动和工匠。大批量的工业产品刺激市场网络向全国各地扩展。正如中国投资者所说，非洲市场是“空白”的，即仍有许多未开发的市场潜力。工业生产本身需要并促进高强度的市场活动，始于原材料的收集供应直至产品的分销售卖。生产和消费方式的改变自然又产生更多的市场需求，进一步吸引了更多的生产投资（见图 5.9）。

---

① Nicholas Kaldor, *Causes of Growth and Stagnation in the World Economy,* Cambridge: Cambridge University Press, 2007; Eatwell, John, *The Principle of Cumulative Causation, in John Eatwell, Whatever Happened to Britain? The Economics of Decline*, London: Duckworth, 1982.

② Phillip Anthony O’Hara, “Principle of Circular and Cumulative Causation: Fusing Myrdalian and Kaldorian Growth and Development Dynamics”, *Journal of Economic Issues*, June 2008, pp. XLII.2, 384.

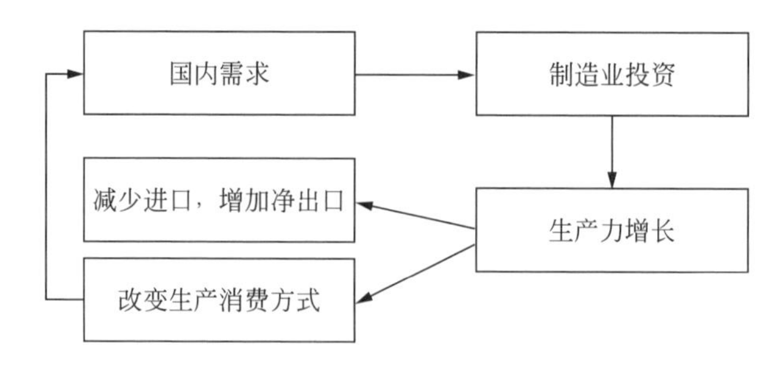

图 5.9 国内市场与工业投资的共同进化

来源：笔者绘制。

当然，由中国投资所推动的结构转型效果目前仍然非常有限，需要进一步研究来测量，因为这只是新近的现象。然而，本章中对中国制造企业兴起及与本地联系的案例研究表明，他们不仅在追随其他投资者的足迹，而且还在非洲创造了新的产业模式和集群。同时，他们的人数迅速增加，使得在相对广泛的范围内发生社会经济变化成为可能。例如，在埃塞俄比亚，截至 2017 年 8 月，注册状态为“运营”的中国制造业项目总数为 482 个，其中 451 个是在 2005 年后才开始的。印度和美国分别有 202 个和 73 个项目，是制造业第二大和第三大的外资来源。[①] 根据坦桑尼亚投资中心的报告，1990—2014 年有 348 个中国制造业投资项目注册，其次是印度，有 191 个项目。[②] 2004—2014 年，加纳有 183 个中国制造业项目注册。[③] 根据中国商务部的数据库，截至 2004 年，只有 16 项获批的对外直接投资项目投向非洲制造业，而在 2005 年 1 月至 2015 年 1 月，这一数字上升到 1 401 项。[④] 如前所述，这些投资项目绝大多数针对非洲的国内和区域市场，

---

① Ethiopia Investment Commission, “List of licensed foreign investment projects”, August 2017.

② 坦桑尼亚投资中心，1990 年至 2014 年 6 月对中国有兴趣的投资。但注册的项目可能并没有全部实施。

③ Tang Xiaoyang, “Geese Flying to Ghana? A Case Study of the Impact of Chinese Investments on Africa’s Manufacturing Sector”, *Journal of Contemporary China*, 2018, 27(114), pp. 924-941.

④ 要了解这些不同统计数字的含义和关系，请参阅 Deborah Bräutigam, Tang Xiaoyang, and Ying Xia, “What Kinds of Chinese ‘Geese’”, August 2018.

它们能推动非洲市场的形成和发展。在稳定的社会政治环境下，工业生产与市场经济的累积循环将不断吸引更多投资，促进非洲国家的结构转型。

相比之下，出口加工项目与当地市场的联动很少。即使在全球市场，非洲的工厂也以相对简单和被动的方式服务客户，主要依靠劳动力、资源和优惠政策等成本优势，而对市场趋势和需求缺乏详细了解。事实上，非洲分公司一般通过亚洲总部或亚洲的国际代理商接收订单，营销、售卖、设计、客户服务等都由非洲以外的地区控制。因而，出口加工型外资项目与当地发展之间的关系只有单一维度。东道国仅仅获得一些低薪和低技能的生产工作岗位，这些工作同样也容易因成本变化而流失。仅靠少数出口加工型投资无法维持长期广泛的工业化。

市场在工业化中的重要性也得到了其他关于外国投资研究的普遍支持。黛伯拉·温克（Deborah Winkler）基于对智利、加纳、肯尼亚、莱索托、莫桑比克、斯威士兰和越南的调查数据所做的研究表明，与寻求成本和资源优势的外国直接投资相比，面向本地市场的外国直接投资在对东道国的销售比例以及供应商协助的可能性方面有明显更强的相关性。[①] 加里·杰里菲（Gary Gereffi）认为，简单地参与出口加工业务无助于发展中国家发展制度、技术知识或消费市场。[②] 此外，中国、土耳其、印度、欧洲等地服装行业的实证表明出口加工企业的发展与升级需要一个发达的国内市场。为了能给出口市场生产更高价值和更复杂的服装，企业通常需要先在本国市场建立设计、品牌和服务能力。[③] 正如第1章所述，工业化和市场经济的形成需要全面的社会经济转型。廉价劳动力成本、产业政策或优惠

---

① Deborah Winkler, “Determining the Nature and Extent of Spillovers: Empirical Assessment”, in Thomas Farole and Deborah Winkler, eds., *Making Foreign Direct Investment Work for Sub-Saharan Africa: Local Spillovers and Competitiveness in Global Value Chains,* Washington, DC: World Bank, 2014, pp. 87-114.

② Gary Gereffi, *Global Value Chains and Development*, Cambridge: Cambridge University Press, 2018, p. 408.

③ Cornelia Staritz, Gary Gereffi, and Olivier Cattaneo (ed.), “Shifting End Markets and Upgrading Prospects in Global Value Chains”, *International Journal of Technological Learning, Innovation and Development*, 2011, 4(1/2/3), pp. 73-75.

关税等孤立因素可能会影响转型，但如果没有广泛的协同机制来动员社会的各个方面，“大推进”措施将遇到无数障碍。林毅夫的“新结构经济学”只关注国际竞争中的比较优势，既不能解释非洲从事出口加工的外资项目为何增长停滞，也不能解释面向本地市场的制造企业为何繁荣多样。他的理论认为市场运转仅受少数外生制约因素的束缚，却没认识到市场和工业活动具有内生关系，必须共同发展。[①]

总之，过去十年间，中国在非洲制造业的投资迅速增长。与以往的援助项目不同，新的投资者大多数是民营企业，他们基本是出于经济考虑，主要商业利益包括确保自然资源、使用廉价劳力和开拓当地市场。所有这些形式的投资都有助于东道国的工业化，但它们与当地经济的协同发展机制各有不同。虽然资源型和出口加工型项目能立即创造大量就业和收入，但在非洲目前的社会经济条件下，其成长受到严重制约，企业的前景依赖于资源储量和政策优惠措施。这些类型制造商的竞争力完全在于供应环节，与市场的距离阻碍了他们的扩展升级。与此相反，面向本地市场的投资可以发现非洲的市场需求，并以对应的生产能力和技术满足需求。因为初始门槛不高，它们能够带动非洲社会不同领域更多的相关方一起参与、共同成长，包括供应商、合作伙伴、竞争对手和消费者等，中国商人广泛的网络加速了产业集群的形成。作为世界制造业大国，中国具有独特的优势，通过提供机械、配件和其他工业材料和服务促进了对非洲的投资。因此，面向本地市场的制造企业推动了中国投资与非洲结构转型之间最具活力和可持续性的共同进化。工厂的日益增多已经给非洲社会经济生活的一些方面带来了显著变化。下一章将以经济特区为例，描述中国工业投资对非洲的综合影响。

---

① Justin Yifu Lin, “From Flying Geese to Leading Dragons”, Policy Research Working Paper 5702, World Bank, June 2011, pp. 24-30.

第 6 章
经济特区

6.1　沙漠到都市

2009 年 6 月，我从埃及首都开罗出发，坐车往东 100 多千米，来到了苏伊士城。此地正当亚洲与非洲的分界线，紧靠连接地中海与印度洋的苏伊士运河，中国在此设立了一个经济贸易合作区——埃及苏伊士经贸合作区。苏伊士经贸合作区不在城里，而位于距市中心三十几千米的因苏哈那港旁。搭乘中巴出城不久就看到中东地区标志性的无边无际的黄沙，车轮所过之处尘土弥漫。直到港口附近才有零星的厂房散落在一片荒芜的戈壁上。从港口下车后还要步行将近 20 分钟才能到苏伊士经贸合作区，在 40 多摄氏度高温的灼烤和烈日暴晒下，我只觉得浑身的水分迅速蒸发在干燥的空气中。所幸，在一览无遗的空地上很容易就找到了苏伊士经贸合作区的建筑。苏伊士经贸合作区的办公室是一栋浅黄色的两层小楼，背后则是数排工厂模样的平房，周围还有两三处工地，一栋是五层高的大楼，已初具雏形，将成为苏伊士经贸合作区的投资服务中心，另外则是在建的厂房，占地面积不小。

苏伊士经贸合作区总经理刘爱民 40 岁左右，外表儒雅但说话办事干脆利落，他原来在天津经济技术开发区（即天津泰达，泰达为天津经济技术开发区的英文缩写音译）工作，2008 年被公司派来埃及主管苏伊士经贸合作区开发。他介绍道，苏伊士经贸合作区的开端可以追溯到 1994 年，当时的埃及总统穆巴拉克访华时参观了天津经济技术开发区，便邀请泰达赴埃合作，传授开发区发展管理的经验。在双边政府的协调下，1999 年泰达和四家埃及公司合资组建了埃中投资公司，共同开发因苏哈那港边 20 多平方千米的地块，其中泰达占 10% 的股份。合作过程不太顺利，不但泰达因为没有决策权无法有效贯彻自己的园区规划，而且当地官僚的腐败作风严重影响了正常经营，甚至中方汇来的款项会从账户上不翼而飞。2003 年，埃中投资公司基本停止开发并将大部分土地退回给当地政府。但泰达有意在埃及继续独立发展，于是另成立了一家独资企业，在原来的地块附近购买了1平方千米土地办起了中小企业工业园，吸引在埃投资的中国企业入园，经过几年运转，已有近十家企业落户。2007年，泰达认为在埃及市场再发展的时机已经成熟，决定申报中国商务部的境外经贸合作区项目，并顺利入选。而2009年3月，埃及政府也推出了新的经济特区计划，面向全球招标，寻找开发商发展其第一个经济特区。泰达凭其在埃及市场的经验从世界各国30个竞争者中脱颖而出，一举中标。此外，中非发展基金也向苏伊士经贸合作区注资，占30%的股份。集中埃两国政府提供的优惠扶植政策于一身，同时也意识到肩上相应的重托，泰达向苏伊士经贸合作区增派了精兵强将，准备大干一番。

谈到这里，有同事敲门，告知已是午饭时间，刘总便邀我一起去食堂。食堂就在办公楼底层，里面简单地放着七八张长方桌子和十来条板凳。吃饭的都是中国人，已经满满坐了好几十号人。刘总解释说不单是苏伊士经贸合作区的管理人员，区内所有企业的中方员工80多人都在这里就餐，埃方员工则通常自带饭盒。午饭供应的是标准餐，在钢质的餐盘里盛着茭白肉片、黄瓜、豆芽和米饭，外加一碗清汤，标价五埃磅，合人民币6元多。食堂是由一家来自天津的餐饮企业承包经营，但天津市政府为入园企业的每个中国员工第一年给予1万元人民币的伙食补贴。

正吃饭间，有人匆匆来找刘总。原来园区的供水不足，刚种的花草都快枯死了。刘总有些气恼地嘟囔着："还谈搞什么经济特区呢，连基本的水电都不能保证，经常出这类问题！"边说边迅速拨了几大口饭，然后安排苏伊士经贸合作区的副总经理向我继续介绍情况，自己则带上相关人员快步离去，找当地主管部门交涉去了。

苏伊士经贸合作区的副总姓傅，到埃及已经3年了，按公司的规定马上就要结束海外任期回国了。他提到建设工业园区耗时耗力，即使在中国也需要12 ~ 15年的时间才能形成一定的产业规模。在过去的10年中，泰达总会派遣两三人驻扎在这片沙漠中，缓慢但不懈地推进建设。直至2007年，坚持终于得到了初步回报，在入选国家级境外经贸合作区后，泰达大大加强了园区的建设力度，增加了数倍的人手，并制订了雄心勃勃的投资计划。园区按埃及的经济特点选择了四类工业为支柱，一是纺织服装等轻工业，二是石油装备，三是汽车装配，四是高低压电器，将来还打算引入电子和重工业。到 2009 年年中，已有 16 家企业入驻，其中规模比较大的有中纺机无纺布、长金不锈钢制品等厂家，分别雇用了近百名中埃员工，而与埃方合资的宏华石油机械公司更是为埃及实现了钻井设备本土化生产零的突破。为了向生产型企业提供必要的商务服务，园区也通过减免租金的形式吸引了银行、餐饮和清关物流等服务型企业入园。

回到办公室后，傅总继续介绍苏伊士经贸合作区的发展。他说开发 1 平方千米的起步区成本非常高，泰达单靠租金无法收回成本。开发商的商业目标是通过建设和管理提高大片区域的土地价值，从而能靠卖地或租金来获得一定回报。他乐观地估计再过两年，1 平方千米的中小企业工业园就会满员，将容纳 50 家企业和为当地创造数千个工作岗位。而 3 ～ 5 年后，整个扩大后的园区就可能开始产生利润。不过，泰达的眼光并不停留在短期的商业利润上。傅总指着窗外广阔的沙漠，充满豪情地说道：“合作区的最终目标是城市化，要建成像天津滨海新区一样新的现代化都市。”

走出办公室，立刻又被蒸笼般的热浪包围。我一边沿着空无一人的公路走着，期待遇上一辆中巴；一边端详着延伸至天际的黄沙大漠，心里不由对傅总所说的宏伟蓝图打上个大问号：要将这片千万年来不变的荒漠转变为现代都市谈何容易，泰达的计划是不是异想天开？这计划真能实现吗？

直到两年后，当我造访天津滨海新区时，我才明白了泰达为什么会有如此惊人的主意。2011 年的滨海新区完全可以与世界上任何一个现代化城市相比而毫不逊色。方便的轨道交通、宽敞整洁的马路、鳞次栉比的摩天大楼、合理大方的城区规划以及规模恢宏的工业园区组成了一个欣欣向荣的有机整体。在新区图书馆里我找到了天津经济技术开发区（即滨海新区的前身）的历史档案。打开书本，我看到了 1984 年开发区草创时的照片，顿时豁然开朗，领悟了当年傅总豪言壮语的由来。一张照片上显示了开发区所在地原先是一片寸草不生的盐碱地，龟裂的土地上正打下第一根水泥桩。另一张照片略晚，开发区已建起了两三栋厂房，但区内仅有一条柏油路连通外界。对比照片上过去的艰苦简陋与图书馆窗外现实的发达繁华，我难以抑制心中的震撼。这沧海桑田的巨变只用了短短 30 年不到，其间开发区的管理者和建设者投入了多少心血与汗水。当 20 世纪 80 年代初的泰达人在盐碱地上埋头苦干时，恐怕不会想到他们的努力与付出竟会带来如此巨大的变化与成果。而更令我唏嘘不已的是，泰达人并没有满足于已取得的辉煌成就，而是接过了更为艰难的新任务，走向万里之遥的埃及，决心在沙漠中重复开发区的成功。这份勇气与豪情是在过去 30 年间亲手创造了翻天覆地奇迹的管理建设人员所独具的，伴着他们谱写现代工业化进程中新的一篇篇传奇。

6.2 “走出去”的尝试

早在 20 世纪 90 年代，中国开发商就开始在越南、巴基斯坦、埃及建立一些小型工业区，帮助中国企业在这些国家投资和生产。2002 年，河南国基集团来到塞拉利昂，原本计划开发房地产（别墅与宾馆），但经当地政府劝说后转而投资将一处废弃的火车站改造为工业园。2003 年，中国有色矿业集团决定利用此前收购的赞比亚谦比希铜矿的地表土地开发冶炼工业。[①] 山东雅禾集团也在几内亚建设了一个 17 公顷的临沂工业园，有纺织、制药、橡胶产品、木制品的企业入驻，2005 年销售收入达 2 000 万美元。[②] 这些中国园区在非洲的早期试验都由单个企业发起，比较分散，规模也相对较小。

随着中国政府日益鼓励中国企业“走出去”，在外国投资与经营，商务部也号召更多的中国企业在海外设立经贸合作区。2006 年和 2007 年，商务部两度公开招标，遴选海外合作区开发的最佳方案和最具资质的开发

---

① Deborah Bräutigam, and Tang Xiaoyang, “African Shenzhen: China’s Special Economic Zones in Africa”, *The Journal of Modern African Studies*, 2011, 49(1), pp. 27-54.

② 《临沂木业企业走向非洲面对全球化——临沂非洲工业园》，九正建材网，2006-11-14，news.jc001.cn/detail/283474.html（访问日期：2020-07-16）。

企业，从总共约 120 个报名项目中选出了 19 个方案。其中 7 个在非洲，分别为埃及苏伊士经贸合作区、毛里求斯天利经贸合作区（现改名为晋非经贸合作区）、尼日利亚奥贡—广东自由贸易区、尼日利亚莱基自贸区、赞比亚—中国经济贸易合作区、埃塞俄比亚东方工业园，以及阿尔及利亚中国江铃经济贸易合作区。后因阿尔及利亚国内投资法案有重大修改，要求阿方在所有外资项目中占多数股权，江铃合作区没有推进。

同时，许多合作区所在的非洲国家也有自己的工业园计划，合作区被纳入其国家发展战略之中。前文提到，苏伊士经贸合作区最初由埃及政府发起，并于 2009 年在招标中胜出，成为该国第一个经济特区。赞比亚政府于 2005 年宣布了其多功能经济区（Multi-facility Economic Zones）计划，赞比亚—中国经济贸易合作区在谦比希和卢萨卡设有两个分区，成为该国最早的两个多功能经济区。毛里求斯在发展出口加工区方面有着多年成功的经验。政府将公共土地划拨给中国合作区项目，希望进一步吸引外国直接投资并升级经济结构。同样，尼日利亚已经有 20 多个自由贸易区，这些自由贸易区的开发企业既有私营公司也有公共部门，两个中资合作区也加入其中成为新成员。相比之下，埃塞俄比亚的东方工业园是该国第一个工业园区。埃塞俄比亚直到 2012 年才有明确的工业园区计划，但埃塞俄比亚政府很快就从东方工业园的案例中发现了工业园区的价值。[①] 政府不仅宣布了一项雄心勃勃的计划，要建设十几个国有工业园，而且还为更多的私人投资者在埃塞俄比亚开发园区提供优惠便利。因此其他中国企业也在东方工业园之后建立了新的工业园。

在整个非洲大陆，中国投资的工业园区数量在不断增长，包括肯尼亚、坦桑尼亚、乌干达、吉布提、几内亚、加纳、刚果（布）和博茨瓦纳等国。过去 10 多年来，中国民营和国有企业积极向非洲国家建议设立开发工业区，大部分非洲国家的政府对合作区项目都很有兴趣。中国开发企业通常

---

① Arkebe Oqubay, *Made in Africa-Industrial Policy in Ethiopia,* Oxford: Oxford University Press, 2015.

承担全部或大部分建设费用，而非洲合作方则提供优惠政策和配套基础设施。

尽管中非合作区已成为非洲工业园区发展的一种引人注目的形式，但这种合作形式的效果和影响尚未得到充分的研究。一些学者研究了合作区的动机和起源①，另有研究人员检验了各个园区的表现②，但对整个合作区模式的系统性分析仍是空白。本章基于对合作区成长轨迹长达10余年的跟踪，希望能全面检验合作区迄今所取得的成绩以及缺失的方面，特别关注这些园区如何能将中国的工业化经验带给非洲国家，并促进它们的结构转型。中国商务部招标遴选的6个合作区是研究的主要对象，因为它们的规模和所有者结构具有可比性，并且已经运行了相当长的时期。自2009年以来，我多次访问了所有这些经贸合作区，采访了每个园区内的中方和非洲方经理、园区内的投资者、管理园区项目的非洲官员、在园区中工作的员工，以及与园区有业务联系的企业。以下介绍苏伊士经贸合作区以外的其他五个合作区。

6.2.1 赞比亚—中国经济贸易合作区

谦比希是内陆国家赞比亚的一个矿区，位于首都卢萨卡以北420千米。1998年以来，中国有色矿业集团在此建设大型铜矿综合项目，2003年开始在相邻地块规划工业加工区，设立冶炼厂和辅助工厂，并于2004年奠基。作为分区之一的谦比希多功能经济区包括谦比希铜矿在内占地11.49平方

---

① M. J. Davies, “Special Economic Zones: China’s Developmental Model Comes to Africa”, in R. I. Rotberg, ed., *China into Africa: Trade, Aid and Influence,* Baltimore, MD: Brookings Institution Press,2008, pp. 137-154; P. Dannenberg, Y. Kim, and D. Schiller, “Chinese Special Economic Zones in Africa: A New Species of Globalization”, *African East-Asian Affairs* ,2013, 2, pp.4-14.

② G. Mthembu-Salter, “Chinese Investment in African Free Trade Zones: Lessons from the Nigerian Experience”, South Africa Institute of International Affairs, Policy Briefing 10, 2009; Fei, Ding, “Work, Employment and Training Through Africa-China Cooperation Zones: Evidence from the Eastern Industrial Zone in Ethiopia”, China Africa Research Initiative, SAIS, Johns Hopkins University, Working Paper 19, September 2018.

千米。中国有色矿业集团还决定在卢萨卡国际机场附近打造一个5.7平方千米的分区。区内的企业进口设备时能免除25%的关税，并且不需缴纳赞比亚16.5%的增值税，以及享受其他优惠。当然，他们仍受赞比亚劳工与环境法规管束，且投资至少50万美元才能获得这些优惠措施。

园区开发商特别表示要吸引投资者来形成涵盖采矿、冶炼和加工铜钴等矿产资源的产业链。截至2016年8月，已有30多家企业落户谦比希分区，其中既有铜冶炼公司、湿法冶炼公司、硫黄制酸公司、铸造厂等有色集团下属企业，也有几家中国民营企业和当地私人企业，提供机修、后勤之类的配套服务。该项目为当地总共创造了近8 000个就业机会。[①] 但谦比希地处偏远，不利于其他工业发展。

卢萨卡分区旨在集聚制造业和物流行业等多元化产业。[②] 该分区在基础建设方面比谦比希分区面临更多挑战，因为建筑成本高而投资者的热情不高。制造业企业不认为内陆国赞比亚的商业环境很有吸引力。该分区的开发始于2009年，但电力供应的延迟和缺乏增加了园区招商引资的难度。到2017年，只有几家企业在运营，包括一家啤酒厂、一家蘑菇加工厂、一家制药公司和一家塑料拖鞋厂。

6.2.2 埃塞俄比亚东方工业园

东方工业园（见图6.1）同样位于内陆国埃塞俄比亚，距离首都亚的斯亚贝巴32千米，靠近杜卡姆镇，位于连接亚的斯亚贝巴和吉布提港的主路上，距吉布提约550千米。主要开发商其元集团原是一家民营钢管制造企业，总部位于紧邻上海的江苏省张家港保税区。当其元集团董事长卢其元2006年来埃塞俄比亚考察时，他看到了许多制造业的商机，并赞赏

① 《热烈庆祝赞比亚—中国经济贸易合作区成立十周年》，2017-02-24，http://zccz.cnmc.com.cn/detailtem.jsp?column_no=070401&article_millseconds=1486732392343（访问日期：2020-07-16）。

② Lusaka East MFEZ, December 17, 2012, http://zccz.cnmc.com.cn/detailentem.jsp?column_no=071005&article_millseconds=1355729183406 (accessed July 16, 2020).

埃塞俄比亚政府“摆脱贫困”的“强烈意愿”，加之当地政治稳定、治安良好、气候宜人，于是联合了张家港另外三家民营企业共同投资建工业园，并在中国商务部 2007 年的招标中成功胜出。张家港保税区也与工业园签署合同，提供管理技术支持。

图 6.1　2012 年埃塞俄比亚东方工业园前等候的本地求职者

2008 年金融危机打击了中国的钢铁市场以及埃塞俄比亚的经济。据开发商介绍，外汇短缺、电力不足（低电压）、缓慢官僚的审批程序严重影响了工业园的发展。尽管如此，开发商仍设法逐步推进园区项目。2011 年华坚鞋厂落户工业园被视为一个转折点。此后，各国媒体和政府机构密切关注东方工业园和园内的工厂，大大帮助了园区吸引投资者。2011 年时，只有 12 家公司与园区签了租赁合同，6 家公司在运营，为当地提供了 1 600 个工作岗位。截至 2018 年年底，已有 82 家公司签署了入驻工业园的合同，50 余家在运营，主要涉及建材、电气装配、纺织、服装、鞋类、食品、药品等领域。同时，园区为埃塞俄比亚创造了 13 000 多个就业机会。

6.2.3　毛里求斯晋非经贸合作区

晋非经贸合作区位于路易港西北约 3 千米的一片未开发的公共土地“Riche Terre”，邻近自由港。原由一家省级国企天利集团开发，天利主要从事贸易、建筑、房地产和纺织品经营。2001 年，天利来到毛里求斯，设立了一家设备先进的纺纱厂，此后又几度扩展。天利的工厂供应了毛里求斯纺织业所需的大部分棉纱线与化纤纱线，并出口到其他国家。

2006 年天利的海外建区方案入选中国商务部首批境外合作区名单，是名单中最小的园区，计划占地 211 公顷。最初方案想利用当地的自然条件建成中国企业在非洲的区域性管理总部。但由于居民动迁和土地转让问题，合作区开工有所耽搁，在开发商受到全球经济下滑的打击后，园区建设进一步陷入困境。毛里求斯政府请求中国政府予以支援，中央委托山西省协调天利园区的资本重组。两家重量级企业山西焦煤集团和太原钢铁集团与天利组成了联合体。可由于找不到明确的商业利益，新开发商也未能有效推进项目。2014 年另一家国有企业山西投资集团接管了所有权，决定将项目转变为一个经济和文化多功能园区，包含金融服务区、文化中心、五星级酒店、购物中心、餐厅、接待和婚礼大厅、商店、花园等设施。

6.2.4　尼日利亚奥贡—广东自由贸易区

尼日利亚奥贡—广东自由贸易区位于奥贡州的伊格贝萨地区，距离尼日利亚商业中心拉各斯的国际机场 30 千米。奥贡州政府持有该园区 18% 的股份，但不直接参与日常管理和运营。来自广东省的国有企业新广集团是最早的开发商。[①] 然而，新广集团总部在 2008 年全球金融危机中遭受了高达数十亿元的巨额损失。2012 年年初，奥贡州政府因新广资金短缺、管理不善而终止了与新广的合作。同年晚些时候，奥贡州政府另寻了园区内一家租户——上市公司珠海中富，也是中国包装行业的龙头企业——接管

① 访谈，仲志跃（译音），新光国际集团中非投资公司副总经理，2010 年 6 月。

了合作区。[①] 中富于 2013 年 9 月与奥贡州政府签署了新的园区开发合作协议。截至 2016 年 5 月，中富在园区内投资了 6 000 万美元，入园企业数量从 5 家增加到 40 多家。[②]

但原开发商，国有的新广集团，现已重组为新南方集团的一部分，也没有放弃重夺园区控制权的努力。在广东省政府帮助下，他们多次与奥贡州政府进行谈判。最终，奥贡州政府于 2016 年 5 月结束了与中富的合作关系。[③] 2016 年 9 月，园区重新被移交给新南方集团的管理团队。[④] 中国开发企业的突然更迭不仅导致了合作区管理的混乱，而且还会使园区在未来数年中陷于复杂的法律纠纷。

6.2.5 尼日利亚莱基自贸区

莱基自贸区在拉各斯以东 60 千米的莱基半岛上，紧挨着已规划的深水港口。项目始于 2003 年，当时已在尼日利亚运营了 10 多年的中国土木工程集团（以下简称中土集团）与拉各斯州州长讨论了如何将中国开发区模式移植到尼日利亚。2006 年 5 月，中土集团同另外三家中国企业与拉各斯州政府合作建立了莱基自贸区。拉各斯州政府向开发公司提供了 30 平方千米（3 000 公顷）土地作为其一部分股份。尼方总共占股权的 40%，由拉各斯州政府及其附属企业莱基自由贸易区发展公司平分。2007 年 11 月，莱基园区方案在中国商务部第二次招标中入围。中非发展基金此后也注资加入。

在莱基半岛上的 3 000 公顷土地规划分三阶段开发。第一阶段（1 176 公顷）的目标是引入约 200 家企业投资。建设始于 2007 年 10 月，

① 访谈，韩建新，常务董事；薛峥，首席运营官，尼日利亚奥贡，2012 年 12 月。

②③ Foreign investor to President Buhari: Please Intervene, Ogun Govt Seeking to Appropriate Our Investment（外国投资者致布哈里总统：请介入，奥贡政府寻求适当投资），September 3，2016，*Premium Times*；以及 2016 年 10 月与中孚一位经理的私人信件，2016-10。

④《奥贡广东自由贸易区翻开新的一页》，2016-09-23，广东新南方集团有限公司，http://www.gdxnf.com/h-nd-264.html（访问日期：2020-07-16）。

虽然最初预计 3 年就完成，但截至 2019 年 8 月仍在进行中。开发商计划将园区分为 6 个板块，包括运输设备、纺织和轻工业、家用电器和通信技术、仓储、出口加工、生活商业区。

表 6.1 中非经贸合作区进展一览（2019 年）

合作区	建立年份	第一期面积（公顷）	计划投资额（百万美元）	实际投资额（百万美元）	入驻企业数（运营）	入驻企业实际投资额（百万美元）	园内中方雇员数	园内非洲雇员数
埃及苏伊士经贸合作区[a]	2000	334	280	149	70	1 000	1 600	3 500
赞比亚—中国经济贸易合作区（卢萨卡、谦比希分区）[b]	2004	1 719	410	197	36	1 500	1 372	7 973
尼日利亚莱基自贸区[c]	2007	1 176	392	205	51	150	120	1 000
毛里求斯晋非经贸合作区[d]	2009	211	60	50	28	—	—	2 500
尼日利亚奥贡—广东自由贸易区[e]	2009	250	220	180	30	—	200	5 000
埃塞俄比亚东方工业园[f]	2010	233	101	180	82	450	1 000	14 000

注：（a）笔者访谈，2009—2019。《境外合作区案例之一：生产加工型—中埃合作区：现代化工业新城》，《中国投资》，2015，13。（b）《关于赞比亚中国经济贸易合作区发展情况的汇报》2014-05-30；Interview with Chambishi Zone，2013-06-01；Huang Yupei，《中非经贸合作区建设》，China International Studies，2018，Issue 4。（c）www.calekki.com/news_detail/newsId=1276.html。（d）intl.ce.cn/zhuanti/2015/jwjm/fz/201511/26/t20151126_7144784.shtml。（e）《奥贡州海关关长来访自贸区》，www.wenji8.com/p/1c2D8dn.html；《在经济特区与全球化论坛上的演讲》，清华大学，2015 年 12 月。（f）"survey of all firms in EIZ, Eastern Industrial Zone, July–August 2017", One Belt and One Road Campus Alliance Special Issue 2017. www.e-eiz.com/news.php。

6.3 经济特区与全国结构转型的困境

经济特区对非洲来说并非新鲜事。一些非洲国家有颇为可观、“自下而上”市场驱动的产业聚集区，如尼日利亚阿巴的制鞋聚集区和纽维伊的汽车零部件聚集区。[①]然而，这些自发聚集区存在较大缺陷，主要是与现代化创新技术的源泉联系薄弱，以及普遍缺乏政府支持。埃及、塞内加尔、毛里求斯、利比里亚等早在20世纪70年代就设置了出口加工区。截至2012年，已有30多个非洲国家建起了各种形式的经济特区，包括出口加工区、自由贸易区和工业园区。[②]然而，除了少数例外，经济特区在非洲，特别是撒哈拉以南非洲的总体效果乏善可陈。在某些国家，园区处于半运转状态，在另一些国家，园区甚至被遗弃了。非洲工业园区所遭遇的主要障碍包括基础设施欠缺、官僚主义泛滥、区域位置不佳、政策没有竞争力、优惠措施不足，以及园区经营开发失当等。[③]

与此形成鲜明对比的是，各类工业园区和经济特区在中国结构转型中发挥了举足轻重的作用。以中国最初设立的四个综合性特区为例（见表6.2），在2009年四区的土地总面积仅为全国疆土的0.07%左右，人口相加约占全国人口的1%，生产总值相加约占全国GDP的3.5%，而进出口总额相加则达到了全国进出口总额的16%强。

---

① Deborah Bräutigam, “Substituting for the State: Institutions and Industrialization in Eastern Nigeria”, *World Development*, 1997, 25(7), pp. 1063-1080; Meagher, K, *Identity Networks: social networks & the informal economy in Nigeria*. New York: Boydell & Brewer, 2010; Zeng, D. Z., ed., *Knowledge, Technology and Cluster-based Growth in Africa,* Washington, DC: World Bank, 2008.

② Foreign Investment Advisory Service (FIAS), *Special Economic Zones: Performance, Lessons, Learning, and Implications for Zone Development*, Washington, DC: World Bank, 2008, pp. 66, 69-70.

③ FIAS, “Special Economic Zones”, pp. 48-51; Cling, J.-P. & G. Letilly, “Export processing zones: a threatened instrument for global economy insertion?” , DIAL/Unite de Recherche CIPRE Document de Travail DT/2001/17.

表 6.2　中国最初设立的四个经济特区概况（2009 年）

指标	深圳	珠海	汕头	厦门
特区面积（平方千米）	1 953	1 701	2 064	1 565
常住人口（万人）	891	148	506	249
本地生产总值（亿元）	8 201	1 038	1 036	1 623
进出口总额（亿美元）	2 701	374	60	433

数据来源：深圳、珠海、汕头、厦门 2009 年统计公报。

除了这几个综合性经济特区外，1984 年在天津、上海、大连、广州等沿海城市也设立了 14 个国家级经济技术开发区，享有与经济特区相近的宽松的外资审批权限。截至 2017 年 2 月，中国拥有 500 多个各种类型的国家级开发区，诸如保税区、经济技术开发区、出口加工区和高新区等。[①] 尤其是深圳，在短短一代人时间内从一个小渔村蜕变为一个工业化大都市。时常有非洲官员和我谈起，当他们亲眼看到今天的深圳，又了解了它的成长故事后，深受震动，迫切希望能在自己国家也创建类似的经济特区，在非洲复制深圳模式。[②] 然而，中非经贸合作区的坎坷经历表明，向非洲传授中国经济特区模式并非易事。这一困难的根源何在？

虽然经济特区能帮助尚无法提供足够基础设施，或在国家层面施行优惠政策的国家集聚制造业投资项目，便于快速启动，但研究人员也发现，经济特区长期可持续的成功与所在地区和国家的综合发展密切相关。一方面，由于经济特区享受了大量财政补贴和政府的特殊支持，它们不应仅止步于低成本、低工资生产的孤岛，而要成为地区和国家发展的催化剂。[③] 另一方面，如果宏观经济环境没有实质性转变，短期优惠措施无法支撑经

① China Association of Development Zones, www.cadz.org.cn (accessed July 16, 2020).

② Deborah Bräutigam and Tang Xiaoyang, “African Shenzhen:China’s special economic zones in Africa”, *J. of Modern African Studies*, 2011,49(1), pp. 27-54.

③ Deborah Bräutigam and Tang Xiaoyang, “Going Global in Groups: Structural Transformation and China’s Special Economic Zones Overseas”, *World Development*,2014,63, pp. 78-91.

济特区的持续发展。当这些措施结束时，经济特区便会停止增长甚至萎缩。[①]具体来看，微观和宏观的共同进化有以下六个方面。

（1）协调经济特区建设与国家基础设施规划。如能将必要和关键设施聚集在相对较小的地区，经济特区可以成为一个低成本高效益的基础建设方式，以满足国家工业发展需求。不过，如果经济特区与总体规划之间缺少协调则可能导致浪费或无用的基础建设。

（2）建立当地产业与园区内投资者的关联。经济特区的边界不应阻碍业务互动，经济特区需要与园区外企业构建产业链上下游联系，并与国家工业发展大趋势接轨。

（3）展示传授技术和管理知识。经济特区应该将技能知识传播到更广泛的经济范围。众多当地工人和管理人员的就业与培训会产生溢出效应。在外国和本地合作伙伴之间分享各类商业理念和经验也大有裨益。正如邓小平同志所说："特区是个窗口，是技术的窗口，管理的窗口，知识的窗口，也是对外政策的窗口。"[②]

（4）推进产业升级，孵化新兴产业。经济特区的优势有助于吸引具有先进技术的企业。通过适度支持，它们能发挥战略作用，促进经济体中新兴产业的发展，并助力国内产业在价值链上提升。[③]

（5）试验新政策并为全国性改革做准备。给予特区的特殊政策不应一直局限于特区内，否则这种特殊待遇反而会减缓全国范围的改革。如果特区内成功的政策和做法能够推广应用于其他地域的经济发展，则将在更大

---

① 例如，在多米尼加共和国，自由区的就业人数在世纪之交达到了 20 万人，但在过去 10 年中下降到 12 万人。(J.-M., Farole, T., "When trade preferences and tax breaks are no longer enough: The challenge of adjustment in the Dominican Republic's free zones", In T. Farole, & G. Akinci, Eds., *Special economic zones*, Washington, DC: World Bank, 2011.)

②《邓小平文选》第 3 卷，北京：人民出版社，1993 年，第 51-52 页。

③ Justine White, "Fostering innovation in developing economies through SEZs", In T. Farole, and G. Akinci, Eds., *Special economic zones*, Washington, DC: World Bank, 2011; K. Omar, and W. A. Stoever, "The Role of Technology and Human Capital in the EPZ Life-Cycle", *Transnational Corporations*, April 2008, 17(1), pp. 149-150.

范围内产生积极影响。①

（6）引领城镇化。经济特区内的产业集聚伴随着劳动力和商业集聚，特区可因此成长为综合性都市区，如深圳特区，天津、广州、青岛的经济技术开发区，以及苏州工业园（见表6.3）。缺少生活区和商业区的支撑则会导致劳动力短缺和增长停滞。

表6.3 中国经济特区的都市化扩展过程

指标	深圳特区	天津经济技术开发区	广州经济技术开发区	青岛经济技术开发区	苏州工业园区
初始规划面积（平方千米）[a]	327.5/2.14[b]	33/3	9.6	15	6.18
首次扩张后总面积（平方千米）	395	45	38.6	220	40
第二次扩张后总面积（平方千米）	—	100	217	225	115
2009年总面积（平方千米）	1 953	100	393.22	274.1	288
2009年居民数（千人）	891	168.7	182.67	315.7	315

注：a 苏州工业园区建于1994年，天津、广州、青岛经济技术开发区建于1984年，深圳特区1979年的初始面积指村庄的面积。b 斜杠后数据表示不同来源依据各自标准统计而存在的差异。

来源：冯兆一，《中国开放区域竞争力研究》，日本侨报出版社，2007；*Statistical Bulletin of ETDZs*，2009。

当中国基础设施条件还普遍较差时，经济特区与开发区提供了标准化设施，使工业生产得以进行，包括“三通一平”（“三通”是指通路、通电和通水，“一平”是指平整地面）、“五通一平”（加上排水和通信设施），甚至“七通一平”（加上供气和供暖）。这些标准化的设施施工迅速，便于使用和衔接。即用型基础设施非常有效地帮助了这些园区吸引外国投资者并保证了顺利生产。

① World Bank, *Export Processing Zones, Policy and Research Series*, Vol. 20, Industry Development Division, March 1992, p. 3.

中国的园区开发企业非常注重在区内的工厂与区外的本地供应商之间建立联系，以产生溢出效应。通过定期的研讨会让国内企业和区内的外商多交流，还鼓励外国科技企业与中方伙伴合资，以深化合作并促成技术转让。[①]此外，有的园区开发商通过战略布局，将整条产业链引入园区或邻近地区，以便所有生产都可以在园区附近进行。[②]这样的战略使开发区从组装零散的部件升级为构建动态自足的工业体系，为中国向全球工厂转型提供了坚实基础。

更重要的是，这些开发区肩负着中国经济体制改革试验的使命。邓小平同志曾说，经济特区要为中国的市场经济建设“杀出一条血路来”。[③]1992 年发表南方谈话时，他又要求经济特区“改革开放胆子要大一些，敢于试验……看准了的，就大胆地试，大胆地闯”[④]。当深圳、珠海等地的改革试验初见成效后，国家一方面设立了更多更大的特区，另一方面又将开放搞活的经验逐步推广到各地。特区率先试行的一些举措如土地批租、建立证券市场等都已成为全国性的政策，同时特区在改革之初所独享的一些招商引资的优惠条件也被其他地区所采用。[⑤]特区经验在中国推广复制得如此成功，以至于 20 世纪 90 年代中期后全国大部分地区的政策制度与特区已没有很大区别。[⑥]

到最后，在园区附近出现了新的城镇区域。中国的特区和开发区在规

---

① Wang Jianming and Hu Ming, “From County-Level to State-Level Special Economic Zone: The Case of the Kunshan Economic and Technological Development Zone”, in Douglas Zhihua Zeng, Ed., *Building Engines for Growth and Competitiveness in China: Experience with Special Economic Zones and Industrial Clusters*, Washington, DC: World Bank, 2010, p. 128.

② Wang Jianming and Hu Ming, “From County-Level to State-Level”, p. 143.

③ 邓小平，1979 年 4 月在中共中央工作会议期间的讲话。

④《在武昌、深圳、珠海、上海等地的谈话要点》(1992 年 1 月 18 日—2 月 21 日),《邓小平文选》第 3 卷，北京：人民出版社，2001 年，第 372 页。

⑤《发改委副主任彭森：特区仍要做改革创新的“试验田”》，2010-09-01，新华网，http://politics.people.com.cn/GB/1026/12604705.html。

⑥ Yue-man Yeung, J.Lee and G. Kee, “China’s Special Economic Zones at 30”, *Eurasian Geography and Economics*, 2009, 50(2), p. 225.

划时都会注意同时建设居民住宅区，这既为区内企业解决员工住宿提供了方便，又为园区带来了人气。与居住区配套的商圈和设施逐渐完善后，又会进一步提升园区的投资环境，引来更多的生产企业。这些新城镇不仅是所在地区发展的主动力，还吸收了来自全国各地数以百万计的人口，特别是成为农村移民的新家。经济特区在国家从农村向城市的社会转型中发挥着关键作用。

通过这种方式，中国的经济特区在总体上取得成功，与国家广泛的结构转型实现了协同发展。当我们审视中国的各个开发区，并非所有园区都实现了预期的增长。例如，在第一批特区中，汕头的发展速度比其他三个特区慢得多（见表 6.2）[①]。虽然各园区的发展速度不尽相同，但经济特区制度的建立在众多方面有力地推动了中国的工业化。深圳、浦东、苏州、天津等城市最大的贡献之一，就是它们带动周边地区乃至整个国家走过经济开放和工业发展的路程，经济特区的惊人成就只是国家全面繁荣的标志性案例。因此，在中国经济特区的经验中，关键是将特区的发展与整个国家的发展相关联。然而，为什么经济特区的成功难以在非洲复制？中非合作区能否有助于推广园区的开发经验呢？

6.4　中非合作区的挑战

与国内园区惊艳的发展形成鲜明对比，中非合作区的进展并不顺利。基建不足、财政拮据、政治动荡等各种问题严重减缓了开发进度。特别是中国和非洲相关参与方的观点分歧，以及园区与整体经济间发展协同机制的缺失导致园区开发延误和影响受限。[②] 对照上述六个协同渠道，合作区

---

① 研究人员提出的园区失败的原因包括地理区位不利、管理不善、缺乏企业文化和现代社会结构等。黎尔平，《在中国什么样的特区会失败？纪念汕头经济特区 30 周年》，2011-10-25, https://www.douban.com/group/topic/23112635/（访问日期：2020-07-16）。

② Tang Xiaoyang, “Chinese Economic and Trade Cooperation Zones in Africa” in Arkebe Oqubay and Justin Yifu Lin, Eds., *The Oxford Handbook of Industrial Hubs and Economic Development*, Oxford: Oxford University Press, 2020.

面临的挑战主要在于基础设施、运营管理以及与当地商业和政策的衔接。由于合作区开发时间尚短，产业升级和城市化还不明显，所以这两方面被统一归为政策和战略的分歧。

6.4.1 基础设施

协调基础设施建设是一个常见问题。合作区的基础设施通常可分为两类：开发商在园区内修建的基础设施和当地政府将外部设施（如水、电、气、路）连接到园区内的基建。双方分别管理不可避免会造成计划与行动之间的矛盾和脱节。例如，赞比亚—中国经贸合作区的卢萨卡分区三年都无法连上国家电网。即使最终连通了线路，当地政府的电力供应也不稳定，白天经常停电，而一个变电站需要投资数千万美元。开发园区的中国有色矿业集团管理人员告知，截至 2016 年年中已投资 3 000 万美元进行了一系列建设，包括平整地面、挖井、铺路、建造厂房等，可由于投资者对园区兴趣不大，有色矿业集团也不愿花更多费用来建设昂贵的基础设施。[①]

同样，尼日利亚莱基自贸区最初计划利用国家输气管道的天然气发电，但开发商在连接园外输气管道时遇到了阻碍，最终采用压缩天然气作为替代发电方式。电力问题导致了相当高昂的代价，并将施工进度推迟了 2 ~ 3 年。此外，尽管规划多年，对发展自贸区具有重要意义的拉各斯新机场、深水港和沿海高速公路依然没有实现。这些不确定性严重削弱了自贸区对入驻企业的吸引力。

受一些不可抗因素的影响，中国企业也曾出现未能履行职责的情况。例如，毛里求斯所有政府部门都为合作区规划的基础设施做好了准备，计划投资超过 4 亿卢比（约合 1 400 万美元）建设水管、地下火力发电厂、废物处理设施，并在园区周围敷设通信电缆，甚至会建造一条连接园区和

① 访谈，昝宝森，赞比亚—中国经贸合作区总经理，2016 年 8 月。

港口的高速公路。[1] 然而，中国开发商在经历了金融危机和资本重组后却行动迟缓。

6.4.2　行政与管理

这些园区的设立旨在帮助吸引外资。尽管非洲国家也尝试简化行政程序并制定了相关新政策，但政府的预想与投资者的实际需求之间仍然存在较大差距。一些国家采纳了“一站式服务”的理念，将多个部门的审批程序整合到一个大厅甚至一个服务窗口，以提高效率。然而，这些措施的实际效果并不令人满意。例如，在埃塞俄比亚东方工业园设立了一站式投资登记服务，但并没有加快相关过程。因为埃塞俄比亚官员在园区收集的文件需要转交亚的斯亚贝巴总部，而无法现场作出决定，结果整个登记过程比原来花费的时间还要长。在埃及，虽然设定了 72 小时一站式登记的服务系统，但由于没有规定发放土地和营业执照的时限，拖延依然严重。在尼日利亚和赞比亚等国，劳工许可证的审批也往往耗时很久。

无论是合资还是中方独资形式，合作区的管理结构都面临协调难题，并会严重阻碍合作区的进程。尼日利亚莱基自贸区是中尼之间的合资项目。两国的团队花费了很长时间才找到合适的工作方式。莱基自贸区尼方副总经理阿德耶莫·汤普森（Adeyemo Thompson）回忆道：“一开始，中国和尼日利亚同事之间的沟通很差。中国人只向中国经理报告，尼日利亚人只向尼日利亚经理报告，看起来就像两家公司。”经过几年的合作，这种情况才得到显著改善。[2]

非洲的其他五个合作区基本是中国公司独资。一般来说，中国单方面的管理比较有效直接，涉及的跨文化交流和协调较少。但这些园区可能形

---

① “Jin Fei: Les investissements des agences de services publics intéressent Alan Ganoo”, Jean-Yves Chavrimootoo, L’express, December 13, 2010, https://www.lexpress.mu/article/jin-fei-les-investissements-des-agences-de-services-publics-int%C3%A9ressent-alan-ganoo (accessed July 16, 2020).

② 访谈，Adeyemo Thompson，莱基自由贸易区副总经理，尼日利亚拉各斯，2010 年 6 月。

成相对独立的“国中之国”，非洲管理人员和官员对开发区的运作方式了解很少，知识溢出效应减弱。而合作管理则可能会在克服最初的沟通障碍后加强中非伙伴之间的联系。

6.4.3 与当地产业的联系

溢出效应的另一个重要方面是看园区是否能与当地产业对接，帮助他们共同成长，而不是成为一个工业孤岛。在非洲，当地可供应的商品种类有限，价格过高，往往限制了合作的可能性。埃塞俄比亚东方工业园的一位采购经理举例说：“一把泥瓦匠用的瓦刀在当地要卖十几美元（比中国高 6 ~ 7 倍），即使市场有物资供应，但就地取材的成本也太高了。”因此，工业园不仅从国内采购工业用设备材料，还大批量地向埃塞俄比亚运送水泥搅拌机、发电机、家用电器、螺丝刀、洋钉、工作服，乃至被子、蚊帐、方便面等林林总总各式商品，被形象地比喻为“蚂蚁搬家”式出口。[①]

园区开始运作后，情况逐步好转，但关联仍然薄弱。2017 年 8 月对埃塞俄比亚中国制造商进行的一项调查显示，位于东方工业园的 23 家受访工厂中只有 10 家报告有本地供应商，占园区内受访企业的 43.5%。[②] 而在全国范围内，受访的 73 家中国投资者中有 48 家（65.8%）有本地供应商。本地供应的主要是石灰石、矿物、木材、皮革等原材料，以及纸箱、标签印刷和其他配件。东方工业园中没有当地采购的企业主要从事服装制造和机械 / 车辆生产。他们在埃塞俄比亚找不到所需的布料或机器零件，只能从国外，主要是从中国进口。如第 5 章所述，通常仅有普通材料才能从埃塞俄比亚采购，需要复杂加工的产品在当地难以获取。其他中非合作区情况类似。

非洲缺少工业企业也限制了中国投资者与当地经济联动的其他可能性。中非双方高层早就对此达成共识，认为合作区应该积极发展与当地企

① 万森、吴亚波、施向军，《东方工业园“蚂蚁搬家”非洲路线图》，《中国国门时报》（*China Inspection and Quarantine Times*），第 5 页，2011-04-27。

② 笔者调研，埃塞俄比亚杜克姆，2017 年 8 月。

业间的关联。2009 年《中非合作论坛——沙姆沙伊赫行动计划（2010—2012 年）》就明确表示合作区要"为非洲中小企业入区发展提供便利"。但是，如何具体实现这一指导性政策却有待探索。例如，赞比亚—中国经贸合作区的谦比希分区专门给当地企业预留了地块，可多年来一直因为投资门槛要求（最低投资额 50 万美元）找不到合适的投资者。2011 年 7 月赞比亚工贸部副部长为此还在媒体上呼吁当地企业入园以利用园区的良好条件。[①] 2012 年，园区终于迎来了第一位赞方投资者，一家生产塑料产品的企业。截至 2018 年，其他合作区总计也只有几家本地投资者，其中大多数是服务型企业而不是制造型企业。园区开发商表示，他们对来自中国、非洲和其他国家的投资者一视同仁，希望能增加园区的多样性。但是，非洲薄弱的工业基础阻碍了协同机制的有效建立。

6.4.4　政策与战略

协调园区相关的政策和发展战略是最具挑战性的领域。非洲和中国的合作伙伴对这些园区的发展及其在整体经济中的作用有明显不同的考虑和期望。虽然双方在合作中总的来说可以找到共同利益，但在具体实践中也存在无数分歧和冲突。特别是那几个同时担负所在国改革试验任务的合作区，即埃塞俄比亚、赞比亚和埃及的园区，在探索的道路上遇到了巨大阻力。东方工业园董事长卢其元将他的工业园形象地描绘为"第一个吃螃蟹的人"，因为它为埃塞俄比亚引入了一种新的工业化模式，促使地方政府改变传统思维。推动变革的努力并非完全徒劳，但作为外资开发的园区，其对所在国政策和战略的影响能力必然有限。

首先，许多讨论聚焦在优惠政策上。无论是所在国家的特区法案，还是地方政府通过谈判作出的承诺，每个合作区都获得了一些投资和贸易相关的优惠待遇，主要包括减税、放宽外汇管制、简化通关与登记手续、提

① Zambia, "Apply for MFEZ Plots", *Times of Zambia*, July 19, 2011, http://allafrica.com/stories/201107190862.html (accessed August 18, 2011).

供企业所有权和外国劳工许可证便利等。然而，不少中国园区开发商认为这些措施的范围和力度不够。一种意见是政府让利太少。卢其元董事长说埃塞俄比亚政府起初认为东方工业园只是个私营地产项目，丝毫优惠都不愿给，后虽经解释说服，官员的思想有所转变，但所给予的减免幅度依然十分有限。卢其元说，以中国开发区的经验，如果投资企业能得到 30% 的营业税返税，“园区会有爆炸式的增长”。[①] 为此他积极邀请埃塞俄比亚官员到中国，希望在参观中国开发区后，这些官员能重新考虑税收减免事宜。

另一种意见反映优惠政策不能落实到位。莱基自贸区的中方管理人员反映，虽然尼日利亚联邦政府和拉各斯州政府签署了相关法律文件确定了自贸区的法律地位与优惠政策，但在实际执行中，由于项目实施企业与尼日利亚政府之间地位不对称，遇到重大问题时难以有效沟通和交涉。主要开发商中土集团作为企业无法与高层的政策制定者深入交流，也无力推动政策的执行。同时，尼日利亚各政府部门对这些政策文件理解也不一致，致使优惠政策和协议等难以得到切实的执行。[②] 此外，开发企业也提及，中国政府允诺园区的各项支持配套政策兑现相对滞后，而且当地政府的协调效率不高。[③] 在赞比亚，反对党赢得 2011 年选举后，赞比亚发展局规定的免税期被缩减。新政府批评旧法律给予外国投资者太多优惠，将免税期改为从运营开始的年份计算，而不是从盈利的年份开始计算。[④]

除政策外，双方在园区发展的模式和战略上也经常有分歧。毛里求斯政府对合作区寄予了厚望，并提供了政府所拥有的有限土地来支持该园区的发展。在最初的合作区规划中，中国开发商天利集团想把园区打造成中国企业在非洲的地区管理总部。可 2008 年的金融危机沉重打击了天利集团，此后园区所有权数易其手，园区的战略目标自然也被相应修正。新开发商对打造地区总部不感兴趣，改变了这一计划。毛里求斯政府对园区目标的

---

① 访谈，卢其元，厦门，2011 年 9 月。

②③《中国境外（非洲）经贸合作区及中非发展基金联席会议通讯》第二期，2010 年 7 月。

④《关于赞比亚中国经济贸易合作区发展情况的汇报》，CNMC，2014-05-30。

改变和施工的拖延非常不满。

对园区模式的不同理解也影响了埃及园区开发的进程。2009 年以来，泰达与埃及方面进行了艰苦的谈判，为园区扩建部分寻找可持续的商业模式。埃及政府最初认为中国开发商仅如同一个工程承包企业，应按建设—运作—转移（BOT）模式建成基础设施齐全的工业区。他们预期在 50 年后 BOT 合同到期时，园区的所有权将被移交给埃及政府。但这会使园区开发商的运营和权限受到很大限制，所以泰达反对这种设定。基于在中国的开发经验，园区需要在基础设施建设上投入巨资，并以低廉的土地价格吸引投资者。只有园区的营商环境得到综合改善，开发商才能从地价上涨中获得回报。[①] 因而泰达要求更多的土地使用权限，以便他们在吸引投资方面具备更大的灵活性，并能从土地价值的增长中收回投资。[②] 经过“近 500 小时的谈判”，双方才达成共识，确认合作区不是 BOT 项目，而是综合性的工业发展项目。[③]

总之，中非合作区与当地社会在上述各方面都尚未建起有效的协同机制。除了基础设施和产业支持等普遍问题外，合作区独特的管理架构是在非洲复制中国经济特区成功的主要障碍。中国大多数的开发区，尤其是早期的园区，都由其所在地政府设立的国有开发公司管理。这样的架构可以保证开发商根据市场机制运营园区，政府则专注于提供公共服务。由于园区开发公司所有权属于当地政府，它们的利益又是一致的。因此，开发公司愿意先期投入大量资金进行基础设施建设，而不顾及企业短期盈利。反过来，地方政府提供优惠政策和其他形式的支持，帮助园区吸引投资者。[④] 与此不同，中非合作区有三个主要利益相关方：中国政府、中国开发企业和非洲政府，每一方的利益都互不相同。所以，基础设施、行政、政策和其他问题的协调难度更大。此外，中国和非洲之间的文化、管理风格与产业基础的差异引发了众多意料之外的事件或矛盾，从而延缓了合作区的进

---

①④　李志群、刘亚军、刘培强，《开发区大有希望》，北京：中国财经出版社，2011 年，第 287 页。

②③　苏伊士经贸合作区内部通讯，埃及，2010-10-22。

展。合作区对所在国的整体转型尚未产生显著影响。

6.5 改善协作的路径

针对合作区实践中遇到的挑战，中非双方都采取了措施调整改进。鉴于意见分歧和沟通不畅是园区发展迟缓的症结所在，相关各方尤其注重加强思想交流以及园区与当地社会之间的联系。

6.5.1 中国方面的努力

中国政府和开发商早已认识到，中国的经济特区模式不能在合作区中复制。要找到适合非洲园区的模式，他们必须依靠非洲官员的决策和监管。因此，中方非常重视与非洲伙伴的思想交流，并通过培训、研讨会、前往中国实地考察和高层对话等多种方式向他们解释经济特区的理念。

自 2005 年以来，中国商务部为非洲国家官员组织了一系列关于园区开发的政策研讨班。非洲海关、税务、财政、港务和检验部门的管理人员应邀参加了关于经济特区运营和吸引外资的交流讨论，并赴深圳、天津、苏州等城市实地考察开发区，了解中国建设开发区的政策、经验和管理模式。[1] 有些经贸合作区的开发企业还自己策划了非洲合作伙伴的考察。2009 年，中国有色矿业集团邀请赞比亚官员和国会议员在三周时间内访问了深圳和上海的经济特区。赞比亚园区总经理昝宝森亲自设计了相关政策研讨的内容，他对这次考察的结果相当满意。访问者在研讨中提出了他们的问题，并撰写了报告。虽然赞比亚的政治制度与中国不同，但访问者理解了昝宝森的主要观点，即合作区不只是外国投资，而且可以促进赞比亚的经济发展。不过，在 158 名赞比亚议员中，仅有大约 20 位参加了这次考察。昝宝森认为，要与赞比亚政界人士实现广泛的互相理解，需要走的

---

① 《关于非洲国家开发区建设研修班的招生通知》，商务部，2005-07-15,www.mofcom.gov.cn/aarticle/h/jinckxx/200507/20050700168725.html（访问日期：2020-07-16）；《2016 年发展中国家内陆地区开发区建设与管理研修班圆满结业》，江西外语学院，2016-07-19，www.jxcfs.com/html/2016/6-19/n06064899.html（访问日期：2020-07-16）。

路还很长。[1]

卢其元也多次邀请埃塞俄比亚的部长、市长和官员访华。他描述了埃塞俄比亚客人看到上海、苏州和他的家乡张家港市后，“他们对本以为只有在西方才能看到的景象感到惊讶”。他特别介绍了实地考察如何改变了埃塞俄比亚工业园区开发公司总裁西赛（Sisay Gemechu）的观念。“西赛带团参观了苏州和昆山。他已经在苏州工业区了，却依然在街上问行人园区在哪里。当他发现自己就在园区里时，他明白了园区不单单是由几条道路或工厂组成的，还要包括金融、贸易、商业、住房、医院、学校（以及许多其他东西）。”[2] 这一生动的经历帮助这位埃塞俄比亚的高级官员理解了中国将工业区开发与城市化紧密相连的模式。

高层会议在外交程序之外也加入了相关观点的交流。例如，中国商务部前部长陈德铭在会见埃塞俄比亚总理时，每次讨论都提到东方工业园，强调开发区对吸引外资的重要作用，以及开发区需要优惠政策来实现这一功能。埃塞俄比亚前总理梅莱斯·泽纳维（Meles Zenawi）认同东方工业园是学习中国园区管理和市场改革经验的一个好平台，他还指示财政部与工业部为工业园项目制定合适的政策。[3]

6.5.2　非洲方面的努力

中方的努力在非洲合作伙伴中产生了不同反响。考察过中国经济特区的非洲官员都纷纷表示大开眼界，研讨也帮助他们进一步深化了对特区开发过程的认识。然而，其中许多人也坦诚表示，由于各种制约因素，学到的经验难以被应用于非洲的场景中。赞比亚一位官员很欣赏中国政府从高层领导到运营官员都极为重视经济特区，赞比亚政府则一会儿将多功能经

① 访谈，昝宝森，赞比亚—中国经贸合作区总经理，赞比亚卢萨卡，2013 年 7 月 29 日。

② 访谈，卢其元，埃塞俄比亚亚的斯亚贝巴，2015 年 1 月。

③《陈德铭部长访埃情况》，Ethiopia Eastern Industrial Park, January 28, 2010，www.zjginvest.gov.cn/zjginvestnew/InfoDetail/?InfoID=01358ef0-5aa8-4afd-b202-353d411db6db&CategoryNum=012010004（访问日期：2020-07-16）.

济区管理局划归商务部，一会儿又将其转移到财政部，“没人把它（经济区计划）当回事”[①]。尽管中国有色矿业集团积极向高层政治家和官员推广园区开发的理念，但效果依然有限。[②] 在尼日利亚，出口加工区管理局的改革一次次地被推迟。在埃及，“阿拉伯之春”后的政治动荡导致埃及主管官员频繁更迭，严重减缓了园区扩展的谈判和开发。

虽然这些非洲国家缺少高层的推动，在合作区项目中没有形成有效的协同机制，但埃塞俄比亚的独特案例表明，一旦非洲决策者在合作区开发中发挥主导作用，合作区可以产生巨大影响。随着东方工业园的建立，埃塞俄比亚政府逐渐认识到园区开发在建设产业能力、创造就业和吸引外资方面的重要作用。[③] 为了促进埃塞俄比亚的园区开发，埃塞俄比亚政府聘请了中国顾问，并在园区开发的规划、实施和运营过程中主动选择学习所需的知识。2013 年，埃塞俄比亚工业部与中国开发区协会签订咨询服务协议。[④] 13 位中方专家来到埃塞俄比亚，为该国的工业区计划草拟方案。总理特别顾问阿尔卡贝（Arkebe Oqubay）博士阅读了他们的报告，但他并不完全同意报告中的提议，因为有些想法不适合埃塞俄比亚的国情。为了撇开外交礼节粉饰，直接观察中国园区的真实细节，他持普通护照走访了中国。这一“原汁原味”的经验帮助他修订重组了埃塞俄比亚工业区计划。[⑤] 此外，埃塞俄比亚的决策者从现有的合作区吸取了大量经验教训。例如，阿尔卡贝博士访问了尼日利亚的莱基自贸区，发现其进展缓慢。他认为，拖延的原因在于东道国政府没有成为项目的主导方。因此，埃塞俄比亚政府积极参与了新园区项目的设计和实施。

---

① 访谈，赞比亚官员，2016 年 8 月。

② 访谈，昝宝森，赞比亚—中国经贸合作区总经理，赞比亚卢萨卡，2013 年 7 月 29 日。

③ Arkebe Oqubay, *Made in Africa*, pp. 3, 88.

④《中国开发区协会与埃塞俄比亚政府签署“埃塞俄比亚特殊经济区咨询服务协议》，中国开发区协会，2013-09-02，http://yq.rednet.cn/c/2013/09/02/3131455.htm（访问日期：2020-07-18）。

⑤ 访谈，Arkebe Oqubay 博士，2018 年 11 月。

埃塞俄比亚工业园区开发公司（IPDC）成立于2014年，是专为开发和管理工业园区设立的国有企业，采用国际标准。2014—2019年，IPDC在埃塞俄比亚的各个城市规划建设了11个工业园区。其组织架构与中国的经济特区有些类似，即国有园区开发商主导建设和运营。在此总体规划下，中国企业只是与IPDC签订承包合同来修建和短期运营其中一些园区，这些园区长期的运营则都由IPDC的管理人员负责。新园区也更直接为埃塞俄比亚政府的产业政策服务，只允许经营出口加工业务的企业入驻，而东方工业园则不会根据业务领域选择租户。

中方其实很乐于看到非洲伙伴在工业区开发中发挥主导作用，因为这些工业区项目能更好地协调相关的错综复杂的政治经济问题。一部分中国厂商迅速入驻了政府办的工业园，而不是东方工业园。中国政府和国有企业为IPDC提供咨询和管理合作，协助它开发园区。此外，当中国于2016年开始与刚果（布）合作在黑角（Pointe Noire）建立经济特区时，中方伙伴非常注意扮演支持者的角色，而不是主导者的角色。一位中方高级官员阐释合作架构："我们坚持认为［刚果（布）］总统应该担任黑角特区的负责人。他们（刚果伙伴）应该主导整个项目；我们只是参与。"① 这一立场得到刚果（布）合作方的赞赏和回应。"它（特区）是一个涉及整个政府的跨领域项目。如果我们的中国合作伙伴积极参与这个项目，我们刚果人更应如此，因为我们是主要受益者。"经济特区部长阿兰·阿蒂保（Alain Atipault）说。②

总之，合作区的历史充分反映了中国在非洲开拓的务实精神。首先，中国政府和企业没有明确的"中国模式"用于非洲的园区开发。起初，确实遭遇了非洲迥异的政治经济环境的挑战，并经历了严重的挫折，所设计

① 内部讲话，中国外交部官员，2017年3月。

② Hervé Brice Mampouya, "Pointe-Noire: La Réalisation de la Zone Économique Spéciale se Concrétise", l'Agence d'information d'Afrique centrale, January 25, 2017, http://www.adiac-congo.com/content/pointe-noire-la-realisation-de-la-zone-economique-speciale-se-concretise-60530 (accessed July 16, 2020).

的计划和战略无法有效运作。经过 10 多年的试验，中国政府和企业不断修正和尝试多种方法，以探寻适合非洲园区的开发模式。其次，合作区的不懈尝试主要由中国在非洲日益增长的经济活动所推动，因为中国工业投资者需要拥有良好基础设施的园区。与此同时，中国合作伙伴看好这些开发区在促进非洲工业化和城市化方面的潜力，尤其是国内的成功经验增强了他们的信心。中国经济继续增长的需求与非洲的发展需要在此相融合。正如刚果（布）经济特区部长阿兰·阿蒂保所指出，“中国自身应该再度工业化，并知道非洲需要工业化……这（黑角经济特区）既不是礼物也不是贷款，而是直接投资项目，并对世界其他国家开放”[①]。最后，小型试验区项目逐步产生了对非洲结构转型的政策影响，并不断扩大，即使它们当前的表现尚不耀眼。例如，埃塞俄比亚的东方工业园成为该国工业化和工业园区新政策的催化剂。从优惠政策的谈判到提供转租土地证书，开发商必须解决无数问题，才能使埃塞俄比亚的第一个工业区落地。正因如此，其进展必然缓慢，成本必然高企。[②]不过，也要看到，东方工业园项目帮助埃塞俄比亚官员近距离观察了园区开发模式，并激发了政府在数年后启动综合性的园区计划。[③]其他园区项目同样成为中国和非洲之间交流与经验分享的平台，尽管其效果影响各不相同。中国的实用主义不是通过宏大战略或固化的模式，而是通过脚踏实地的互动实践来推进非洲的结构转型。

---

① Loïcia Martial, “Congo-Brazzaville: la Chine finance une zone économique special”, RFI, January 19, 2017, https://www.rfi.fr/fr/emission/20170119-congo-brazzaville-chine-finance-une-zone-economique-speciale(accessed July 16, 2020).

② 访谈，卢其元，埃塞俄比亚亚的斯亚贝巴，2011 年 11 月。

③ Arkebe, *Made in Africa*, pp. 3, 88.

第 7 章
用工与培训

7.1　无产阶级友谊还是资本主义剥削

友谊（Urafiki）纺织厂是坦桑尼亚首都达累斯萨拉姆的地标性企业。“Urafiki”在斯瓦希里语中的意思就是友谊。这个名字让人想起企业的历史渊源，这原是 1968 年的一个援助项目，20 世纪 90 年代后期，在中国国务院前总理朱镕基的指导下，经营不善的援助项目被转型为市场化的合资企业。为了纪念工厂的特殊意义，一块写有“坦中友谊万岁”的巨大图板矗立在工厂入口的中心位置。

然而，合作的过程并非一帆风顺，双方在劳工关系上便经历了一段时间的相互磨合。在 2007 年 10 月，坦桑尼亚劳工部将整个纺织行业的最低工资标准从 57 000 先令（45 美元）/ 月提高到 150 000 先令 / 月基本工资再加 65 000 先令 / 月福利。这一最低工资对纺织企业来说实在难以承受，国内 14 家纺织厂全体抗议，并批评该规定基于不准确的劳工市场报告。经过数月的谈判，劳工部部长同意将纺织业的工资标准调低到 80 000 先令 / 月。可是，坦桑尼亚全国总工会及其在友谊纺织厂的分会不接受这一修改。他们将友谊纺织厂和劳工部一同告上法庭，控诉他们违宪，并要求按 215 000 先令 / 月的标准支付工资。法院最终判工会胜诉，并勒令友谊厂按 2007 年的规定赔付工人。

这个案例只是过去 20 年来阻碍友谊纺织厂发展的复杂劳工关系的一个缩影。友谊纺织厂的产品声誉和销售一直相当不错，市场需求大于生产能力。然而自 1997 年成立以来，劳资关系问题始终困扰着这家合资企业。新来的中方管理层希望精简劳动力以提高效率。他们在工厂原有的近 4 000 名工人中只保留了 1 900 人。不过，留下的员工中大部分是终身制的老工人，一般不能被解雇开除。一位中国经理抱怨说，这些老员工普遍“思想僵化，效率低下”，产品合格率仅为 40%，作为参照，中国的合格率达到 90%。工人经常请病假，而管理人员无法核实他们是真病了还是撒谎。

有一天，被指派搬运物资的 10 名工人中竟有 6 人请病假，造成停产和混乱，这让中方总经理非常恼火。尽管销售还好，但由于生产率低而劳动成本过高，合资企业自成立以来几乎年年处于亏损状态。

虽然如此，工会仍然要求提薪和增加福利。中方管理层觉得工会并不关心公司的经济效益，而工会认为中方不会让这个“毛泽东与尼雷尔的孩子”破产。① 相比之下，坦桑尼亚的私营企业可以更灵活有效地与工会打交道。在关于最低工资的法庭诉讼案中，所有其他纺织厂都能够私下与工会谈判调解争端，但友谊厂作为政府参股的合资企业，无法通过谈判解决。

学者李静君指出，低工资是友谊纺织厂坦桑尼亚工人不满的主因，工人的薪水难以承担一个家庭的基本需求。② 她认为这是非洲用工去制度化的结果：以往享有高福利的社会主义用工制度让位于营利性的资本主义商业逻辑。③ 友谊纺织厂的中方和坦方经理们也了解到，给当地工人的薪水微薄。但他们对原因的分析与李静君不同，他们认为正是低生产率和僵化的用工制度导致难以加薪。对劳工的过度保护让企业举步维艰，也同时抑制了工人的收入。

友谊纺织厂的案例展示了在日益紧密的中非经济纽带中围绕雇用问题存在错综复杂的争议。舆论和大众媒体特别关注中国企业在非洲的用工行为，因为就业是社会经济结构转型的一个重要方面，劳动力的成本和技能是影响工业化进程的关键因素，产业工人数量的增加也会改变以农村人口为主的国家的社会政治结构。

关于中国用工实践的不少舆论基调是批判性的。有些观察者表示担心

---

① 访谈，黄李兰，友谊纺织厂总经理，坦桑尼亚达累斯萨拉姆，2009 年 7 月。

② Ching Kwan Lee, “Raw Encounters: Chinese Managers, African Workers and the Politics of Casualization in Africa’s Chinese Enclaves”, *China Quarterly*, September 2009, 199, pp. 111-112.

③ 同上 , pp. 100-103.

中国企业会将大批中国工人带到非洲，而不愿意雇用当地工人。[①] 本·席勒（Ben Schiller）报道了数以万计的中国劳工和工程师来到埃塞俄比亚、苏丹和其他非洲国家建设基础设施项目，从而使非洲本已严重的失业问题更加恶化。[②] 另一些人则在低工资问题上做文章。国际工会运动（IHLO）香港办事处声称中国企业的工资在许多非洲国家都居于下游，而且通常比其他外资企业低。[③] 还有人质疑中国企业能否为非洲大陆的人力资源发展作出贡献。世界银行的一份研究报告断言："中国企业倾向于依赖自己的低成本劳动力，而不会在非洲工人的培训和教育方面大量投入。"[④]《南部非洲资源观察》也宣称"大部分中资项目没有向当地人转让技术的表现"。[⑤]

这些评论中有相当部分仅基于个人印象，而没有进行扎实的实地调研。其他一些则基于零散的案例研究。针对这一领域的系统研究缺乏。在本章中，我希望更准确地描画中方的用工模式及在结构转型背景下对非洲人力资源开发的影响。以下讨论将首先概述中国企业在非洲雇用员工实践的主要形式，从这些做法中揭示用工与技能之间相互因果关系的困境。我们将看到，中非交往中这一困境的解决路径很大程度上与互动实用精神和非洲社会生产生活方式的逐步改变相关联。

---

① Antoinette Slabbert, "Chinese Dump Local Labour for Imported Workers", City Press, September 1, 2012, http://m.news24.com/citypress/Business/News/Chinese-dump-local-labour-for-imported-workers-20120901 (accessed July 17, 2020) ; Southern Africa Resource Watch, "Beware of Easterners Bearing Gifts? The Development Impact of China's Role in the Region", in Garth Shelton and Claude Kabemba, eds., *Winwin Partnership? China, Southern Africa and the Extractive Industries*, Johannesburg: Southern Africa Resource Watch, 2012, p. 128.

② Ben Schiller, "The China Model", December 20, 2005, www.opendemocracy.net/democracy-china/china_development_3136.jsp (accessed March 15, 2012).

③ IHLO, "China's Exportation of Labor Practices to Africa", 2006, www.ihlo.org/CINTW/ArticleLabourPracticeExport.html (accessed March 15, 2012).

④ Ali Zafar, "The Growing Relationship Between China and Sub-Saharan Africa: Macroeconomic, Trade, Investment and Aid Links", *The World Bank Research Observer*, 2007, 22(1), p. 124.

⑤ Southern Africa Resource Watch, "Beware of Easterners", p. 149.

7.2 用工情况的真相

一种广为流传的说法是在非洲的中国企业喜欢从中国引进工人，而不是雇用当地人，但这一说法缺乏已有数据的支撑。尽管缺乏官方统计，难以了解中国企业所雇用的非洲工人的确切人数，但不少基于事实的报告和调研仍然能显示大致趋势。2007 年安哥拉财政部公布了一份报告，列出了中国企业实施的 30 个基建项目的员工构成，在总共 3 136 名员工中，有 1 872 名安哥拉人，占总数的 59.7%。在此例子中，中方工人的比例还是较高的，达到 40% 以上，但这主要因为项目的工期紧迫，而战后的安哥拉又缺少熟练劳动力。① SACE 基金会 2014 年在肯尼亚进行的一项调查发现，75 家中国公司中 78% 的全职员工是肯尼亚人。② 六个运营中的中非经贸合作区的劳工统计（见第 6 章表 6.1）显示园区内共有 33 973 名非洲员工，占区内用工总数的 85% 以上。麦肯锡在对 8 个非洲国家的 1 000 多家中国企业调研后，报道这些公司中 89% 的员工是非洲人，总计超过 30 万个工作岗位。③ 在制造业的中国工厂中，本地员工比例尤其高。约翰斯·霍普金斯大学中非研究计划（CARI）2012—2014 年在埃塞俄比亚、加纳、坦桑尼亚和尼日利亚对 87 家中国制造企业进行了调研，发现共有 15 052 名非洲员工和 688 名中国员工。伦敦大学亚非学院（SOAS）的研究者 2016—2018 年通过对埃塞俄比亚和安哥拉的 74 家公司和 1 500 名工人进行系统调查后发现，安哥拉中资企业本地工人的平均比例为 74%，埃塞俄比亚则超过 90%，与这两个国家的非中资企业类似。④

这些数据不仅表明中国企业雇用了大量非洲员工，而且还反映了本地

---

① Angola Ministry of Finance, “Anexos Linha China II”, Semestre 2007, www.minfin.gv.ao/docs/dspProjGov.htm(accessed January 27, 2010).

② “Business Perception Index Kenya 2014”, SACE (Sino Africa Centre of Excellence) Foundation.

③ “Dance of the Lions and Dragons”, McKinsey & Company, June 2017, p. 40.

④ Carlos Oya and Florian Schaefer, “Chinese Firms and Employment Dynamics in Africa: A Comparative Analysis”, Synthesis Report, 2019.

员工的比例因行业而异。根据 2017—2018 年对埃塞俄比亚 78 个中资制造业和建筑业项目的另一项调查，这些企业总共雇用了 37 457 名埃塞俄比亚员工，另有 3 153 名外籍员工，大多数是中国人，但也有数十人来自肯尼亚、毛里求斯、斯里兰卡、缅甸、越南、印度、韩国和其他国家。成衣制造业的外籍员工占比最低，在所调查的 11 家服装厂中，没有一家工厂的外籍员工在全体工人中占比超过 5%；11 家厂总共有 4 505 名工人，其中外籍员工仅占 2.5%。表 7.1 比较了 6 个主要行业的员工构成，塑料、纺织、水泥行业的工厂使用更多的外籍员工，这可能因为这些行业的生产依赖于大型复杂设备的运行和监控，需要外国技术人员。建筑企业大量使用来自邻近地区不签合同的短工，所以本地固定人员的比例较低。

表 7.1　在埃塞俄比亚中资企业的员工构成（按行业划分）

类别	服装	皮革制品	塑料制品	纺织	水泥与石膏板	建筑
埃塞俄比亚员工	4 395	11 830	3 061	1 840	2 592	9 767
外籍员工	110	440	150	152	291	1 719
埃塞俄比亚员工占比 /%	97.56	96.41	95.33	93.78	89.91	85.03

来源：笔者调研。

雇用当地工人既是政府鼓励的结果，也受到经济考量的驱动。为了缓解国内的高失业率问题，许多非洲国家严格管控外籍员工的雇用和工作许可的发放。例如，埃及法律规定每雇用九名埃及人，才能雇用一名外国雇员。[①] 安哥拉也有类似政策，要求企业 70% 的员工是安哥拉人，不过一些紧急公共项目可以例外。[②] 即使没有政府限制，不少中国企业在特定情况下也乐意雇用更多的本地员工，因为这能使他们大大降低劳动力成本。正

① 2009 年 6 月，对埃及开罗投资总局一名官员的个人采访。Transcripts in the author's possession.

②《安哥拉基本私人投资法》(*Angola's Basic Private Investment Law*)，第 54/1 条；2007 年 7 月在安哥拉罗安达对国家私人投资署官员的个人采访。Transcripts in the author's possession.

如埃塞俄比亚华坚鞋厂总经理海宇在2012年工厂刚投产时所说，“我们现在有200名中方员工，这影响了我们的利润。我们必须付他们双倍的薪水来吸引他们到非洲工作。我们希望能在尽可能短的时间里减少中国员工的数量”①。除了高工资外，中方雇员还需要其他额外费用，包括饮食、住宿、每年1～2次回国机票、工作许可申请和延期等。因此，中国员工的成本可能是同一职位的本地员工的3～4倍。②

尽管如此，许多中国企业认识到，他们至少在初始阶段必须带上相当数量的中国工人前往非洲。首先，中国员工熟悉企业的组织和流程。他们可以迅速开展运营业务，尤其在任务紧急时。其次，需要中方技术人员来安装和测试机器，因为大多数设备都从中国进口。等到当地工人熟悉机器操作后，大部分中方技工会离开非洲，只留少数人进行保养维修。最后，有经验的中国工人能在工作中培训当地同事，中方员工需要相当一段时间来向非洲同事展示和传授工作技艺。

有案例表明中方员工的数量有稳步减少的趋势。我在刚果（金）的调查发现，在该国运营时间不到五年的公司中几乎有1/3的职位雇用中国人，而超过五年的公司则将中方员工的比例降至16.8%。③在赞比亚的经贸合作区，初期建设、机械安装和培训阶段共有大约400名中方和500名赞方员工，在生产走上正轨后，中方员工的比例降到20%以下。④在埃塞俄比亚，中非洋制革厂在一年内将中方技术人员数量从33人减少到23人，当地工

---

① 访谈，海宇，华坚鞋厂总经理，埃塞俄比亚杜克姆，2012年7月。Transcripts in the author’s possession.

② Tang Xiaoyang, “Bulldozer or Locomotive? The Impact of Chinese Enterprises on the Local Employment in Angola and the DRC”, *Journal of Asian and African Studies*, 2010, 45(3), p. 354.

③ 同上, p. 362.

④ 与Bath大学Dan Haglund的电子邮件交流，2009年12月10日。引自Deborah Bräutigam, and Tang Xiaoyang, “China’s Investment in Special Economic Zones in Africa”, in Thomas Farole and Gokhan Akinci, eds., *Special Economic Zones*, Washington, DC: World Bank, 2011, p. 90.

程师被提升到主管岗位。[①] 华坚鞋厂的动作更快，它于2012年1月开始运营，当时有 300 多名中国人，到 2012 年 7 月，大约 100 名中方员工已被当地工人取代。[②] 图 7.1 展示了华坚员工结构的变化，除了培训新人带来的小幅波动外，公司在 6 年内大幅提高了埃塞俄比亚籍员工的比例。

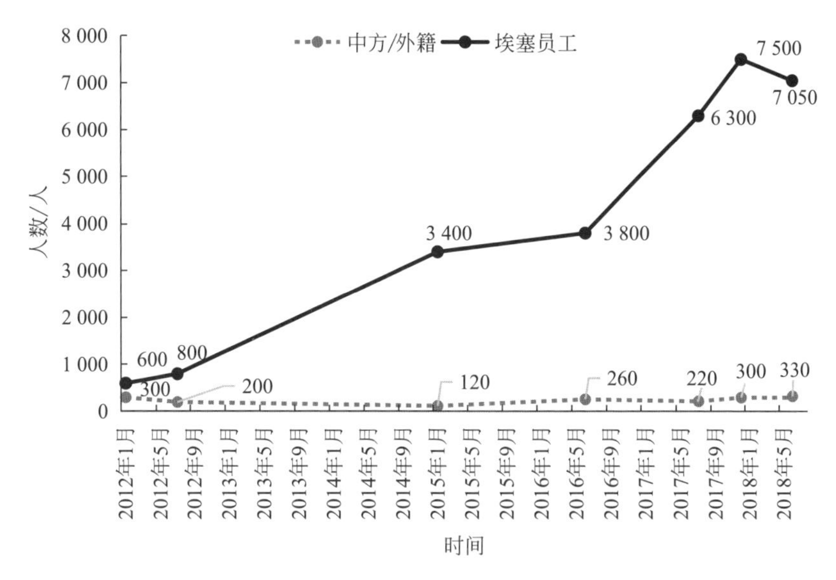

图 7.1　2012—2018 年埃塞俄比亚华坚工厂员工构成变化

数据来源：笔者调查。

关于中资企业低工资的讨论，各类研究尚没有对此问题给出一致的答案。李静君指出，中资大型企业中色非洲矿业（NFCA）支付的工资是赞比亚所有大型矿业公司中最低的。[③] 她对友谊纺织厂的研究和 Andrew Brook 对穆隆古希纺织厂的研究都显示，低工资是这两个企业劳资冲突的源头。[④]

---

① 访谈，中非洋制革厂人力资源经理，埃塞俄比亚苏鲁塔，2012 年 7 月 16 日。Transcripts in the author’s possession.

② 访谈，华坚鞋厂中国主管，埃塞俄比亚杜克姆，2012 年 7 月 10 日。Transcripts in the author’s possession.

③ Ching Kwan Lee, “Raw Encounters”, p. 111f.

④ Andrew Brooks, “Spinning and Weaving Discontent: Labour Relations and the Production of Meaning at Zambia-China Mulungushi Textiles”, *Journal of Southern African Studies*, 2010, 36(1), p. 121.

然而，世界银行 2011 年在埃塞俄比亚进行调研后发现，中资企业中本地员工的平均月薪为 85 美元，比估测的全国平均工资高出约 13%。[①] 我在埃塞俄比亚的走访中了解到中国投资者的情况非常多样，有些公司给装配线上的工人每月仅 35 ~ 40 美元，而另一些公司则每月给技术人员 100 美元或给管理人员 600 美元的薪水，以吸引他们离开竞争对手。[②] 这些差异背后的原因值得深究。

除了几家合资企业必须处理历史遗留包袱外，新投资的中国企业都是根据经营需要制定工资标准，工资水平差异的原因可以从不同项目的具体市场条件中寻找。李鹏涛将中色矿业与赞比亚的其他矿山进行了比较，以评估其劳工标准。当中色矿业在 1998 年收购谦比希矿时，它已停产 13 年。矿山修复耗资 1.6 亿美元，所有员工都是新招募的。相比之下，瑞士投资的 Mopani 和印度投资的 KCM 都是收购了正在运营的矿山，并采纳了已有的工资体系。而为了收回在基础设施和培训上的巨额投资，中色矿业的初始工资比其他矿山低很多，但保证了每年都会加薪。[③]

华坚也有类似的经营思路，这家鞋厂投入巨资建立了一家高度机械化的工厂，但在运营初期，他们每月只付给工人 600 比尔（35 美元），远低于全国平均水平。许多埃塞俄比亚员工无法接受这种思路，一开始辞职率非常高。赴中国接受培训的 86 名工人中有 70 多名工人在 6 个月内离开

---

① Michael Geiger, Chorching Goh, *Chinese FDI in Ethiopia: A World Bank Survey*, Washington, D C: World Bank Group, November 2012, p. 12.

② Tang Xiaoyang, "Does Chinese Employment Benefit Africans? Investigating Chinese Enterprises and their Operations in Africa", *African Studies Quarterly*, 2016, 16, Issue 3-4, pp. 107-128.

③ Li Pengtao, "The Myth and Reality of Chinese Investors: A Case Study of Chinese Investment in Zambia's Copper industry", Occasional Paper no. 62, South African Institute of International Affairs, 2010, p. 9. 但他误以为 Chambishi 是 Luanshya; 见：Caixin Online, "Zambian Workers Return to Jobs at Chinese-Owned copper mine", October 23, 2011, https://www.caixinglobal.com/2011-10-23/zambian-workers-return-to-jobs-at-chinese-owned-copper-mine-101016408.html (accessed July 17, 2020).

了公司，低工资是他们离职的主要原因。[①] 海宇总经理努力用中国的发展经验来说服工人们留下：“30 年前的中国也曾经很穷……成功需要时间和努力。人们需要有耐心，对未来有远见。”[②] 虽然如此劝说的效果通常有限，但也有部分埃塞俄比亚的员工接受了她的看法。装配线上有两位年轻的埃塞俄比亚员工告诉我，他们辞去了亚的斯亚贝巴一家公司的工作，而到华坚鞋厂工作，即使在那里的工资更高。他们指着周围轰鸣的机器和印有华坚标志的新制服，说：“我们可以在这里学到很多，做鞋、使用机器，还能说中文。我们对未来感到踏实。”随着留下的员工逐渐提高技能和生产力，他们的收入也相应增加。3 年后，华坚有经验的缝纫机操作员平均可以挣 1 200 比尔，6 年后则超过 2 000 比尔。[③]

从华坚和中色矿业的案例可以看到，中资企业在新项目初始时设定低工资有以下原因。第一，投资者在机器设备上进行了大量先期投入，所以想削减其他方面的费用，以尽早盈利。第二，较低的初始工资可以为以后的加薪提供足够的空间。第三，加薪应与生产率的提高挂钩。由于新招募的工人往往缺乏足够的技能，他们的工资很低。这些考量其实是世界各地企业共通的想法。韩国、印度和欧洲的投资者在创建全新项目时也采用类似的工资设计。近年来，大量中国投资者来到非洲创办企业，又集中于劳动密集型的制造业和建筑业，并雇用了数万名无技能或低技能的劳动力，这或许造成了中国企业工资较低的印象，可实际上反映的是工业化初级阶段的普遍现象，而众多非洲国家正在进入这一阶段。

卡洛斯・奥亚（Carlos Oya）和弗洛里安・舍费尔（Florian Schaefer）对 1 500 名来自不同企业的埃塞俄比亚和安哥拉工人进行的系统性调研进一步证明，工人的收入与技能水平、从事行业和地区收入水平的关系更密

---

① 访谈，前华坚工人，埃塞俄比亚德布雷赛特和亚的斯亚贝巴，2012 年 7 月。Transcripts in the author’s possession.

② 访谈，Mulu，Dani，Felke，Surafei，Sebdesse，华坚鞋厂前埃塞俄比亚雇员，德布雷赛特，2012 年 7 月。

③ 访谈，华坚管理人员和工人，2012—2018 年。

切，而不是投资者的来源地。[①] 这说明，技能和生产力的提高是扩大非洲工人就业和增加收入的关键。大多数当地工人从农村来到工厂，此前从未在工厂上过班，也没有操作过机器。中国工厂的培训效果如何？这个问题不仅关系到工人的利益，也影响到非洲工业化的速度。在接下来的一节中，我将聚焦工业化中职业伦理的培训，以展现中国雇主和非洲雇员之间的相互影响。

7.3 工作伦理与工业实践的困境

大部分工厂经理认为影响非洲工人生产力的主要问题在于他们的工作伦理。从 2012 年到 2014 年，我对埃塞俄比亚、加纳、坦桑尼亚和尼日利亚的 87 家中国制造企业进行了调研，56% 的管理层批评非洲工人“行动迟缓”“效率低下”“懒惰”或“缺乏纪律”。例如，亚的斯亚贝巴一家手套厂的中国经理抱怨埃塞俄比亚的实习生总是拖延：“工人应该在早上 7：30 开始工作，但是……他们（到工厂后）互相问候结束再准备工作，已经过去半个小时了。”[②] 由于认为当地工人效率低下，有些中国雇主在雇用和提拔更多的非洲员工时心存顾虑。

对此现象的一种常见解释是，不同文化导致工作伦理差异。穆鲁·格贝瑞（Mulu Gebre）是华坚鞋厂第一批招募的埃塞俄比亚员工，但 6 个月后她以文化差异为由辞职。“所有（中国）主管都喜欢大声吼叫，中国人做每件事都很快，但埃塞俄比亚文化教我们要慢慢地做事。”[③] 卡斯滕·吉斯（Karsten Giese）记录了阿克拉郊外一家中国酒店里加纳雇员的谈话：“因为巨大的文化差别，……中国人夜以继日地工作，他们非常勤奋，似乎从

① Carlos Oya and Florian Schaefer, “Chinese Firms and Employment Dynamics in Africa: A Comparative Analysis”, Synthesis Report, 2019.

② 访谈，Billy Yang，皮塔兹手套厂经理，埃塞俄比亚亚的斯亚贝巴，2012 年 7 月。

③ 访谈，Mulu Gebre，华坚鞋厂前员工，埃塞俄比亚德布雷赛特，2012 年 7 月。

不睡觉。”[①] 而在另一个研究中，中国商人认为加纳社会中“太多的文化”分散了当地工人的精力。[②]

不少学者支持对中国工作伦理的文化主义解释。梅丽莎·赖特（Melissa Wright）认为，中国用严格的纪律来管理工人的做法源于儒家文化的影响。[③] 戴鸿超强调中国千年的文化传统塑造了勤奋节俭的亚洲工人的“东方模式”。[④] 吉尔特·霍夫斯泰德（Geert Hofstede）和迈克尔·邦德（Michael Bond）将东亚的经济增长归因于地区文化根源中重视努力工作的儒家美德。[⑤] 赫尔曼·卡恩（Herman Kahn）指出儒家伦理的两个方面对现代发展尤为重要：“塑造敬业、积极、负责、博学的个人”和“强化的使命感、组织认同感及对各类机构的忠诚感”。[⑥] 这些研究认为，强调勤奋、忠诚、教育的集体主义儒家价值观造就了一种纪律和勤奋意识，这种意识自 20 世纪 80 年代以来一直支撑着中国的经济腾飞。[⑦]

然而，苏珊·格林哈尔（Susan Greenhalgh）批评这类学术观点简单地“使用东方主义文化范畴来理解东方的经济成果”。[⑧] 在 20 世纪 80 年代中国进入快速增长时期之前，中国的传统文化在世界上往往被视为落后的标志和现代化的阻碍。陈曦描绘了改革初期中国工人的“懒惰”，并将这一现

---

① Karsten Giese, “Same-same but different: Chinese traders’ perspectives on African labor”, *The China Journal* ,2013, 69, pp. 134-153.

② Marcus Power, Giles Mohan and May Tan-Mullins, *China’s Resource Diplomacy in Africa: Powering Development?*, Basingstoke: Palgrave Macmillan, 2012, p. 174.

③ M.W. Wright, “Factory daughters and Chinese modernity: a case from Dongguan”, *Geoforum*, 2003, 34, pp. 291-301.

④ Hung-Chao Tai ed., *Confucianism and Economic Development: An Oriental Alternative?,* Washington, DC: Washington Institute Press, 1989.

⑤ Geert Hofstede, and Michael Bond, “The Confucius connection: from cultural roots to economic growth”, *Organizational Dynamics*,1988, 16(4), pp. 5-21.

⑥ Herman Kahn, *World Economic Development: 1979 and Bey*ond”. Boulder, CO: Westview Press, 1979, p. 122.

⑦ 黄光国还探讨了儒家思想与东亚现代化的关系。见：黄光国，《儒家思想与东亚现代化》，台北：巨流图书公司，1988。

⑧ Susan Greenhalgh, “De-Orientalizing the Chinese family firm”, *American Ethnologist*, 1994, 21(4), pp. 746-775.

象归咎于中国农村社会对时间的传统观念，而与西方工业社会的现代时间观念形成鲜明反差：

> “即使（中国人）有工作计划，也很容易被其他事所干扰打断。这表现在社交活动较少提前预约，守时不严格……甚至失约时也会持宽容的态度。在一些机关里，人们可以一边聊天，一边办公；一件事情没办完，可以第二天继续接着干。古人虽有‘人生苦短’的慨叹和‘寸阴寸金’的箴言，但这从未成为一种普遍的意识。”①

同样，来自中国香港的研究者潘毅在其2005年对中国女工的研究中，记录了一些香港经理的看法。这些经理认为内地工人“不开化”，缺乏纪律，随意离开工作，有太多农村习气，而不适合资本主义生产方式。②今天，这样的评论听起来与中方经理对非洲工人的描述很相似。然而，中国内地近几十年的快速发展充分说明了单纯用文化解释工作伦理是站不住脚的。此外，这些关于中国人“懒惰”的历史叙述也让人疑惑，中国人的工作伦理在工业发展过程中为何发生了如此之大的变化。

以上讨论显示，工厂的工作伦理与时间观念密切相关，因为价值差异主要涉及准时、快速、效率、加班意愿以及缓慢和拖延等议题。不同的时间观念反映了不同的社会生产和组织方式，可能导致工作伦理观点的背离。虽然按照西方的现代化工作方式的效率标准，来自农村地区的中国工人被视作缺乏纪律和竞争力，但他们却被描述为从早到晚不停地劳作，辛勤耕耘。③同样，人们观察到不知疲倦的非洲巴士司机和街头小贩，他们在非洲各大城市里日夜无休地工作。中国驻马里、摩洛哥前大使程涛写道：“其实，非洲人很能干……非洲的妇女尤其勤劳和能干。她们既从事田间劳作，

---

① 陈曦《中西传统时间观比较》，《时代教育》，2007年第9期，第54-55页。

② Pun Ngai, *Made in China: Women Factory Workers in a Global Workplace*, Durham, NC: Duke University Press, 2005, pp. 79-81.

③ Arthur Smith, *Chinese Characteristics*, New York: Fleming Revell Company, 1894, pp. 30-31.

也操持家务。我们经常看到她们头上顶着重物，一大袋粮食或一大捆劈柴，甚至一大盆水。”[①] 由此可见，同一群人在不同标准下既可能被视为勤奋也可能被视为懒惰。不过，在现代工业催生的工厂车间里，繁重的家务劳动或传统的农耕劳作不再是被推崇的工作伦理。

劳工史研究者认为，工业资本主义有一套特殊的工作伦理标准，其特点是时间和货币价值之间的紧密联系。正如本杰明·富兰克林（Benjamin Franklin）在1748年《给年轻商人的建议》一文中写道，“时间就是金钱”。[②] 汤普森（E.P.Thompson）区分了两种时间，一种是随意的任务时间，即时间感单纯来自根据需要完成任务，“因此努力随季节而异……（以及）工作节奏被整合到社会生活模式中”，另一种是严格的钟点时间，劳工雇用的增多和工厂的严格纪律使资本家想要通过购买工人的时间来“精确获取应得的部分”。[③] 任务时间多见于工业化前的欧洲，钟点时间则是在工业资本主义兴起之后才出现的。西方的工人过去也灵活安排工作，并未将工作时间与金钱收入相关联。[④] 但在18世纪和19世纪，通过“劳动分工、劳动监督、罚款、铃声与钟声、金钱激励、宣讲和学校教育、控制集会和体育”，新的时间纪律逐渐统治了欧洲工人。[⑤] 汤普森写道，对于“已经习惯于计时劳动”的人而言，传统基于任务的工作伦理看起来“浪费（时间）且缺乏紧迫感”。[⑥]

莫尔什·珀斯通（Moishe Postone）也将工作时间的起源追溯到14世

---

① 程涛，《非洲的地、事和人》，国际网，2012-12-29，http://memo.cfisnet.com/2012/1229/1293993.html。

② Benjamin Franklin, “Advice to a Young Tradesman”, 1748, Available at http://founders.archives.gov/documents/Franklin/01-03-02-0130 (Accessed July 17, 2020).

③ Frederick Cooper, “Colonizing time: work rhythms and labor conflict in colonial Mombasa”, In Nicholas Dirks ed., *Colonialism and Culture*, Ann Arbor, MI: University of Michigan Press, 1992, pp.209-246.

④ E.P. Thompson, *The Making of the English Working Class*, London: Penguin Books, 1963, p. 357.

⑤ E.P. Thompson, “Time, work and industrial capitalism”, *Past and Present*, 1967, 38, pp. 56-97.

⑥ 同上, p. 60.

纪西欧的布匹制造业。与中世纪大多数为本地市场生产的小型作坊“行业”不同，布匹制造是第一个从事大规模出口生产的行业。雇用了数千名领取工资的劳动者，商人们不能再依靠以日出日落为记号的“自然时间”，而开始在镇上使用工作铃声来宣布工作日的开始和结束以及休息用餐时间。通过标准化时间来管束和协调工人成为提高生产力的有效措施。商人的利润来自所生产布料的价值与所支付工资之间的差额，他们追求在给定时间内提高工人的生产力。[①] 与此形成对照的是，古代中国几乎没有对生产力的讨论，因为生产没有被大规模以货币衡量，挣取工资的阶层数量也很有限。[②]

事实上，直到半个世纪前，中国农村社会还保持着传统的时间观念。19 世纪末，亚瑟·史密斯（Arthur Smith）如此描绘中国人长时间工作却忽视效率：“他们总是停下来喝茶。他们长途跋涉到一个遥远的石灰坑，用布袋装着几夸脱的液体泥浆，而其实一个人用独轮车就可以完成三个人的工作；可这样的结果并不是他们的目标。如果有小雨，所有工作就都停止。看上去动作非常多，但进展却很微小，所以往往很难看出一帮人‘劳动’一天后的成果是什么。”[③] 1955 年，杨连生写道：“现代西方人时常会批评中国人在日常事务中缺少时间观念，可他们要记着，中国是一个还未进入机器时代的农业国，生活中几乎不需要把时间精确到分钟或秒。”[④]

随着资本主义工业生产方式对中国的影响增大，中国人的工作伦理观念也开始发生变化。叶文心注意到上海的地标建筑海关大钟引入了现代、都市化的时间纪律，规范了新兴城市中资本家、商人、白领和产业工人的活动。作为先行者，中国银行在工作、职业培训、集体生活等方面都采用严格的时间表，在半封闭的环境中训练员工，使他们不仅熟悉标准时间的

---

① Moishe Postone, *Time, Labor, and Social Domination*, Cambridge: Cambridge University Press, 1996, pp. 209-210.

② David S Landes, *Revolution in Time: Clocks and the Making of the Modern World*, Cambridge, MA: Harvard University Press, 1983, p. 25.

③ Arthur Smith, *Chinese Characteristics*, 1894, p. 44.

④ Lien-sheng Yang, “Schedules of work and rest in Imperial China”, *Harvard Journal of Asiatic Studies*, 1955,18(3/4), pp.301-325. doi:10.2307/2718436.

观念，而且养成了与时间纪律密切相关的工作伦理。[①] 这种模式在社会主义时代演变为工作单位的形式，依然按照标准化的钟点时间来训练工人和规范员工的工作与生活。然而，中国社会起初拒斥“时间就是金钱”这样的说法，视其为资本主义价值观的代表，从而切断了时间与金钱价值之间的联系。[②] 这导致工业化工作伦理的概念发生变异。政治运动不时也会提倡时间纪律和生产效率，以促进工业化。但由于利润增长不再是生产的目标，提升准点率和效率的努力依赖于政治指示，故此是零散不连贯的。以效率为目标的生产与传统生活方式和平均主义（大锅饭）同时共存，只是工作方式之一。

与此不同，以效率为导向的生产是工业资本主义唯一的工作方式。由于追求利润的企业只注重生产率增长，为了获得更多利润并在竞争环境中生存，资本主义中每个生产商都必须不断提高效率并实施严格的时间表。因此，直到市场化改革开始，工业式的时间观念才变得重要起来，并迅速在整个社会传播开来。1980 年，当深圳建起中国第一个经济特区进行市场经济试验时，在特区前竖立了一块巨大的标语牌，上写“时间就是金钱，效率就是生命”。这成为重新接受资本作为驱动力的象征性事件，也因而掀起一场全国性的讨论。只有在国家领导人对此口号表示赞许支持之后，中国社会才开始广泛认可时间、金钱和效率之间的联系。[③]

无数中国工厂的经理和工人通过具体切身的体会经历了时间和经济价值的观念变化。在 20 世纪 90 年代初对深圳利顿（中国）电子有限公司的一项研究中，李静君将一类新的劳工阶层（打工仔）描述为“现代化与繁荣”和“无情剥削”体系中的“为老板劳作的工人”。[④] 一位工人回忆说：“我们

---

① Wen-hsin Yeh, *Shanghai Splendor: Economic Sentiments and the Making of Modern China, 1843-1949*, Berkeley: University of California Press, 2007, pp. 79-100.

② 高成林，《“时间就是金钱”析义》，《金融与经济》，1985 年第 6 期，第 79-80 页。

③ 言君，《时间就是金钱，效率就是生命——冲破思想禁锢的第一声呐喊》，《传承》，2008 年第 3 期，第 4-6 页。

④ Ching Kwan Lee, *Gender and the South China Miracle: Two Worlds of Factory Women*, Berkeley, CA: University of California Press, 1998, pp. 110-115.

潮州女孩有在家做刺绣的传统……十到十五个女孩坐在一起，一边工作一边开玩笑……当你工作时，你可以自由安排你的时间，可当你打工时，你的老板制定规则。”[①] 另一名女工描述她“像足球一样被踢来踢去”，从一个位置转到另一个位置以提高效率。[②] 在潘毅的研究中也有相似记录，香港经理将工人安排在流水线上，加以纪律约束并激励高效率，使“社会主义和农村”的劳力为资本主义生产服务。[③]

大多数关于中国和非洲工作伦理差异的意见也提到了效率、速度和长时间的“努力工作”。达累斯萨拉姆一家中资服装厂 Tooku Inc. 的当地员工叙述了中国人对快速工作的重视：“中国人工作真的很勤奋，他们也希望我们努力工作。有时，他们催你催得真厉害。他们说坦桑尼亚人很慢，尤其是当我们收到大订单并且任务指标很高时。”[④] 莱基自贸区（LFTZ）尼日利亚方的副总经理阿德耶莫·汤普森（Adeyemo Thompson）认为加班是中国风格努力工作的一种体现：“尼日利亚人陪同他们的中国同事每个周末待在办公室，通过这来学习更努力地工作。”[⑤] 此外，“纪律”也与守时有关。达累斯萨拉姆东方之星（East Star）鞋厂的工人说：“中国人都非常准时，他们甚至会早一点儿到来开始工作。”[⑥]

由此可见，无论在欧洲、中国还是非洲，现代工业对工作表现的判断都普遍强调了严格的时间纪律的重要性。现代关于标准划分的时间、准时、时间价值和生产力的观念都衍生于资本主义经济和大规模工业。随着工业资本主义的扩张，西方和中国社会都逐步接受了与此对应的“时间就是金钱”的观点。尽管“勤奋”和“纪律”的教诲在中国古代就存在，但

① Ching Kwan Lee, *Gender and the South China Miracle: Two Worlds of Factory Women*, Berkeley, CA: University of California Press, 1998, pp. 114-115.

② 同上, p. 115.

③ Pun Ngai, *Made in China: Women Factory Workers in a Global Workplace*, 2005, pp. 79-81.

④ 访谈，坦桑尼亚质量控制部门工作人员，斯瓦希里语，2015 年 3 月。

⑤ 访谈，Adeyemo Thompson，副总经理，尼日利亚莱基。

⑥ 访谈，东方之星鞋厂工人，坦桑尼亚达累斯萨拉姆，2015 年 3 月。

它们与当今工业资本主义背景下中国式工作伦理所倡导的内容有着明显的区别。晚上或周末加班，强调时间的效率和生产率，坚持守时等行为来自中国社会演变后的时间观念，而不是基于中国工人任何静态的、文化原生性的专注工作的特征。

非洲社会也经历了与现代时间观念转变相应的工作方式的变化。凯莱索·阿特金斯（Keletso Atkins）记述了南非城镇中教堂、市政管理和工厂如何影响非洲工人，将其从旧传统中分离并融入工业化劳动场景的新节奏。[①] 弗雷德里克·库珀（Frederick Cooper）指出，提倡劳工正规化的英国殖民当局通过促进对"工业资本主义工作节奏，即稳定、规律和有细致管理的工作"的适应，改变了时间对当地码头工人的意义。[②] 比尔·弗洛因德（Bill Freund）注意到，非洲不同城镇区域的工作模式会因其适应现代工业社会的程度而异。例如，由于矿业蓬勃发展，赞比亚铜矿带的矿工比亚的斯亚贝巴的居民更加自律和职业化。[③] 独立后的工业化措施在一些非洲国家进一步培育了相对强大的工人阶级，可整个大陆依然以农村经济为主。[④] 2011年，工业部门就业占中国总就业人数的46.9%，而同期加纳仅为14.4%，赞比亚为9.5%，尼日利亚为8.5%，埃塞俄比亚为7.4%，坦桑尼亚为6.4%。[⑤] 大多数非洲国家的工业化进程落后于中国，尚未完全适

① Keletso Atkins, "'Kafir time: preindustrial temporal concepts and labour discipline in nineteenth-century colonial Natal", *The Journal of African History*, 1988,29(2), pp. 229-244.

② Frederick Cooper, "Colonizing Time", 1992, p. 209.

③ Bill Freund, *The African City: A History*, Cambridge: Cambridge University Press, 2007, pp. 82-92.

④ Kevin R. Cox, David Hemson, and Alison Todes, "Urbanization in South Africa and the Changing Character of Migrant Labor", *South African Geographical Journal*, 2004, 86(1), pp. 7-16; Frederick Cooper, "Urban space, industrial time, and wage labor in Africa", in Frederick Cooper, ed., *Struggle for the City: Migrant Labor, Capital, and the State in Urban Africa*, Beverly Hills, CA: SAGE, 1983, pp. 7-50.

⑤ "Employment in Industry (% of Total Employment)", World Bank, data.worldbank.org/indicator/SL.IND.EMPL.ZS. 工业部门包括"采矿和采石，制造，建筑和公用事业"。每个国家的统计数据因年份而异：加纳（2013年）、赞比亚（2012年）、尼日利亚（2007年）、埃塞俄比亚（2013年）、坦桑尼亚（2014年）。南部非洲的工业就业比例高于撒哈拉以南非洲的其他地区：南非2014年为23.5%，博茨瓦纳2010年为17.5%。

应工业资本主义的时间观念。[①] 因此，中国人和非洲人对时间观念的不同判断会导致日常运营中工作节奏的冲突。

在非洲，越来越多的中国企业试图解决工作伦理差异的问题，并转变当地工人的时间观念，以适应工业资本主义的需要。由于工作伦理是由广泛的社会实践所塑造的，中国企业面临的挑战不同于其他国家在非洲的经历和中国自身改革遇到的问题。一方面，单个中国投资企业既没有政府的行政能力，也没有教会或其他社会机构的协助；他们只能依靠工厂管理的力量。另一方面，尽管工业生产的时间纪律采用通用的钟点时间，但对此调适的方式在不同的社会和文化背景下有差别。中国经理和非洲工人之间的交往必然涉及跨文化沟通和融合。虽然文化主义观点不能完全解释工作伦理的转变，但完全排除文化因素也过于片面。弗雷德里克·库珀曾批评劳工历史学者们仅仅强调“工作场所给非洲工人带来了什么，而不是相反”。[②] 换言之，当地工人也有能动性。中国人和非洲人必须共同努力，克服工作伦理的分歧，在非洲创建现代化的工人队伍。

7.4 促成融合的务实方法

在本节中，我将使用两个案例来阐释中方管理者如何尝试改变非洲的工作伦理和时间观念。这两个案例都取自中国制造业的投资项目，因为这一行业尤为强调遵从钟点时间的劳动纪律。正如汤普森所说，在其他行业中，前资本主义和资本主义的工作伦理还可能并存，但纺织厂等制造工厂是采用严格工作时间的先行者。[③] 在我走访过的非洲国家的制造业项目中，

---

① 值得注意的是，人们认为在欧洲的非洲移民比留在家乡的非洲人能更努力、更高效地工作。[见 Hein de Haas, “The Myth of Invasion: The Inconvenient Realities of African Migration to Europe”, *Third World Quarterly* ,2008, 29(7), pp.1305-1322.] 这支持了一种观点，即发达工业国家的社会环境是促使非洲人按照现代工业的要求工作的一个因素。阻碍非洲人高效工作的不是非洲文化，而是缺少工业。

② Frederick Cooper, “Work, class and empire: an African historian’s retrospective on E.P. Thompson.” *Social History*, 1995, 20(2), pp. 235-241.

③ Thompson, *The Marking of the English Working Class*, pp. 337-380.

出于以下原因又选择了友谊纺织厂和华坚鞋厂。首先，两家企业都雇用了相当多的工人，而已有信息显示，在非洲只有不到十家中国制造企业的当地员工数超过800人。我认为，要在有足够数量人员的工厂中，才可以更清楚地看到时间纪律和协调的效果。其次，它们代表了两种不同的轨迹。一家是坦桑尼亚社会主义时期留下的中国援助项目，转制成为市场导向的合资企业，而另一家则是在埃塞俄比亚新的民营投资项目。不同的国家和背景能展现传统环境与工业资本主义之间的不同互动模式，而它们对时间价值和纪律的共同追求又使它们具有可比性。最后，这两个项目都被政府、媒体和研究人员视为中非关系的“旗舰”项目，对这两家工厂都已经有了不少研究。[①] 这些项目的相关劳工管理分析为广大读者应对非洲工业化新趋势的挑战和理解其影响提供了经验教训。之所以选择坦桑尼亚和埃塞俄比亚，也是因为它们目前的工业化水平与大多数撒哈拉以南非洲国家相近，都比较落后，也更能清晰地看到转型过程。自2009年以来，我多次考察了这两家工厂。在每家厂分别进行了3～4次整天的现场观察，采访了中方和非方的主管与员工。高层管理人员一般是约谈，其他访谈对象则是在车间里随机选择中非双方的工人进行对话。

案例研究基于对两家工厂日常实践动态的现象学解释。工厂中现实的生活和互动从来不会遵循固定的规则，尤其是在不同的跨文化背景下，尽管现代工厂有将其标准化的倾向。因此，选择不使用标准化数据或定量模型来衡量工作伦理的转变，而是通过展现实地考察的案例来勾勒个体思想的变化。这些案例涵盖了不同场景的时间观念的不同方面。我将它们汇集在一起的目的并非要展示中国雇主多大程度上有效地改变了非洲的工作伦理，因为衡量这种变化即使可能，也是极其困难的。我的目标更小些：只意图展示中国投资确实改变了当地工人的时间观念，并将现有的工作伦理

---

① See Ching Kwan Lee, “Raw encounters.”; Deborah Bräutigam, *The Dragon's Gift*, 2009, pp. 197-201; Justin Yifu Lin and Wang Yan, *Going Beyond Aid: Development Cooperation for Structural Transformation*, Cambridge: Cambridge University Press, 2017, pp. 131-149.

分歧逐渐融合。

7.4.1 友谊纺织厂

如 7.1 节所述，友谊纺织厂的老工人在社会主义时期就熟悉了工业化的钟点时间，因为他们清楚地知道自己的上班时间。然而，他们没有将时间纪律与经济效率相联系，由此导致了与新来的中国管理层的冲突。

2013 年，为了提高工人的生产率以及回应工会的加薪要求，总经理吴彬推出了一套新的“点面结合”的奖励制度。[①] 一方面，他在当地节假日和庆祝活动期间给全体员工发放津贴和额外食物，这种平均主义措施在中国社会主义时代经常使用，也就是吴彬所说的“面”；另一方面，他更强调给“表现最好的工人”，即在给定时间段内产出最多的工人发放奖金和加班费。织布车间的工人每月如能达到预设的目标，就可获得 3 万坦桑尼亚先令（20 美元）的奖金。每多织一米布，就会再赚 20 先令。加班也能得到相应报酬，以奖励那些长时间工作的工人。生产率最高的工人每月收入可以高达 25 万先令，而没有任何奖金的工人固定收入通常约为 10 万先令。[②] 这就是吴彬所说的“点”。

许多其他中国企业也曾出台过类似措施来奖励生产先进，但并不总能实现理想效果。有企业说，当地工人不愿意采用计件工资制，即按产出计算工资的做法，因为他们的技术无法达到高效生产，担心收入反而会低于老制度。[③] 位于友谊纺织厂附近的 Tooku 服装厂有一名中方经理提及，当地工人以前还经常退还奖金，说觉得在同事中太突出感到不适应。[④] 坦桑尼亚的工会也积极抵制计件工资制，认为它威胁到工人的收入保障。

不过，友谊纺织厂的奖金制度依靠 3 个条件而取得了成功。首先，吴彬注意到工人每月 10 万先令的固定工资仅略高于最低工资标准，只够在

①② 访谈，吴彬，友谊纺织厂总经理，2014 年 8 月。
③ 访谈，孙林华，服装公司董事，缅甸仰光，2016 年 1 月。工厂位于缅甸仰光。
④ 访谈，胡显君（音译），Tooku 服装厂经理，坦桑尼亚达累斯萨拉姆，2014 年 8 月。

达累斯萨拉姆生活的当地工人勉强养家糊口。所以，工人们赚取额外收入的意愿较强烈。用吴彬的话就是“1 万先令的奖金和加班费在 10 万先令固定工资之上的边际效应是显著的”[①]。其次，他不单纯根据工人个人的产出计算奖金，而是更注重根据小组的产出来计算奖金。工人在当地主管的带领下分成小组，主管的奖金根据组员的平均奖金计算。因此，主管有动力鼓励整个团队更有效率地工作。作为一个团体，工人更有可能提高生产率。最后，吴彬将公司的目标分解为具体数字以确保所有工人都对任务有清楚的了解。友谊纺织厂每年至少需要生产 800 万米织布才能实现收支平衡，可工厂通常只能生产 500 万 ~ 600 万米。为了让这个目标不显得遥不可及，吴彬将每个小组的配额分成较小的目标。在年底最后一个月里，主管每天都监控各自小组的目标，检查组员在下班前是否完成了他们当天的目标。如果没有，整个小组都自愿加班。最终，工厂当年生产了 808 万米织布。[②] 吴彬由此在工厂中营造了一种文化，将提高生产率变成一种集体行为，也让工人意识到他们的工作时间与他们自己及企业的收入之间有直接的关联。

很快，吴彬注意到坦桑尼亚工商业工会（TUICO）的思想发生了变化。过去，工会直接要求增加工资，而从不提及工人的生产。但在 2014 年五一劳动节的致辞中，工会请求工厂管理层“增加工作量，以便提高工资”。工会还代表工人表态：“我们今年需要增加产量。我们已经准备好工作了……必须告诉工人计划的生产目标，也应告知 TUICO 分支机构这些目标，以便能充分合作来实现目标。”[③] 吴彬很高兴听到这些要求：“他们（坦桑尼亚工人）已经意识到，应该通过更多的工作来挣钱，而不仅仅是要求加薪。”[④] 工会调整了对时间与金钱之间联系的看法。如今，想要获取更多收入的工人会想到提高生产效率和增加加班时间。

---

①② 访谈，吴彬，2014 年 8 月。

③ 2014 年 6 月 24 日，坦桑尼亚—中国友谊纺织厂工人代表在达累斯萨拉姆发表的五一讲话（书面版）。

④ 访谈，吴彬，2014 年 7 月。

一位自1968年以来一直在友谊纺织厂工作的坦桑尼亚主管描述了他对中方管理风格变化的印象："以前，中国人主要关注生产本身，但现在他们更多地考虑商业。他们将注意力集中在如何节省时间以及如何减少损失。以前，当坦桑尼亚人无法快速掌握一项技能时，他们会一遍又一遍地辅导坦桑尼亚人。但现在他们只给工人一周时间来学习一项技能，如果他不能掌握，就结束了。"[①] 这一观察揭示他理解了中国新的工作伦理不仅是关注工业生产，而是关注时间与价值之间的紧密联系。

7.4.2 华坚鞋厂

我选择华坚鞋厂（见图7.2）为第二个案例来呈现中国民营企业培训工人的过程。与友谊纺织厂相比，华坚鞋厂对纪律和效率的严格要求有过之而无不及。首先，工厂高度强调准时。车间内有一条用阿姆哈拉文、英文和中文写成的大横幅，上写"迟到是延误，早到是浪费，守时是诚信"。管理者奖励守时，惩罚迟到以儆效尤，连续一个月每天准时到岗的工人在基础工资外获得奖金。而如果迟到一次，就将失去当月的全部奖金。工厂还为工人提供了通勤巴士，便于他们从附近的两个城镇到工厂上下班，这不仅是给工人的福利，对工厂也同样重要。一位工厂主管解释通勤巴士能促使工人准时到岗："不然，他们会零星分散地过来，有些人可能（早上）10点才到。"[②] 我在现场看到，当时钟接近上午8点时，工人们都已各就各位。每条生产线前站着一名主管，在工作开始前进行最后检查。随着一声清脆的哨声，整个厂房内顿时沸腾起来，开始运行。

---

① 访谈，坦桑尼亚友谊纺织厂车间主管，坦桑尼亚达累斯萨拉姆，2015年3月。

② 访谈，陈吉祥（音译），华坚鞋厂工厂生产经理，埃塞俄比亚亚的斯亚贝巴，2017年7月。

图 7.2　2017 年位于埃塞俄比亚亚的斯亚贝巴的华坚生产线

公司对新招的工人在上岗工作前先进行一周军式化训练。工人每天参加队列操练，包括长时间在太阳下站立，以及分组进行协调练习，“向左转”“向右转”“列队看齐”。这些训练旨在增强纪律观念，培养工作中的协同行动，无法完成军训的新工人会被淘汰。总经理海宇很满意这些手段显著改变了工人的作风：“通过军训……他们（当地员工）的精神面貌与那些仍在工厂门外等工作的人大不相同。这（训练）很苦，但对他们有帮助。”[①]

为了提高效率，华坚鞋厂采用了奖金激励。与友谊纺织厂相似，奖金是根据团队表现计算的。但在华坚，不仅实现目标的团队会获得奖金，而且产出最多的团队还会获得额外的奖励。每个团队包括 20 ~ 30 名埃塞俄比亚员工，由一名中国主管带领，争取完成更多产量。工厂经理记录各组产量。每周都会选出一个获胜的小组。在一次实地调研中，我对此进行了观察。工人被分成平行的小组来制造相同的产品。黑板会显示所有团队每

① 访谈，海宇，华坚鞋厂，埃塞俄比亚亚的斯亚贝巴，2012 年 7 月。

个小时的产量。一周后，工厂经理宣布本周比赛的获胜者，并颁发奖金和奖状。每周共有 3 支队伍被选为优胜。第 1 名会得到 1 000 比尔（约合 50 美元），组里每个成员能得约 50 比尔。第 2 名和第 3 名的队伍获得的奖金略少。工厂经理在获胜小组的装配线上方悬挂红色锦旗，以示嘉奖。

一天早晨，小组主管周非查看了所有小组的小时产出表，发现他的小组进度有些慢，于是催促每个工人加快速度。午餐前，他召集团队回顾他们的表现。他的小组在一周前取得优胜，周非称赞他们做鞋好、挣钱多。下午，他继续督促他的小组加油，不时给组员们捏捏背、揉揉肩，鼓励他们更努力工作。与此同时，另一小组的主管抱怨说，他的队伍无法获胜，因为当地员工对比赛没有兴趣。[①] 不过，总体来说，营造竞争氛围确实是提高生产效率的有效手段。出于对速度的强调，华坚鞋厂的董事长张华荣号召当地工人多做，即使犯错误也不要紧。[②] 他认为高效的工人应该是按时完成任务的人。

这两个案例表明，中国制造业投资对当地员工职业精神和工作伦理的影响是渐进互动的。随着工业化的推进，相应的生产活动和时间观念成为主流，取代了传统的工作实践和社会生活方式。然而，从传统习俗到现代资本主义的过渡从来没有固定模式。正如汤普森所写："从未有经济增长不同时伴随着文化的成长或变化，而社会意识的成长，就像诗人思想的成长一样，永远不会……有计划。"[③] 标准化生产纳入一个社会是新兴的工业文化与该国已有传统之间的互动过程。尽管现代工厂有划一和标准化的外表，但也同时体现当地的历史和文化。现代欧洲、美国和东亚社会在守时、效率和资本积累方面有共识，可依然在纪律严格程度、生活方式和对未来的愿景等方面存在差异。[④]

---

① 访谈，周非、吴润陆，华坚鞋厂，埃塞俄比亚亚的斯亚贝巴，2012 年 7 月。

② 访谈，Diro，Fasel，Esrael，华坚鞋厂车间主管，埃塞俄比亚亚的斯亚贝巴，2017 年 7 月。

③ Thompson, "Time, Work and Industrial Capitalism", p. 97.

④ Edward T. Hall, *The Silent Language*. New York: Doubleda, 1959, pp. 25-35.

当今中国和非洲工作伦理的分歧与融合是“现代”和“传统”社会之间冲突的新表现。这一新的碰撞与以前的摩擦类似，工业化程度较高的社会给予刚性钟点时间对应的观念和行为赋予价值规范，将工业化程度较低的社会文化视为落后。[①] 但这一新过程也有独特之处。由于大多数中国人只是在最近几十年才接纳现代工作伦理，他们可能尚未形成根深蒂固的优越感或形成明确的系统化的歧视做法。中国人对非洲人的看法，就像非洲人对中国人的看法一样，基于零散的观察，有时带些偏见。[②] 中国人和非洲人在工作中的互动有助于减少双方的偏见，通过合作与相互适应，时间观念和工作伦理逐渐融合。需要强调的是，此处并非对所有“中国人”与“非洲人”统而论之，我的观察只是基于不同时间、地点的特定案例。

此外，这些案例研究显示，在非的中资企业里工作伦理的动态变化是互动的。中国经理经常借鉴他们在国内培训工人的经验（例如，军事化体能训练或团队比赛）来改变非洲员工的行为。但也有例子表明，这些措施为了适应当地文化环境而被改良（例如，以小组形式推广计件工资）。非洲工人不是简单地抵制或接受中国式的管理；相反，他们积极对新的生产实践作出回应。没有国家行政权力，中方管理者只能在日常经营中逐步影响当地工人。可这并不一定是坏事，因为它反而促进了更多的沟通，减少了将工业纪律简单粗暴强加于当地传统的风险。我相信这些具体的改变有助于在制造业培养一支合格的非洲劳工队伍，并可以消除中国人关于非洲人“懒惰”的偏见。通过外国投资者和当地工人的共同努力，非洲的工厂车间中将渐渐形成新型的工作伦理。[③]

尽管中国管理者还在探索与非洲伙伴共事的最佳方法，但无数中国企业的到来本身以及他们所雇用的数以万计的非洲员工已经促进了现代工作

---

① Thompson, “Time, Work and Industrial Capitalism”, p. 94.

② Galtung, Marte Kjaer, and Stig Stenslie, *Myths about China*, London: Rowman and Littleman, 2015,p. 49.

③ Tang Xiaoyang and Janet Eom, “Time Perception and Industrialization: Divergence and Convergence of Work Ethics in Chinese Enterprises in Africa”, *China Quarterly*, 2019, 238, pp. 461-481.

伦理的孕育。即使当地工人尚未完全融入工厂运营，他们也越来越熟悉现代工业背景下新工厂的具体要求。正如一位坦桑尼亚工人所说：

> “（缺乏纪律）最重要的原因是坦桑尼亚人没有相关知识。只有在看到工厂和机器之后，我们才知道在工作中要遵循哪些规则和程序。这些知识不是我们一出生就知道的，只能后天学习。例如，当我看到鞋厂的机器和中国人专业的工作后，我希望能够像中国人一样工作。但要是没有工厂和机器，我怎么知道该遵守哪些规矩？在找到一份工作之前，我们无法理解这些事情，比如我应该在早上什么时间上班，我应该每天工作多长时间，我每个月能赚多少。这些都是工作中的规矩。所以，坦桑尼亚人不是故意不遵守工作纪律。是因为他们没有工作过，他们不懂规则。”①

同样，在南部非洲服装行业工作了10年的中国经理孙林华认为，改进技能和纪律都只是时间问题：“工人们只要在工厂工作，几年后就会逐渐了解工作的细节。中国、东南亚和非洲都是这种情况。”②

按此逻辑，那么在非洲培养现代工作伦理的关键就是在工厂雇用大量非洲人。但这又似乎是自相矛盾的：当前技能和工作伦理的缺失先阻碍了当地工人的就业，导致当地劳工在工厂等场合提高技能和工作伦理的机会有限。尽管如此，这一解决路径说明了重要的一点：工作伦理的内在化是个人与环境之间的辩证过程，而不是直接的过程。合适的环境可以促进个体工人改变他们的习惯，而这些工人反过来又有助于社会环境的转变。可如果环境不变的话，直接要求他们改变习惯要困难得多。中国在非洲的投资增多，尤其是制造业投资激发了新的潮流。如果这些引领性投资项目能有效培养一支专业的非洲工人队伍，他们将吸引更多的制造业投资，改善环境以利于非洲的工业化。工作伦理的融合不仅有益于现有企业，还能加速非洲更广泛的工业化的良性循环。

---

① 访谈，Simba，T-better鞋厂工人，坦桑尼亚达累斯萨拉姆，2015年3月。

② 访谈，孙林华，服装公司董事，缅甸仰光，2016年1月。

第 8 章
社会与环境责任

8.1　绿水、清风和野生动物

如果人们在 2017—2019 年间到访乌干达的首都坎帕拉，他可能会惊讶地看到两个污水系统的反差。在一些场所，排放废水的管道残缺不全，成堆的垃圾堆积在阴沟中，污水溢过路面，恶臭四处弥漫。然而，不远处的另一些下水道两边用石头或混凝土块砌成，沟渠中畅通无阻，废水平稳流淌。在 2019 年 9 月的访谈中，中国江西国际经济技术合作有限公司（CJIC）的区域经理陈焕波对此解释道，坎帕拉污水管网的升级刚刚完成一半。2016 年，他的公司与其他几家中国和印度企业一起获得了坎帕拉市政府改善下水道的合同。但是，市政当局在开工不久后就遇上了严重的资金短缺，结果一些承包商停工数月，不见资金到位不复工。相比之下，CJIC 没有因为资金问题而推迟项目，而是用自己的资金垫付了建筑材料和人工，并按照原定时间完成了承包的任务。坎帕拉市政府非常赞许这种负责任的态度，此后还给 CJIC 追加了更多的合同。

陈焕波回忆说，当时市政亟须快速升级污水管网。当雨季开始时，雨水会冲来更多的垃圾，堵塞年久失修的下水道。而在修缮后的沟渠中，市政工人能轻松清理垃圾，保持污水处理系统运转。不过，他承认，公司愿意为项目垫付资金也有商业上的考虑。[①] 在这个内陆小国有十几家本地和外国企业从事类似的业务，CJIC 必须尽最大努力来打败竞争者获取市场份额。

第二天，我就遇到了另一家从事环境领域业务的中国公司的代表。中煤建设集团公司的余前明向我描述了他们如何为坎帕拉以西 300 千米的 Rwebisengo 山区的两个城镇建设供水管道。几百年来，该地区的居民一直从阿尔伯特湖（Albert Lake）获取饮用水，但湖水盐度太高了。项目计划

---

① 访谈，陈焕波，区域经理，中国江西国际经济技术合作有限公司，乌干达坎帕拉，2019 年 9 月。

在溪流上建造一座水坝和水库。为了避免打乱野生动物的饮水习惯，项目团队建造了一条分叉管渠，只在一半的溪流上筑坝。此外，工程团队还设计了利用重力运水的机械系统，不需用电并能降低运营成本。乌干达环境管理部门很赞赏这些措施考虑了当地的条件和需求。[①]

除承包业务外，中国还资助了非洲的许多生态环保项目，包括太阳能、沼气、垃圾处理等。一个具有象征意义的例子是埃塞俄比亚的阿达玛风电场。埃塞俄比亚政府在坚持不懈推动工业化的同时，也强调了使用可再生能源保护环境的重要性。[②] 自 2009 年以来，中国一直是世界风电行业的“领头羊”。2011—2017 年，中国水电建设集团国际工程有限公司（简称中国水电）和中国地质工程集团公司（简称中地）海外联合，通过中国进出口银行提供的两笔总额超过 4.5 亿美元的优惠出口信贷额度融资，在阿达玛地区安装了 136 台巨型风力发电机，总装机容量为 204 兆瓦，成为当时撒哈拉以南非洲最大的风电场。风电场的地理位置非常理想，常年穿过东非大裂谷的强劲气流使发电机大部分时间都在满负荷运转。可是，埃塞俄比亚电力公司所有并运营的风电场的每千瓦时电力成本仍高于当地用电的市场价格，因为埃塞俄比亚有大量廉价的水电。为此，埃塞俄比亚政府提供补贴以补偿风能的超额费用。一位来自中国水电的工程师说，他印象中，埃塞俄比亚人对绿色能源的概念由衷热情，甚至不太顾及经济考量。[③] 2017 年，中国进出口银行又签署了一项 2.57 亿美元的协议，为埃塞俄比亚东部阿伊莎风电场一期提供资金。

但与此同时，中国也大量投资于非洲国家的传统能源，引发了不少争议。国际能源署（IEA）报告称，2010—2015 年中国企业建造了撒哈拉以南非洲 27% 的煤电厂和 58% 的水坝，并为其中大部分项目提供了融

① 访谈，余前明，国家代表，中煤建设集团公司，乌干达坎帕拉，2019 年 9 月；Jamil Wesigomwe，乌干达环境和水利部总工程师，2019 年 10 月。

② National Planning Commission,“Growth and Transformation Plan II” (GTP II), May, 2016, Addis Ababa.

③ 访谈，刘工程师，中国水电，埃塞俄比亚阿达玛，2018 年 5 月。

资。[①] 这些被视作“绿色”和“不那么绿色”实践的共存使国际上的一些评论者感到困惑，他们批评中国促进气候合作和环境保护的行动没有一以贯之。[②] 电力规划设计总院刘世宇主任对此指出，燃煤发电不应被简单地等同于碳污染。他认为，通过先进的发电厂供电可以取代发展中国家燃烧煤炭和木材的传统方式，从而减少污染。风能与太阳能过于依赖天气条件，无法保证工业和城市地区稳定大量供电。尤其在需求增长难以预测、国家电网缺乏协调和调整能力的发展中国家，煤电与水电仍然是最可靠的选择，而且往往也是成本最低的选择。只要碳排放量符合国家和国际标准，刘主任认为应该建设更多的煤电厂，而不应妖魔化它们。[③]

关于中非合作中其他的环境问题，也普遍存在类似争议。由于双边合作致力于推进工业化和经济发展，政府决策者、公民社会成员和普通民众都想知道这一进程将如何影响非洲大陆的环境。非洲著称于世的有其原生古老的森林与草原、几乎尚未受工业化影响的自然生物，以及独特而脆弱、面临全球气候变化严重挑战的生态系统。当大量中国企业来到非洲大陆，大规模开展建筑、工业制造等活动时，必然会显著改变当地环境。可惜，中资企业在非洲环境保护领域没有很出色的声誉，反而经常被指责在商业活动中对社会环境影响缺少顾忌，粗暴操作。例如，2006 年，大型国有企业中国石油化工集团有限公司（简称中石化）被指控在加蓬洛南果（Lonango）国家公园非法勘探石油，指控人声称该公司在森林中开辟了道路，炸毁了公园保护区，并造成了大规模污染。[④] 2013 年 6 月，加纳军警

---

① “International Energy Agency, Boosting the Power Sector in Sub-Saharan Africa: China’s Involvement”, Paris: International Energy Agency, 2016.

② Lili Pike, “Are China’s Energy Investments in Africa Green Enough?”, China Dialogue, September 3, 2018,www.chinadialogue.net/en/energy/10799-are-china-s-energy-investments-in-africa-green-enough/(accessed July 18, 2020).

③ 《煤电“十四五”命途》，环保网，2019-11-12，https://ecep.ofweek.com/2019-11/ART-93008-8110-30416874.html（访问日期：2020-07-18）。

④ Ian Taylor, “China’s Environmental Footprint in Africa”, China Dialogue, February 7, 2007.

抓捕了 100 余名外国非法淘金者，其中大部分是中国人。[①] 这些淘金者不仅违反当地规定，投资开采小金矿，而且不负责任的开采行为还污染了湖泊与河流。[②] 2013 年 8 月，乍得政府暂停了另一家中国油气巨头中国石油天然气集团有限公司（简称中石油）在该国的石油勘探许可。据报道，在该公司的运营区域发现了大量溢出的原油。[③]

研究文献展现了更全方位和多层次的图景。伊恩·泰勒认为是中国国内的环境问题推动企业前往非洲寻找资源，这可能导致对非洲环境的过度开发。[④] 米歇尔·陈 – 费舍尔（Michelle Chan-Fishel）、马塞尔·基提苏（Marcel Kitissou）和蒂纳·巴特勒（Tina Butler）发现中国采矿和伐木公司对非洲环境带来了负面影响，但他们同时指出中国企业的行为并不比其他国家企业的行为更糟。[⑤] 奥利弗·亨森格斯（Oliver Hensengerth）对由中国水利电力对外有限公司建设的加纳布依大坝工程进行了分析，他认为即使中资企业的环保措施称不上尽善尽美，但还是遵守了当地的法规要求。[⑥] 在政策层面，彼得·博斯哈德（Peter Bosshard）表示，加强对中国海外投

① 《124 名中国公民加纳被捕 军警怂勇村民洗劫华人》，人民网，2013-06-06，politics.people.com.cn/n/2013/0606/c70731-21753971.html（访问日期：2020-07-10）。

② “Ghana Deports Thousands in Crackdown on Illegal Chinese Goldminers”, The Guardian, July 15, 2013. www.theguardian.com/world/2013/jul/15/ghana-deports-chinese-goldminers (accessed July 18, 2020).

③ 《乍得暂停中石油开采活动 称其违反环境法规》，《环球时报》，2013-08-15，https://world.huanqiu.com/article/9CaKrnJBNSu（访问日期：2020-07-10）。

④ Ian Taylor, “China’s Environmental Footprint in Africa”, China Dialogue, February 7, 2007, https://chinadialogue.net/en/energy/741-china-s-environmental-footprint-in-africa/ (accessed July 10, 2020).

⑤ Marcel Kitissou and Tina Butler, “Growing Pains and Growing Alliances: China, Timber and Africa”, in Marcel Kitissou, ed., *Africa in China’s Global Strategy*, London: Adonis & Abbey, 2007; Michelle Chan-Fishel, “Environmental Impact: More of the Same”, in Firoze Manji and Stephen Marks, eds., *African Perspectives on China in Africa*, N.p.: Fahamu / Pambazuka News, 2007, pp.139-152.

⑥ Oliver Hensengerth, “Interaction of Chinese Institutions with Host Governments in Dam Construction: The Bui Dam in Ghana”, German Development Institute, March 2011, www.die-gdi.de/uploads/media/DP_3.2001.pdf(accessed July 10,2020).

资的社会环境影响的监管符合中国自身的利益，但监管框架仍然过于简单和薄弱。[①] 丹尼尔·康帕尼翁（Daniel Compagnon）和奥黛丽·亚历山德罗（Audrey Alejandro）看到中国面向海外的环境政策取得了长足进步，但也提及这些政策变化对境外投资的实际效果尚未得到充分研究。[②]

本章旨在分析中国政府和企业在非洲环境与社会保护方面的多元化实践。社会与环境的可持续性日益成为当今可持续发展的一个重要组成部分，如果不能应对环境的制约和社会的挑战，经济增长就无法持续。与此对应，我的研究将从促进生产力持续增长的总体目标出发，来理解中非合作中的社会环境问题。我将论证，这些不同行为令人费解的混合其实与共同进化实用主义的精神是相契合的。工业化必然会改变原有的社会结构与自然环境，因此我并不坚持认为发展中国家要把社会环境保护得一成不变，而是努力在具体条件下平衡经济增长和社会经济转型，以使发展持续。

在下文中，我将首先考察不同行业不同类型的中国企业的社会环境实践，进而回顾相关的政策与法律框架。此后，我将呈现中国行业协会和银行如何提供实用的帮助，以促进海外中国投资者的企业社会责任。8.4 节探讨了关于经济发展与环境之间关系的不同看法，并阐明了中方对在非工业项目的社会环境影响如何评估。

8.2　中国企业在非洲的环境足迹

数以千计的中资企业在整个非洲大陆以纷繁多样的方式运营，与环境相关的实践可能会因不同国家的法规、投资规模、所有权与行业领域而产生很大差异。非洲的 54 个国家和多个地区性组织中每一个都有自己

---

① Peter Bosshard, “China’s Environmental Footprint in Africa”, SA Institute of International Affairs, China in Africa Policy Briefing, No. 3, April 2008, https://saiia.org.za/wp-content/uploads/2008/04/chap_brf_03_bosshard_200804.pdf(accessed July 10,2020).

② Daniel Compagnon and Audrey Alejandro, “China’s External Environmental Policy: Understanding China’s Environmental Impact in Africa and How It Is Addressed”, *Environmental Practice*, 2013, 15(3), pp. 220-227.

的环境法规，也塑造了不同的企业行为。为把环境相关实践的讨论与结构转型的背景相结合，我将按照所有权与行业来研究公司特点，因为前者有助于理解企业决策机制，后者则反映了各行业在业务和监管能力方面的差异。

所有权和投资规模的不同会导致在遵守环境标准和积极投资社会环境保护的意愿方面有很大的差别。一般来说，在大型国有企业和小型民营企业之间可以看到明显区别。较大的公司（资本超过 1 000 万美元），其中国有企业占多数，会更关注社会环境议题，而较小的私营企业经常逃避管控，有时还会忽视环境和社会利益而不择手段地追求短期利润。正如中国的一位官员所说：

> 大型国有企业在企业社会责任方面表现尚可，因为它们在这方面有能力和意识，但小型私营企业的问题很大，特别是在采矿和木材砍伐领域……而且非常难以监管。[①]

造成这种区别有几个原因。首先，大公司通常有长期投资目标，因此，在东道国创造友好的投资环境对它们利害攸关。相比之下，私营企业可能只关注短期。许多小公司的创始人和所有者奋斗的目标并不是在非洲永久经营。其次，大公司往往受到当地政府和公众更多的关注。因此，不少企业有专设的部门和较为成熟的态度，也有资源来实施与社会环境问题相关的内部控制。形成反差的是，小型私营公司更愿通过灵活手段或私人关系来解决出现的问题。最后，同样重要的是，中国驻非洲的大使馆和经济商务处会定期联系与访问大企业，但除非发生特殊情况，他们并没有精力跟踪全部的小企业。

尽管如此，大型国有企业的负面报道，比如前面关于中石化的报道，在非洲媒体中还是经常可见。值得注意的是，大型国有企业占中国商务部数据库中注册投资项目数量的 38%。其中，大约一半是中央企业，一半是

① 访谈，中国某官员，北京，2014 年 9 月。

各省的地方国有企业，平均规模小于中央企业。不过，有相当数量的中国海外投资，尤其是小型私营企业，没有在商务部登记，所以纯粹中国私企投资的实际比例可能远高于 60%。即便如此，国有企业在非洲的业务规模仍是一般私人投资者所望尘莫及的，这意味着它们对环境的影响实际上可能与私企同样重要，甚至会更重要。

环境影响多样性的另一个原因是企业经营所在的行业领域。我选择了四个行业——制造业、采矿业、建筑业和农业——在此进行深入分析。首先，中国投资在这几个领域比较集中。根据商务部对外直接投资登记数据库，截至 2015 年 1 月，中国在非洲的投资中有 46.5% 涉及制造业，44.5% 涉及采矿业，24.2% 在建筑业，7.7% 在农业。[①] 此外，这些行业对探讨环境问题的意义特别显著。同时，制造业和建筑业的发展是结构转型的关键驱动力，农业和采矿业对许多非洲国家的经济也至关重要。

8.2.1 制造业

如第 5 章所述，中国企业广泛活跃于非洲的制造业领域，从原材料加工、塑料制品、服装、家具到食品。它们与环境相关的实践在很大程度上取决于它们的产品和商业模式。其中一些企业服务非洲国内市场，特别是在尼日利亚等人口众多的国家。另一些在非洲设立工厂，为 Levi’s、Gucci 或 Nike 等欧美客户制造出口服装和鞋类等产品。借助美国在 2000 年出台的《非洲增长和机会法案》，此类投资显现增长趋势，因为法案允许某些非洲国家以零关税出口美国市场。但此类企业不仅受非洲国家法规的约束，而且还必须遵守西方客户的企业社会责任（CSR）标准。近年来，欧洲和美国公司大幅提高了环境和社会责任标准，既针对其自身业务也包括供应商的业务行为。面对来自欧美公众舆论和非政府机构越来越大的压力，供应商必须提供证据证明他们没有使用对环境有害的化学品或工艺，并且还要接受定期检查。这些额外的企业社会责任要求是对非洲当地政府管理的

---

① 商务部对外直接投资登记数据库，2015 年 1 月。

补充，能将工业化对环境的影响控制在社会可接受的范围内。

如果中国制造商不受外部客户压力的影响，而仅由非洲政府进行监控，情况往往会更复杂。一个问题是，非洲国家的监管体系与中国不同，一些中资企业不习惯这样的制度。例如，博茨瓦纳一家中资工厂主抱怨说，他不得不聘请第三方咨询公司来完成所需的环境检查报告。这对他来说是一个额外的成本负担。[①] 缺乏适用的标准是另一个常见挑战。坦桑尼亚的一家中资剑麻农场提到，剑麻加工后的废水有机质浓度很高，中国和其他国家对废水排放都加以规范，可坦桑尼亚还没有任何相关要求。结果坦桑尼亚的剑麻农场都没有遵循通常严格的废水处理标准。[②] 在现实中，坦桑尼亚的每家竞争企业都会尽量降低成本，但不加约束的行为最终可能会破坏周边地区的水域。随着越来越多的中国企业进入非洲尚未发展的制造业，它们经常将新的机器、技术和生产工艺带到非洲市场。当地管理者在规范这些新引进的投资项目时亟须提升管理能力。

值得注意的是，不少新到非洲的中国制造业企业来自更易造成污染的行业，例如小型炼钢和皮革加工。然而，在污染性行业的中国投资项目中也能看到一些亮点。与非洲当地企业相比，中国投资者基于其在国内的经历，往往具有更高的环保意识。例如，埃塞俄比亚东方工业园的一位经理回忆道，当地政府起初并不关心废水排放，告诉园区直接“将水排到外面”。可园区开发者从中国的历史教训中知道环境保护的重要性，还是修建了一座污水处理厂。而当地官员直到七八年后才开始重视废水处理问题。[③] 一项对埃塞俄比亚制革厂的研究也证明，两家中国制革企业的环保措施比当地制革厂和一家印度投资的制革厂都更好。[④]

---

① 访谈，中国工厂主，博茨瓦纳哈博罗内，2013 年 8 月。

② 访谈，中国 Sisal 农场经理，坦桑尼亚达累斯萨拉姆，2014 年 8 月。

③ 访谈，焦永顺，东方工业园管委会副主任，2017 年 8 月。

④ Birhanu Hayelom Abrha, “Physico-Chemical Analysis of Effluents from Tannery Industry in Ethiopia”, *International Journal of Scientific & Engineering Research*, January 2017, 8(1), p. 1101.

8.2.2　采矿业

与其他行业相比，采矿业中的中国企业呈两极分化。一方面，大型国有石油公司如中石化等，设有人员充足、专门的企业社会责任部门，并发布可持续发展年度报告。另一方面，“赚一票就走”的小型采矿公司经常无视当地法规，从事对环境和社会有害的业务。

小型中资矿业私企在一些国家造成了环境破坏。例如，大量小型中国矿企在刚果（金）的卢本巴希地区作业，该地区的行政管理比较薄弱，采矿活动使环境保护面临新的压力与挑战。[①] 大型企业确实有更好的环境保护措施，但它们仍然会发生事故和违规行为。由于规模较大，这些事件可能会造成更大的损害并引起更多的公众关注。

尽管在商务部登记的中国投资项目中，近一半标注参与了采矿业，但矿业投资的实际进展有很大差别。中国在采矿业的大部分项目尚处于普查和勘查阶段。许多已探明储量的油气资源的权益在 20 世纪 60 年代和 70 年代就被西方公司收购，中国企业在非洲没有掌握多少运营中的油田或矿山。以坦桑尼亚为例，商务部数据显示，有 19 家公司在该国注册采矿。然而，在 2014 年 8 月的实地走访中，我发现没有一家公司真正在矿区生产，只有一家公司在准备开挖煤矿，其他企业只是从事勘探或矿产贸易。例外情况是在赞比亚和刚果（金），中国企业拥有大型矿山。同样，中国从非洲进口大量石油，可由于技术限制和进入市场较晚，中国企业并没有多少油田的股份或经营权。例如，尽管 2014 年对中国的出口占安哥拉石油总产量的 47.99%，但中石化是安哥拉石油行业来自中国大陆的唯一投资者，在总共 34 个区块中仅持有 4 个区块的股份。而且，它不是任何区块的运营商。安哥拉石油区块的主要外资股东和运营商是 BP、雪佛龙和道达尔等欧美

---

① “Chinese Mining Operations in Katanga Democratic Republic of the Congo”, RAID, September 2009.

巨头。[1] 因此，除了少数例外，中国在采矿业的投资对非洲环境的影响可能依然有限。

8.2.3 建筑业

驻非洲的中国建筑企业一般遵照当地法规，在项目开始之前进行社会和环境评估。中国投资者通常委托国内的机构设计项目并起草评估报告，然后将其提交给非洲管理部门批准。大型企业在非洲国家普遍采用此类做法，但在某些个别案例中，国内机构会因不了解非洲环境的具体情况而在项目设计中简单复制"中国模式"。例如，由中国公司开发的赞比亚卢萨卡多功能经济区和安哥拉基兰巴新城最初的设计师在规划这两个项目时并未去过非洲。后来开发商预见到实施困难而及时修改了设计，避免了这不切实际的计划可能造成的严重环境后果和意外。

此外，上述标准程序也容易受到非洲方面不法行为的影响，当地环境官员对项目的环境评估和审批常常流于形式，也会因收受贿赂而放任监管和放松审批。

8.2.4 农业

我们在第 4 章中看到，中国在非洲的农业投资数量和规模都相当有限。尽管如此，中国农业企业的观点和行为也反映了它们对环境与发展之间关系的理解。

从积极的方面看，许多来到非洲的中方农业人员珍爱非洲大陆相对未受破坏的自然环境，并从中国环境恶化的历史中吸取教训，主动采取措施保护生态系统。例如，莫桑比克的万宝水稻农场不像当地农民那样使用机器驱赶鸟类。万宝公司认为，当地农民要赶鸟是因为他们担心鸟吃了他们大部分的谷物。可万宝能够通过先进的技术和管理提高产量，结果鸟吃的

---

① Tang Xiaoyang, "Models of Chinese Engagement in Africa's Extractive Sectors and Their Implications", *Environment: Science and Policy for Sustainable Development*, March 2014, 56(2), p. 27.

粮食数量占比就变得相对不多。而鸟类的食物中有 70% 是害虫，所以它们实际上有益于农业。而且，万宝不使用农药，只用除草剂和少量尿素作为肥料。公司经理说："在中国，农药的使用造成了恶性循环。杀虫剂杀死了昆虫和吃昆虫的鸟，鸟类数量的减少导致害虫增加，使农民更加依赖杀虫剂。"[①] 吸取这一教训，万宝非常重视维护现有的生态系统。在此，我们可以看到企业的志愿行为同时受自身利益的驱动，因为企业意识到，今天对环境保护的投资将降低未来的成本。

曾经比较令人忧虑的是，一些中方人员的非法采伐和木材走私活动对非洲的生态系统构成了严重威胁。针对这些问题，2009 年，国家林业局、商务部联合发布《中国企业境外森林可持续经营利用指南》。中国官员指出主要是个体商人从事这些不法活动，国际林业研究中心（CIFOR）也证实了这一观点，并在一份报告中详细追踪了事件的根由。[②]

总之，我们看到中国企业对环境的影响程度因企业性质和行业而异。在企业层面，环境相关的决策主要有几个驱动因素，包括商业逻辑（例如，农场为节省肥料费用而保护环境）、客户偏好（例如，制造厂家满足买方的企业社会责任要求）、管理人员的能力和期望（例如，在内部进行必要评估的能力），以及与非洲当地政府官员的基层互动（例如，建筑公司遇到当地官员索贿）。

8.3　中方的监管努力

在非洲的中国企业首要服从当地政府的监管。从环境影响评价到定期的环境检查，每个非洲国家的立法和行政部门设立的监管框架是所有投资者，无论来自中国还是他国，都必须遵守的。中国的传统一直是积极支持司法主权原则，即外部人员不应干涉非洲国家对本国企业的监管。与我国外交标志性的"不干涉"政策原则相契合，中国政府长期以来强调中国投

① 访谈，万宝水稻农场经理，莫桑比克赛赛，2014 年 7 月。

② "The Africa-China timber trade", CIFOR, Brief No. 28, March 2014, www.cifor.org/publications/pdf_files/infobrief/4518-brief.pdf?_ga=1.149960179.475458375.142022011.

资者在海外应认真遵守当地法规。

然而，中国在非洲投资的快速增长以及随之而来的对中国企业环境实践的争议，给中国政府带来了越来越大的监管压力。非洲公众和国际社会中持续发酵的不满无疑引起了中国政府的注意。既出于维护声誉的考虑，也为了保证与非洲国家的友好关系，中国政府近年来采用了一系列办法，更主动积极地处理中国企业在非洲的社会环境问题。

2007 年年底，负责管理中央企业的国务院国有资产管理委员会发布了《关于中央企业履行社会责任的指导意见》，文件强调了企业社会责任对中国国有企业的重要性，并要求它们采取措施“不断提高持续盈利能力”。它将社会责任宽广地定义为产品安全、资源节约、技术创新、职工权利和公益。要求国有企业建立沟通机制，披露企业社会责任活动并与利益相关者交流合作。

2009 年 3 月，商务部与国家林业局联合发布《中国企业境外森林可持续经营利用指南》。2013 年 2 月，商务部与原环境保护部也联手发布《对外投资合作环境保护指南》。这些文件要求中资企业不仅要遵守其经营所在国的林业和环境保护法律，还要进行环境评价并开展环境管理规划。它还鼓励中资企业参与绿色采购、循环利用和当地社区活动。

此外，有中国不同行业的商会已发布或在制定其行业对外投资的企业社会责任指南。2012 年 9 月，中国对外承包工程商会发布《中国对外承包工程行业社会责任指引》，为建筑企业“树立社会责任标尺”，鼓励它们以更负责任的方式从事海外承包工程。在环境保护方面，《中国对外承包工程行业社会责任指引》从环境管理、资源节约、降污减排、生态保护 4 个方面进行了指导。2014 年 10 月，中国五矿化工进出口商会发布了《中国对外矿业投资行业社会责任指引》。它承认采矿可能对环境产生重大影响，要求中国企业制订适当的计划并进行定期评估。2017 年 5 月，原环境保护部、外交部、发展改革委、商务部联合发布了更加全面的《关于推进绿色“一带一路”建设的指导意见》，强调了“生态文明与绿色发展”的重要性，呼吁企业“推进绿色基础设施建设”以及“遵守……环保法律法规和标准”。

尽管这些文件涵盖了广泛的企业社会责任主题，但值得注意的是，文件的题目都是“指引”或“指导意见”，而不是法律法规。因此，它们只能起建议的作用，缺乏法律约束力。在这些指引的文本中很少使用命令性的“应该”，而是经常在涉及社会和环境保护行动时使用“鼓励”一词。所有指导意见都强调，中资企业应尊重和遵守投资国当地法律。所以，意见本身没有对投资的类型或风险水平做具体描述，认为企业应该在所在国找到详细法规，并以此来决定它们的行动。

在非洲这种简略的导向是存在一些问题的。如前所述，非洲国家的环境监管并不总是很完善，一些外国投资者可以利用立法和行政上的漏洞，“合法地”降低环境治理标准。在这种情况下，遵守当地法规的原则很可能变成一句空话。

尽管要将这些指引在非洲落实存在具体困难，但指导意见的发布明确表示了中国政府和行业对社会环境议题的积极态度。不仅所有指引都提到了环境责任，而且上述有两个重要文件还专门关注环境保护。Ciprian Radavoi 和边永民观察到，中国政府倾向于将环境议题与工人或人权议题分开，因为对环境实践的跨国监管在政治上争议较小，并且被视为更可行。[①] 自 2007 年起十年内六份指导意见的发布是中国监管海外企业的良好开端。但是，执行过程的挑战表明，仅由中国政府发布指引远远不够，必须采取更多的行动和引入更多的利益相关者，才能在实践中作出有效改变。

事实上，在政府之外，中国的银行在改变企业的海外行为方面已经并正在发挥重要作用。现在，许多中资银行在发放贷款时关于社会和环境评估都有明确指引。中国进出口银行和国家开发银行是对非洲项目最重要的两个放贷机构，它们在批准贷款之前要求所有项目开发企业完成社会和环境评价。中国进出口银行还聘请第三方顾问，通常是西方公司，在批贷前

---

① Ciprian N. Radavoi and Bian Yongmin, “Enhancing the Accountability of Transnational Corporations: The Case for ‘Decoupling’ Environmental Issues”, *Environmental Law Review*, 2014, 16, pp. 168-182.

对社会和环境影响进行评估。[①] 中国进出口银行、国家开发银行、中国工商银行、中国银行都已接受了绿色信贷的“赤道原则”，对未通过环评的项目采取一票否决制。2008 年，中国进出口银行暂停了对加蓬贝林加地区铁矿开采和基建项目的贷款。据加蓬政府透露，中国进出口银行在收到一个当地非政府组织的抗议信后，要求承建该项目的中国国有企业按照国际标准进行环境影响评价（EIA）。[②] 这一案例体现了银行如何能发挥作用来督察和监控中国企业的海外行为。顺应对环境日益重视的趋势，2018 年 11 月，中国金融学会绿色金融专业委员会与多家国际金融机构联合发布了《“一带一路”绿色投资原则》，这些原则本着自愿参加的精神鼓励国有和商业银行投资绿色金融。2019 年 4 月，在北京举行第二届“一带一路”国际合作高峰论坛期间，包括中国主要银行和中国对外承包工程商会在内的约 30 个组织签署了文件。

国际标准认证也有助于改善环境实践。超过 10 万家中国企业已获得了标志环境管理体系有效实行的 ISO14001 认证。[③] 表明这些中国企业践行了国际环境的最佳实践，在其海外业务中也注重环境保护。一位国有企业前高管认为，在认同环境可持续性的国际标准方面，中国企业与西方企业不再有显著区别。当前主要问题在于实施与实践。[④]

8.4 环境责任与发展责任的困境

近年来中国与国际规范逐渐接轨，但在思考角度上仍存在一些差异。

---

① 《中国进出口银行贷款项目环境与社会评价的指导意见》。

② Oxfam Hong Kong, “Understanding China’s Overseas Foreign Direct Investment: A Mapping of Chinese Laws and Stakeholders”, 2012, p. 32. https://www.oxfam.org.hk/en/what-we-do-category/advocacy-and-campaign/china-and-the-developing-world/publications/understanding-china-s-overseas-foreign-direct-investment-a-mapping-of-chinese-laws-and-stakeholders(accessed July 10, 2020).

③ Arthur Mol, “Environmental Governance Through Information: China and Vietnam”, *Singapore Journal of Tropical Geography*, 2009, 30(1), pp.114-129 (p. 121).

④ Arthur Mol, “China’s Ascent and Africa’s Environment”, *Global Environmental Change*, 2011, 21, pp.785-794 (p. 791).

两者思考角度的差异也导致了一部分中国在非投资受到争议。这些争议应与违背环境法规相区分，因为它们不是基于共同的标准，而是探讨尚无定论的原则。

许多争议集中在基础设施建设上。中国企业在帮助非洲国家建造水坝和公路时经常会因对非洲生态系统可能产生巨大影响而受到批评。苏丹尼罗河上的麦洛维大坝就是一个典型的案例。中国水电和中国水利电力对外有限公司于2003年签署了承建大坝的合同，中国进出口银行是项目的主要融资方。大坝于2010年投入运营，是当时世界上最长的大坝，并网发电后使苏丹的装机容量翻了一番。虽然项目进行了环境影响评价并得到苏丹政府的批准，但一些国际非政府组织和包括联合国环境规划署在内的机构坚持认为，环境影响评价采用的标准太低，没有充分考虑对下游的影响。[①] 此外，苏丹政府从坝址暴力拆迁安置原住民的行为也引起了当地和国际的关注。在此背景下，一些组织指责中国企业忽视了该项目的社会环境后果。

中国政府和相关企业在回应这些批评时也强调了环境保护，但侧重点不同。国际上的公民社会突出对环境的潜在损害，以及居民被迫搬迁，但中国外交部发言人明确表示：

> 水利水电是非洲国家普遍关心的基础设施项目，也关系到非洲国家国民经济的长远发展。中方在有关的合作中，十分重视关注非洲当地民生，重视项目可能造成的一些环境影响，实行严格的环境评估和环境标准，中方一贯要求有关企业在非洲经营过程中遵守当地的法律法规。[②]

---

① EAWAG, “Independent Review of the Environmental Impact Assessment for the Merowe Dam Project (Nile River, Sudan)”, March 15, 2006, pp. 5, 76; United Nations Environment Programme, “Sudan Post-Conflict Environmental Assessment”, 2007, p. 228.

② 《外交部反对关于中方在非承建大坝威胁环保的指责》，2007-05-15，中国新闻网，http://news.sina.com.cn/c/2007-05-15/195912994680.shtml（访问日期：2020-07-10）。

中方一位项目经理介绍，中国承建企业和苏丹政府都已投入额外资金，精心安排所有可能的废物排放点，以免有害物质污染尼罗河，建筑垃圾、塑料垃圾和有机垃圾都分类区别处理。为了应对环保积极分子的批评，企业采用了在苏丹很少见的欧洲高水平标准。[①]

由此我们可以看到，麦洛维大坝的建设者和该项目的反对者同样注重环境保护。然而，这两个群体的视角和评价标准不同。一方相信项目的基本面是有益的，强调大坝对当地社会经济发展的重要性，然后试图控制建设造成的污染。另一方则希望完全暂停“超级项目”，认为这将严重影响当地的生态系统和原住民的生活。近代以来，类似的大坝建设纠纷不仅在非洲，而且在全世界屡屡发生。20 世纪初，建造大型水电站技术的进步推动了欧美建造超级水坝的热潮。瑞士的大迪克桑斯坝、美国的胡佛水坝和田纳西河流域管理局都在快速工业化时期被誉为标志性项目。它们提供了急需的电力，控制洪水，促进灌溉。可是，自 20 世纪 60 年代以来，大型水坝在西方面临越来越多的批评。主要反对意见有以下几点：①大型建设项目改变了自然水流，影响了鱼类和其他物种的生命周期；②大坝可能导致泥沙增多，加快有毒物质的沉积，从而降低水质；③建设中需要重新安置大量居民，社会成本可能非常高；④庞大的规模和复杂的流程会带来巨大的风险，历史回顾显示许多超级项目并未实现预期效益。[②]

因此，20 世纪 70 年代后大型水电站的建设在西方国家几乎终止，转而流行建设小型水利项目。然而，亚非拉发展中国家对超级水坝的兴趣没有减少。中国的三峡、巴西和巴拉圭的伊泰普、埃塞俄比亚的特克泽、苏丹的麦洛维，以及刚果河上拟建的大因加，都力争比以往的水坝更大、更高。大坝规模和发电容量方面的新纪录一次次被突破。西方环保主义组

---

① 《中国水电承建的世界最长水坝全部竣工》，新浪网，2010-04-19，http://finance.sina.com.cn/roll/20100419/09463295632.shtml（访问日期：2020-07-18）。

② Andrea Kraljevic, Jian-hua Meng, Patricia Schelle, “Seven Sins of Dam Building”, WWF International, 2013, https://wwf.panda.org/?207987/7-sins-of-dams(accessed July 10, 2020); “Dams: The Advantages and Disadvantages”, Environment, Health and Safety Online, www.ehso.com/ehshome/energydams.htm(accessed July 10, 2020).

织对此现象表示忧虑和批评，指出大坝对环境和社会的各种负面影响。与此相对，超级水坝的捍卫者们表示，大型基础设施对于落后国家的发展来说是需要的。墨西哥第三世界水管理中心的 Asit K. Biswas 和 Cecilia Tortajada 写道：

> 毫无疑问，小型水坝和集水技术将有助于农村地区和较小的城镇区域。但仅靠小型水利设施无法解决都市地区和主要产业复杂的用水问题，尤其在对用水需求高，并不断增长的领域，或在降雨量稀少且不稳定的地区。大中型水坝对于继续供水以满足未来几十年世界城市化持续升级的需求至关重要。西方世界的人们必须认识到这一点……他们自己国家以前也是一样的情况，需要建造大型水坝来满足自身的用水需求。在自己国家完成了必要的大型水坝建设后，他们现在反对在发展中世界建造大型水坝，可那里的社会需求却正在呈指数级增长。[①]

中国是大型水电项目的主要支持者。截至 2017 年，全球已建成或正在建设的高度超过 200 米的水坝有 96 座，其中 32 座位于中国，占总数的 1/3。[②] 政府战略性的《中华人民共和国国民经济和社会发展第十二个五年规划》和《中华人民共和国国民经济和社会发展第十三个五年规划》都重视大型水电项目以及中国水电发展的进一步转型。中国水利部原水电局局长田中兴持“两害相权取其轻”的观点[③]，不仅指水电比其他形式的能源对环境的危害更小，也指发展迟缓比环境变化更有害。中国政府认为无法完全保持原有环境是工业化和现代化必然的代价，有时甚至可能需要重新塑造环境，以应对全球工业化引发的变化。一位国家能源局的官员解释道：“由

① A. Biswas and C.Tortajada, “Development and Large Dams: A Global Perspective”, *Water Resources Development*, 2001, 17(1), pp.9-21 (p. 12).

② 《中国 200 米级高坝密集，安全风险不可轻视》，2017-11-10，国家能源局网站，https://www.sohu.com/a/203507979_115479（访问日期：2020-07-18）。

③ 《我国水电发展驶入快车道，目标直指 3.5 亿千瓦》，2011-09-07，国家能源局网站，http://www.nea.gov.cn/2011-09/07/c_131109599.htm（访问日期：2020-07-18）。

于全球气候变化，降雨带北移……这就需要建设具有调节功能的水电站，一般来说大中型水电站具有这样的功能，所以未来几年大中型水电项目应当会是建设重点。”[①] 这指向了当下结构转型和全球现代化的一个核心困境，即使欠发达国家什么都不做，它们仍然会受到其他国家工业化造成的环境影响。从这一角度出发，它们需要科技和大规模行动来平衡别国已经引发的环境变化。

近年来中国和其他发展中国家快速的工业发展给全球气候变化带来了挑战。但在人均能源消耗指标上，中国等发展中国家依然明显落后于西方发达国家。2011 年，中国的人均用电量（3 298 千瓦时）仅为美国（13 246 千瓦时）的 1/4，而一个苏丹人的用电量和发电量（143 千瓦时）还不到一个美国人的 2%。[②] 在法国、德国、加拿大、美国等发达国家，大约 70% 的水电资源已被利用；而在中国，只有大约 40% 的水电潜能被开发；在非洲，则仅有不到 14% 的水电潜能得到了开发（见表 8.1）。因此，发展中国家认为，限制水电开发将影响其发展机会，有违公平。

表 8.1　水电潜能利用（2008 年）

国家	水电发电量（亿瓦时 / 年）	经济可行的水电潜能（亿瓦时 / 年）	利用率（%）
美国	270 000	376 000	71.81
德国	16 975	20 000	84.88
加拿大	372 000	536 000	69.40
法国	68 600	98 000	70.00
中国	684 000	1 753 000	39.02

① 《我国水电发展驶入快车道，目标直指 3.5 亿千瓦》，2011-09-07，国家能源局网站，http://www.nea.gov.cn/2011-09/07/c_131109599.htm（访问日期：2020-07-18）。

② World Bank and CIA Fact Book 2014. 我特意使用 2008—2011 年的数据来支持这一论点。随着中国的快速发展，最新的数字已经与工业国家接近，因此无法解释中国 10 年前的情况。与此相应，中国的环境政策也发生了很大变化。但由于非洲工业化仍然滞后，中国对非洲环境和发展的态度并没有太大改变。

续表

国家	水电发电量（亿瓦时 / 年）	经济可行的水电潜能（亿瓦时 / 年）	利用率（%）
苏丹	4 333	19 000	22.81
刚果（金）	7 303	145 000	5.04

来源：Hydropower and Dams, World Atlas, 2009。

由于自身发展的诉求和经验，中国非常理解其他发展中国家的需要。中方金融机构会批准西方及多边组织拒绝资助的超级项目。此外，凭借一代人在国内建设了数千个项目所积累的竞争优势，中资企业已成为发展中国家水坝项目的主要承建者。截至 2014 年 11 月，中国企业参与了 74 个国家 375 座水坝的建设或融资。①

正如我们从麦洛维大坝的案例中所发现的，指责提倡大型项目的机构忽视环境问题是太过简单化的想法。事实上，这些项目的支持者要求在考虑环境影响的同时也充分考虑落后国家的发展需求。一位南非工程师评论道：

> 我们总是忘记，环境影响评价本意应该是环境和社会影响评价。……我的顾虑是我们需要重新平衡讨论，以保证环保倡导者的响亮声音能被听到，但由同样大声的社会公平倡导者来平衡。这对经济增长也非常重要，经济增长是社会发展的关键推动力。我想我们已经失去了它。②

值得注意的是，发展中国家从历史经验中吸取了教训，如果他们不赶上其他国家，在全球气候的快速变化中，他们甚至无力管理自己的环境，而现实是只有通过经济发展才能获得解决这个问题的资源。

---

① China Overseas Dams List, International Rivers，www.internationalrivers.org/resources/china-overseas-dams-list-3611(accessed July 10, 2020).

② Olivia Boyd, “China brings dams back to Africa”, *China Dialogue*, July 10, 2012, https://chinadialogue.org.cn/en/energy/5032-china-brings-dams-back-to-africa/(accessed July 10, 2020).

发展责任与环境保护之间的争论在未来几十年可能会持续不断。我们看到，不同观点基于各异的社会、经济、政治和环境需求，相互之间尚难以形成共识。但这未必就是坏事，在新兴国家继续争取发展权利之际，发展思维也需要平衡的声音，以缓和环境变化的速度和严重性。事实上，中国政府和企业并没有一味固守发展教条。它们在国内和海外业务中逐步但明确地增加对环境保护的关注。它们对结构转型中社会环境变化的态度与它们的实用主义特点一脉相承。在通过企业努力不断推动经济发展的同时，中方乐意尝试各种措施，使经济活动更具可持续性。它们不把环境保护与工业化相对立，而是在转型实践中应对环境挑战，将解决方案视作动态全面转型的一部分。

在此背景下，监管制度有待相应加强。毋庸置疑，按照司法主权合理归属，提高非洲政府的能力对于任何形式的监管改善至关重要。与中国投资相伴随的环境问题反映了非洲有关部门尚未为这一新趋势做好充分准备。有些问题不完全由外来者造成，也有因过时或不完整的法规不适合现代工业所引起，或因行政部门对外国投资者缺乏管理经验所导致。改善非洲国家与环境相关的立法和行政管理，将更好地规范商业活动，并在这些国家的结构转型中为公共利益服务。

不过，中方的努力对于影响中国跨国企业的行为同样重要。为确保与非洲伙伴的良好可持续合作，中国政府、银行和商业协会已采取措施提高驻非企业的环保意识，提供环境最佳实践指导，并监测项目对环境的影响。中国对环境实践的优化大量借鉴国际标准。然而，在评估未来进步的潜在路径时，中国对经济发展过程中环境变化的必要性持有深刻不同的观点。根据自身经验，中国认识到，快速的工业发展必须伴随着大规模的社会和环境变化。这种变化其实不是一两个国家的选择，而是工业化的必然结果，在发达国家中也可以看到这一点。然而，今天的发达国家更强调环境保护，而发展中国家则强调平等的发展权。在现代世界中经济发展和环境的困境在于工业和现代化社会必然影响环境，但在发展落后的国家，环境保护也只有通过提高生产力才能获得的所需资源。显然，需要在发展与环境保护之间取得平衡，但各国往往对平衡点何在存有异议。中国本身是一个发展中国家，希望有更大的发展空间。这一立场可能仍是中国未来几十年环境政策的起点。因此，尽管近年来中国的政策与西方标准趋同，但中国的方法仍然不在西方模式之中。然而对中国在非洲的全部行为作出笼统的声明依然过于简单化，中方机构有多样的环境实践，根据行业动态、公司所有权和国家背景而异。应以对可持续增长的共同追求为指引，将这些实践活动汇聚合流，探索发展责任和社会责任之间的新平衡。

结语

在审视了中非合作的诸多方面之后，我们能对双边关系发展的驱动力有更深的认识。我认为，共同进化的实用主义意味着一种与“华盛顿共识”不同的理解和促进发展的方式：以目标为导向而不是以模式为导向，非线性循环协同而不是线性因果机制，鼓励开放多样的试验而不是制定普遍规则。这一视角超越了关于具体政治制度、经济政策或文化传统的争论，而致力于分析向工业化市场经济全面转型的更根本动力。与此同时，社会、政治和文化的特殊性没有被忽视，而被这一思考维度高度重视与整合。非线性路径将生产率持续增长设为目标，强调在不同环境中灵活试验并与各种现有机构积极互动。

1. 共同进化实用主义对中非关系的启示

通过中非关系发展的具体案例，我们可以观察共同进化的实用主义如何运行。前面的章节谈到，自 20 世纪 80 年代以来，双边关系的长期全面发展应主要归功于在合作中采取了实用主义。进一步阐述，合作中的实用主义由三个相互关联的要素组成：①坚持以生产力可持续发展为总体目标和检验标准；②发展市场经济和进行工业化转型是实现目标的主要路径；③灵活协调多方面、多层次的变化，不断调整，在互动中逐渐推进结构转型过程。

（1）在共同进化过程中设定目标至关重要，因为广泛分布的短期试验只有通过共同目标才能汇聚成持续连贯的转变。中国的市场改革和中非关系的转型都始于政策目标从以政治为纲向以经济和生产力增长为中心的转变。

这一新目标具有双重特性。一方面，经济增长看起来是当今世界的普遍追求，独立于文化、宗教和政治价值观。可另一方面，对生产力持续增长的追求起源于工业资本主义。中国和其他发展中国家是在与西方工业强国进行了一个多世纪的斗争后才最终选择这一目标。这一目标因此同时蕴含了争取独立自主的政治意义。令人意外的是，当中国确立了经济增长的目标后，其快速的发展反而使其获得了抵御外国影响的力量。这段历史给看似非政治化的目标赋予了政治意义。在此意义上，推动经济合作和现代化可以被视为中国支持发展中国家反对西方霸权的长期方针的新路径。当然，这一政治内涵潜藏在全球资本主义共通的经济利益表象之下，并且已被大为淡化。中非关系的实用主义目标看似简单直接，但追根溯源可以发现其深刻复杂之处。

（2）实现生产力持续增长所需的社会经济转型则更为复杂。传统农业社会普遍安于自给自足的物质生产，只有在工业社会中，深度细分的专业生产，配以不断扩大的劳动分工和市场交换才能显著持续地提升生产力。在向工业社会转变的过程中，几乎所有社会阶层和社会生活的方方面面都受到了很大的影响，但不同阶层的社会成员受到的影响大相径庭，对变革也会有截然不同的感受与看法。为了总体的利益增长可能需要一些个体局部让利，为了长期发展也可能需要在短期内付出高昂的代价，变化会不可避免地引起诸多争议。

加之这些变化相互紧密关联，没有足够规模的工业和市场活动，就难以带动基础设施建设、专业技能培训、供应链配套、监管机制革新等方面的转变。但是，没有这些支持条件，工业和市场又无法壮大。“鸡与蛋”式的循环因果困境在中国及非洲国家的发展进程中都是无处不在的严峻挑战。相互依存的转变也意味着外国经验或知识不能被直接移植，每个社会都有其独特的协调共进方式。

（3）认识到结构转型的复杂性，中国的发展经验注重调动多种因素协同共进，而非搬用机械现成的线性模型。社会中所有成员在务实精神的激励下各尽所能，作出调整变化。同时，无论在基层还是政策层面，每个变化都是小步进行的试验，这保证了各方之间可以有充分的时间相互调整、达成默契。如本书所展示，中国政府和企业对贸易促进、基础建设、农业援助、制造业投资、合作特区等领域出现的挑战和批评能够迅速作出反应，并在不同时期和环境中能根据情况灵活地采取针对性措施。这些务实的做法也反过来对当地社会产生了渐进的影响。

以中非经贸合作区为例，中国的专家和官员们规划的项目在现实中展现了非常不同的成长轨迹和效果。一些园区，如赞比亚的谦比希，能够基本按开发商的计划建设，并显著改变了该地区的工业面貌，而其他园区，如埃塞俄比亚的东方工业园，在实施其原初计划时则遭遇巨大困难。不过，东方工业园的试验及与当地政府的交流逐渐改变了埃塞俄比亚的政策。埃塞俄比亚新一轮工业化政策也终于帮助东方工业园以意想不到的方式蓬勃发展。这个例子生动解释了相互影响机制：虽然中国投资项目对非洲国家产生影响，但这些国家的需求和反馈也重塑了中方的实践。同样，在中国建设者与非洲的工人、商业伙伴和社区之间也可以看到无数互动协同的事例。

2. 与西方模式的比较

相比之下，西方传统的援助者和经济学家都习惯确定具体目标，如产出、收入分配、税收、政府表现等，以及实现这些目标的方法。然而，这些预设目标和方法所假定的效果基本源于对理想化市场进行静态模型的计算，没有充分考虑到发展中国家的动态多样性。因此，这些计划往往表现为强加给非洲社会的条件，政策工具在实践中很少实现预期的功效。中国自身同样在不久前经历了贫困和脱贫的奋斗，故此更能将非洲伙伴视为共同追求社会经济发展的团队成员，而不是接受训斥和规则的小学生。中国在动态协同方面的经验使他们能够将非洲伙伴的意愿融入开放式的变革进程。在这一进程中，互动和协同比预设的计划更重要。再次借用第 1 章中的比喻，中方建设者更像是与非洲伙伴一起踢足球，在互动中共同调适和提升；而许多援助者和经济学家考虑的则是将非洲打造为标准化的机器。中国不强加条件、不干涉内政的外交立场不仅体现了对非洲主权的尊重，也反映了对发展的不同理解。实际上，在合作过程中，中方有时通过长期交流，有时通过项目示范，或更多地通过日常频繁的言行互动，已经在很大程度上影响了非洲政府和社会的行为认知，本书中对此有不少叙述。不强加条件并非不作为，而是充分表达了对非洲伙伴主动性与共同进化能力的认可。

除了表示对合作伙伴的尊重外，中方机构也更愿意进行商业合作以促进持续性的发展，而不是提供单向援助。援助项目通常都由外方主导提供，受援国相对被动接受。因为没有互惠回报，援助项目往往缺乏保证自身持续运作的机制。中国以往的援助项目和其他国家的援助项目一样，都由于本身不可持续，结果需要依赖进一步的外援。此外，由于这些项目和计划都有一定的期限，所以与当地社会长期转型难以完全合拍，项目结束后就逐渐与当地社会脱节，变得过时，甚至被废弃。而将商业利益加入援助项目，可以提高中非经济合作的可持续性与有效性。

当然，共同进化的实用主义并不能解决欠发达地区的所有问题。具体挑战需要具体的技术和工具，关于中国方式和思维的讨论并不否认来自西方的经验与技能的价值。针对社会经济的综合转型，共同进化的实用主义只是提供了一种对发展过程的整体性观察，以补充对逐个问题的研究。因为中国在一段不长的时期内经历了巨大的社会经济转型，所以亲历者能更清楚地发现众多变化之间的联系脉络，并将它们视作一个整体来理解把握。同样，中国视角还惯于将发展的不同方面相关联以解决“鸡与蛋”的困境，例如协调基础设施建设与产业投资和经济特区的规划，以及进一步在城镇化、区域集聚、国家层面的政策改革等领域相协调。

事实上，由于中非合作的历史相对较短，中方人员在非洲的商业经验或对非洲社会的了解比不上许多西方专家。一些项目和业务如果挑出来单个观察，可能有很多疏漏不足。但共同进化的精神对试验和试错有较大的容忍度，初期局部的错误甚至可能对整体发展有利，因为试错后会激发积极修正和相互调适。尽管关于中非合作存在不少争议，如环保、劳资纠纷、劣质产品、债务负担等，但这些都不能遏制双边关系增长的趋势。同时，在本书的研究中可以看到，中方通过不断调整政策或加强沟通来应对挑战。对问题的快速反应和自我修正能力正是共同进化实用主义的精髓，继承发扬了“摸着石头过河”的原则，在试错试验中砥砺前行。

3. 与中国自身发展的联动

由此，我们可以看到共同进化的实用主义是贯穿中国自身市场化改革和中非合作的指导原则。国内的转型经验塑造了中国与非合作的走向和方式。中国企业在非洲面临挑战时，往往会参考中国曾有的类似问题，从而增强了克服这些障碍、最终实现转型的信心。西方经常会对非洲监管缺失、设施不足、供应链薄弱、人员低效感到沮丧，但中方却可能将其视为机会。中国数十年前有相似的困难，最终都得以被逐渐解决。因此，中国企业对在非洲促进发展、再创成功有更乐观的态度，相信中国的今天可以成为非洲的明天。

然而，基于经验的乐观并不意味着中国想复制所谓的“中国模式”。多样多变的试验使人在中国国内改革中也无法找到明确的模式，更遑论在非洲完全不同的环境中了。经验借鉴并非简单的模式复制，其内涵需要更深入的分析。首先，中国经验为理解发展过程中的挑战提供了不同的角度。如前所述，转型的成功案例会使人们更注重机会而不是风险，并更愿意尝试开拓。虽然这只是心理效果，但对于解决结构转型中“先有鸡还是先有蛋”的困境却至关重要，因为数以万计的中国商人被吸引被激励前往非洲经营和投资。在一个发展低迷的市场，经济活动萎缩、行政监管、基础设施及工业化水平停滞不前，社会文化环境也未到位，此时，大量外资企业的涌入则可能会扭转趋势，促进形成良性循环：增长的商业活动推动商业环境和配套服务的改善，这又能进而吸引更多投资。

其次，中国投资对非洲结构转型的影响与中国当前的发展阶段密切相关。与西方发达国家相比，中国的工业化水平在与非洲国家合作时能找到更多契合点。发达国家的商业巨头多为资本密集型，非洲市场对他们而言规模太小，吸引力不够。中国企业则能与非洲伙伴找到各种互补需求，非洲消费者欢迎低价工业产品，非洲的基础设施建设迫切需要高性价比的建筑企业，非洲的制造业还能从中国进口各类通用机械。反过来，中国的工业需要大量来自非洲的原材料和资源，非洲快速发展的市场和众多的人口也为中国工业企业进一步扩张和转移提供了机遇。

最后，中国的发展经历让人们看到了现代化进程中不同社会政治形态的可能性，超越了政府—市场的二元对立。为了在中国和非洲尚未成熟的市场中开展业务，企业和政府共同尝试了各种与发达国家不同的方法。例如，政府协助基础设施项目进行市场化融资，或将建筑合同与自然资源贸易相结合以降低风险，或开发经济特区以吸引外国直接投资和促进改革。这些措施中虽然有政府的积极参与，但又都没有排斥市场经济的原则。中国经验恰恰表明，在流通和生产中引入市场机制可以有效提高生产率。从本书的叙述可以看到，几乎所有在非洲的中国建设者都深信市场经济的重要性，大多数项目都力求导入市场机制。但要在非洲多变艰险的社会政治环境下实施具体的市场活动是个巨大的挑战。对此，政府的协调能提供切实帮助，推动有效市场机制的形成，促进广泛持续的增长。政府与市场之间并非确定的对立关系，而应根据发展的实际需求灵活调整。

总之，驱动中国飞速增长和在非洲影响不断增强的不是任何特定的政治经济形态，因为相关形态一直在变化中。中国成功的关键恰恰在于没有明确的模式，而是允许多样的实践和灵活的调整。比起教条主义，实用主义为发展中国家提供了更多转型的可能性。在始终如一的发展目标引领下，务实思维让来自不同背景的各方能在开放的态度和实在的合作中共同发展。本研究也揭示，务实方式的应用不限于中国和非洲。结构转型的参与者都应以同样的方式思考和行动。西方社会在其自身工业化历史中也经历了类似的协同转型，可是在工业社会基本成型后，人们容易忽视变化的活力，而陷入了静态模式的教条主义。这样的错误也不仅限于西方，在中国、非洲和其他地区同样有许多人无法认识渐进综合转型的全貌。因此，本书的更深层意义是通过当前的中非合作展示怎样从整体的角度理解和促进发展，这一角度对所有社会转型都至关重要，但又往往容易被零散割裂的观察所遮蔽。

4. 发展的归宿

务实的共同进化由一个设定的共同目标所驱动——经济增长，对发展中国家而言，这主要指现代化和工业化。不过，这绝非一个理所当然的目标。正如第 1 章所指出，世界上几乎所有国家，除了那些历史较短的之外，都经历了从推崇传统的宗教伦理价值观到现代追求生产力增长的转变。与价值观转变相对应，社会组织结构和生活方式也发生了根本性变化。对大多数发展中国家来说，这种社会价值观和组织结构的转变并非源自本土内生，而是被始于西欧、席卷全球的大潮所裹挟的结果。工业资本主义借助其不断增长的物质力量压倒了所有其他社会文化形态，并将对生产力增长的崇尚传播到了世界各地。

诚然，对现代化和工业化的追求在几乎每个社会都曾招致无数的批评。有的指责资本主义只关注物质财富，另一些则坚持传统价值，将市场经济视为外来文化侵略而抗拒。除了价值观冲突，人们也日益认识到现代化带来的弊病，如收入两极化、无休止的消费主义、文化同质化、环境破坏等。出于对现代化负面影响的担忧，非洲内部和外部都有众多批评者强烈反对发展中国家的工业化努力。因此，当中非合作大力推进市场活动和工业化时，会经常遇到激烈的抗议和巨大的阻力。中国在非投资经营所经历的社会环境争议及政策波折很大程度上来自非洲民众对工业资本主义根深蒂固的怀疑和对发展方向的迷茫。

中方其实非常了解转型的挑战和现代化的内在缺陷，因为不久前在国内就经历了类似的转变。然而，尽管有代价和痛苦，大多数中国人，无论是实践者还是理论家，都坚信以市场为基础的工业化是发展中国家的必由之路。本书的论述清楚阐释了中方人员所具有的这一普遍共识，但这并非某些学者所称的发展主义观点，而是通过长达一个多世纪的真实斗争所得出的信念。近代以来中国的衰落和复兴给了每个中国人刻骨铭心的经验教训。抗拒全球大潮只会导致落后，持续的生产力增长是避免更多苦难的唯一路径。追求增长指的最主要不是追求物质享受，而是寻求理性积累。马克斯·韦伯曾将（新教）资本家节俭的生活方式称为“世俗禁欲主义”。[①] 同样，在非洲的中国企业家和员工多被描述为“勤劳”和“吃苦”。对于实干者而言，现代化从来不是迷人的天堂，而是一项充满坎坷艰险的庄严使命。宗教情感可能激励了西方早期资本家，而被外来势力欺凌和统治的痛苦记忆则成了当今发展中国家建设者的重要动力源泉。一个社会只有靠转型而成功驾驭工业资本主义的力量后，才能真正摆脱殖民主义，将命运重新掌握在自己手中。

因此，中非合作所设定的经济增长的目标实际上是由世界历史所决定的。这绝不是一个完美的选择，但历史证明，在当前国际体系中所有发展中国家都必须如此抉择。马克斯·韦伯描述了资本主义的“铁笼”，吊诡的是，当人们想抗拒工业化的澎湃力量而站在“铁笼”外时，是不可能打破它的。一个国家先要成为“铁笼”的一部分，并因而加固它，然后才能反思现代化的实践，认识现代社会的困境。不过，对于全世界，无论是发达国家还是发展中国家来说，探索人类如何能最终摆脱“铁笼”的命运依然是一个未解的问题。这是一个比本书讨论的内容要深刻得多的问题，但每位读者在读完本书后都应该继续思考。关于现代化发展方式和影响的结语只是为进一步的思考和探询打开了大门。

① Max Weber, *The Protestant Ethic and the Spirit of Capitalism*, Translated by Talcott Parsons, London: Routledge, 2005, p. 53ff.